Jan Assmann

Religion, Staat, Kultur – Altägypten und der Weg Europas

BLUMENBERG-VORLESUNGEN

Band 5

Jan Assmann

Religion, Staat, Kultur – Altägypten und der Weg Europas

HERDER

FREIBURG · BASEL · WIEN

FSC
www.fsc.org
MIX
Papier aus verantwortungsvollen Quellen
FSC® C014496

www.herder.de
Umschlagkonzeption: Verlag Herder
Satz: Barbara Herrmann, Freiburg
Herstellung: GGP Media GmbH, Pößneck
Printed in Germany
ISBN Print 978-3-451-38951-1
ISBN E-Book (PDF) 978-3-451-83951-1

Für Aleida

Inhalt

Vorwort

Das vorliegende Buch ist aus der Vorlesung hervorgegangen, die ich im Rahmen meiner Hans-Blumenberg-Gastprofessur im Februar 2021 gehalten habe. Ich danke dem Exzellenzcluster Religion und Politik der Universität Münster und seinem Sprecher Professor Dr. Detlef Pollack für die Einladung und meiner Kollegin Professorin Dr. Angelika Lohwasser für Beratung, Betreuung und Durchsicht meines Manuskripts. Die Corona-Pandemie hatte leider eine Durchführung der Professur vor Ort unmöglich gemacht, aber das technische Team in Münster und unser Assistent Dr. Philipp Fraund in Konstanz konnten Vorlesung, Workshop und Meisterklasse in digitaler Form realisieren. Auch ihnen möchte ich herzlich danken. Von den zahlreichen Anregungen dieser Veranstaltungen hat dieses Manuskript sehr profitiert. Dank dem erzwungenen Umstieg auf die Virtualität konnte auch Aleida Assmann an den Veranstaltungen teilnehmen und die Ausarbeitung in Buchform mit ihrer ermutigenden Kritik begleiten. Ihr ist dieses Buch gewidmet.

In der genannten Vorlesung hatte ich den Versuch unternommen, das Bild eines Zusammenhangs zu entwerfen, wie es sich im lebenslangen Umgang mit dem Alten Ägypten in einem Europäer aufgebaut hat. Für eine Vorlesung mag das akzeptabel sein. Hier habe ich aber nun dieses durchaus subjektive Bild zu einem Buch ausgeweitet, wie es von den Blumenberg-Vorlesungen erwartet wird, ohne auch in dieser Form mehr als einen Versuch geben zu wollen, der als solcher gelesen und verstanden werden möchte. Ein Versuch ist ein Diskussionsangebot, aber keine umfassende monographische Aufarbeitung der in den Blick genommenen Zusammenhänge.

In meinem Versuch, Altägypten, Israel und die europäische Moderne in einer Synthese zusammenfassen, unterlaufe ich bewusst die herrschenden evolutions- und modernisierungstheoretischen Perspektiven, die mit Namen wie Émile Durkheim, Max Weber, Shmuel N. Eisenstadt, Robert N. Bellah, Jürgen Habermas und vielen anderen verbunden sind, ohne mich mit ihnen ausführlich auseinanderzusetzen, was den Rahmen dieses Versuchs gesprengt hätte. Das Modell, das diesem Versuch zugrunde liegt, ist die Idee einer großen Wende, die ich anhand dessen, was ihr vorauslag (Ägypten), über ihre Konzeption (Israel) und ihre epochale Durchsetzung (Europa) bis zu ihrer Nachgeschichte (Moderne) verfolgen möchte. Das klingt nun vielleicht doch wieder nach Fortschritt und Modernisierung. Dabei leitet mich aber die These, dass mit dem Neuen (dem „Zeitalter des Glaubens"), das durch die Wende in die Welt gekommen ist, das Alte nicht verschwindet, sondern als Gegenströmung gegenwärtig bleibt.

In Münster hat Frau Daria Hartmann mit bewunderungswürdiger Genauigkeit mein Manuskript lektoriert und von Tipp- und sonstigen Fehlern gereinigt. Ihr gebührt mein ganz besonderer Dank. Herrn Clemens Carl danke ich für seine sorgfältige Betreuung meines Textes im Herder-Verlag.

Konstanz, im August 2021 Jan Assmann

Einleitung: Der Weg Europas im kulturellen Gedächtnis

Den Weg Europas in Ägypten beginnen zu lassen, wäre bis zum Ende des 18. Jh. eine Selbstverständlichkeit gewesen. Die fürstlichen, insbesondere freimaurerischen Landschaftsgärten zum Beispiel, die sich gern als ein Rundgang durch die Kulturgeschichte inszenierten mit antiken Tempeln, chinesischen Pagoden und mittelalterlichen Burgruinen, enthielten oft auch Pyramiden, Sphingen und Obelisken. Mit dieser Einbeziehung Ägyptens in das genealogische Selbstbild Europas war es mit der Entzifferung der Hieroglyphen und der Entstehung einer wissenschaftlichen Ägyptologie im 19. Jh. vorbei. Als die authentischen Quellen lesbar wurden, sprachen sie eine Fremdsprache, die Anschließbarkeit ans Eigene ging verloren, die europäische Suche nach seinen Wurzeln verlagerte sich aufgrund der neuentdeckten indoeuropäischen Sprachverwandtschaft nach Indien oder machte entschlossen bei Griechenland und Israel halt. Wenn ich im Rahmen einer Vorlesung, auf der dieses Buch basiert, den Versuch unternehme, den verschütteten Zugang wieder freizulegen, bedarf das einer Rechtfertigung. Ich gehe dabei nicht als Historiker vor, denn diesen Weg mit den Methoden der Geschichtswissenschaft in den Griff zu bekommen, erforderte ein interdisziplinäres Projekt und eine vielbändige Publikation. Mein Zugang beruht dagegen auf der Theorie des kulturellen Gedächtnisses, die wir, Aleida Assmann und ich, seit 35 Jahren entwickeln und praktizieren, wobei wir uns im größeren Rahmen eines inzwischen zentralen Paradigmas kulturwissenschaftlicher Forschung bewegen.[1]

1. Zugänge zur Vergangenheit – Geschichte und Gedächtnis

Die Vergangenheit ist, wie der Name sagt, vergangen, *past, passé, passato*. Sie ist nicht mehr da, sondern muss vergegenwärtigt werden. Dafür gibt es zwei Wege: die Historie, die sie anhand von Quellen erforscht, und die Gedächtnisforschung, die die verschiedenen Bilder der Vergangenheit erforscht, soweit sie in kulturellen Ausdrucksformen aller Art greifbar sind. Der Unterschied zwischen dem geschichtswissenschaftlichen und dem kulturwissenschaftlichen, gedächtnisgeschichtlichen Zugang lässt sich auf eine einfache Formel bringen. Der Geschichtswissenschaft geht es um die Vergangenheit als solche, soweit sie aus den Quellen erhebbar wird, der kulturellen Gedächtnisforschung geht es um die Vergangenheit, insofern sie erinnert wird und im Selbstbild vergangener und gegenwärtiger Gesellschaften eine Rolle spielt, also um die je eigene Vergangenheit. Die Unterscheidung und die Legitimität dieser beiden Umgangsformen mit der Vergangenheit, die sich in keiner Weise ausschließen, sondern vielmehr fruchtbar ergänzen, wird dem Ägyptologen vielleicht eher bewusst als dem Alttestamentler oder dem Gräzisten, die sich bei aller historisch-kritischen Methodik im Umgang mit ihren Quellen doch immer auf dem Boden der eigenen, seit Jahrtausenden bewohnten Vergangenheit bewegen, während der Ägyptologe es mit Quellen zu

1 Einen ausgezeichneten Überblick über die kulturwissenschaftliche Gedächtnisforschung vermittelt A. Erll, *Kollektives Gedächtnis und Erinnerungskulturen*.

tun hat, die Jahrtausende lang unlesbar und kulturellem Vergessen anheimgefallen waren und Einblick in eine Vergangenheit gewähren, die fremder kaum denkbar ist.

Das gilt freilich nur für die Texte, und nicht für die monumentalen Überreste, die nie in Vergessenheit geraten waren und nie aufgehört hatten, die Nachwelt zu faszinieren. So spielt das Alte Ägypten, besonders durch seine seit der römischen Kaiserzeit nach Europa verschleppten Obelisken und anderen Objekte im europäischen Imaginaire durchaus eine Rolle als Teil der eigenen Vergangenheit. Der Ägyptologe sieht sich also mit zwei verschiedenen Ägypten konfrontiert: dem Ägypten der Geschichte, das er selbstverständlich mit allen zur Verfügung stehenden Methoden der Philologie und Archäologie um seiner selbst willen erforscht, und dem Ägypten als Teil des europäischen Vergangenheitshorizonts, das Gegenstand der gedächtnisgeschichtlichen Forschung ist.

Das Stichwort „Horizont" ist hier entscheidend. In seinem Buch *Vergangene Zukunft*[2] führt Reinhart Koselleck die Unterscheidung zwischen „Erfahrungsraum" und „Erwartungshorizont" ein. Die Vergangenheit liegt vor uns als unbeschränkter Raum, in dem unsere Erfahrungen verortet sind, die Zukunft erscheint uns in einem nach Maßgabe unseres in der Zeit voranschreitenden Standpunkts und unserer Berechnungs- und Vorstellungsmöglichkeiten begrenzten Horizont. Für die kulturelle Gedächtnisforschung dagegen gilt die Metapher des rahmen- und standpunktbezogenen Horizonts ebenso auch für die Vergangenheit. Ein Vergangenheitshorizont bildet sich nur in dem erinnernden Rückblick auf die als eigene betrachtete Vergangenheit, also im kulturellen Ge-

---

2 R. Koselleck, *Vergangene Zukunft.* Für eine kritische Auseinandersetzung mit Kosellecks Theorie und der Modernisierungstheorie im Allgemeinen siehe A. Assmann, *Ist die Zeit aus den Fugen?*

dächtnis einer Gesellschaft. Hier bietet sich die Vergangenheit immer im Rahmen eines Horizonts dar, jenseits dessen sich die fremde, dem eigenen Selbstbild nicht mehr zurechenbare Vergangenheit ins Grenzenlose ausdehnt. Diese Unterscheidung zwischen dem Eigenen und dem Fremden in Bezug auf die Vergangenheit muss sich die Geschichtswissenschaft zumindest in idealtypischer Zuspitzung verbieten. Ihr Zugang ist grundsätzlich neutral und wenn nicht wertfrei, dann jedenfalls „identitätsfrei". So hat es bereits der griechische Satiriker Lukian von Samosata, der im 2. Jh. n. Chr. lebte, gefordert, als er den wahren Geschichtsschreiber als „apolis" bezeichnete:

> So soll also unser Geschichtsschreiber beschaffen sein: furchtlos, unbestechlich, unabhängig, ein Freund der freimütigen Rede und der Wahrheit [...], ein gerechter Richter, allen wohlgesinnt, ohne dabei einer Seite mehr als ihr gebührt zuzubilligen, ein Geschichtsschreiber, der in seinem Werk ein Fremdling und ein Mann ohne Vaterland (*apolis*) ist, unabhängig und keinem König untertan, und der keine Rücksicht darauf nimmt, was der eine oder andere denkt, sondern nur berichtet, was sich zugetragen hat.[3]

Natürlich ist das ein Ideal, von dem die Geschichtsschreibung auf vielfältigste Weise immer wieder abgewichen ist. Dennoch ist die idealtypische Konstruktion einer strikt objektiven Geschichtsschreibung sinnvoll, denn sie erlaubt es, sie von dem ganz anderen Zugang zur Vergangenheit zu unterscheiden, den das kulturelle Gedächtnis darstellt, das sich im Horizont des Eigenen bewegt.

Dem Gedächtnis geht es immer um *unsere* Geschichte, *unsere* Vergangenheit, wie immer auch dieses „Wir" im ge-

3 Lukian, *Wie man Geschichte schreiben soll*, 147, 149.

gebenen Fall gedacht ist. Auf kollektiver wie individueller Ebene leistet das Gedächtnis eine Synthese aus Zeit und Selbst. Die Gedächtnistheorie spricht in diesem Zusammenhang von einer „autonoetischen“ Funktion. Autonoesis heißt „Selbsterkenntnis“; das Gedächtnis vermittelt uns ein Vorstellungsbild unserer selbst, und dieses Bild ist, wie der Soziologe Thomas Luckmann einmal feststellte, aus dem Stoff der Zeit gemacht.[4] Sich in der Zeit orientieren können, heißt zu wissen, wer man ist, und eine diachrone Identität auszubilden. Offenbar braucht der Mensch neben seinem individuellen und sozialen Gedächtnis auch das kulturelle Gedächtnis und die darin vergegenwärtigte Tiefenzeit, um zu wissen, wer er ist und wo er hingehört.

Goethe, der vom Alten Ägypten nichts wissen wollte, bezifferte den Horizont des kulturellen Gedächtnisses Europas auf 3000 Jahre:

> Wer nicht von dreitausend Jahren
> Sich weiß Rechenschaft zu geben,
> Bleib im Dunkeln unerfahren,
> Mag von Tag zu Tage leben.[5]

Auch Goethe wusste, dass die Geschichte viel weiter zurückreicht. Zu seiner Zeit rechnete man gelegentlich noch nach „anno mundi“, so z. B. Giambattista Vico, bei dem der Trojanische Krieg im Jahre 2800 A. M., also nach damaliger Chronologie ziemlich exakt 3000 Jahre vor Abfassung des *West-östlichen Divans* stattfand. Nicht die allgemeine Menschheitsgeschichte, sondern das kulturelle Gedächtnis des Abendlandes beginnt für Goethe mit der Zeit, in der man traditionell den Trojanischen Krieg und den Exodus

4 T. Luckmann, „Remarks on Personal Identity“, 69.
5 J. Wolfgang von Goethe, *West-östlicher Divan*, 58.

aus Ägypten ansetzte. Diese beiden Ereignisse bildeten die Grenzmarken des europäischen Kulturgedächtnisses. Beides waren Akte der Auswanderung, der Ablösung vom Orient. Die Israeliten wanderten aus Ägypten aus und Aeneas aus Troja in Kleinasien. Denn selbstverständlich blickte man das ganze Mittelalter und bis weit ins 18. Jh. hinein auf den Trojanischen Krieg durch die Brille der Aeneis und nicht der Ilias. Moses und Aeneas, die beiden Auswanderer, waren die Gründungsheroen des Abendlandes.

Das kulturelle Gedächtnis bildet in seinem Rückgriff auf die Vergangenheit nicht nur einen Horizont, sondern auch einen Kanon des Zugehörigen aus. Dazu gehört selbstverständlich die Bibel, Altes und Neues Testament, ebenso wie die griechischen und lateinischen Epiker, Lyriker, Tragiker, Historiker und Philosophen, aber nicht die ägyptischen Pyramidentexte, Totenbücher, Unterweltsbücher usw. Zwischen beiden Beständen verläuft die Grenze zwischen Bildung und Wissen, Erinnerung und Forschung, dem Eigenen und dem Fremden. Dieser Kanon beginnt bei den Griechen mit Homer und Hesiod, und in Israel mit den Propheten Jesaja, Amos und Hosea, also im 8. Jh. v. Chr., nicht ganz zufällig am Beginn der „Achsenzeit“, die der Philosoph Karl Jaspers, der das sich erinnernde „Wir“ auf die zivilisierte Menschheit im Ganzen ausweiten wollte, auch in den anderen noch heute lebendigen Kulturen der Alten Welt, China, Indien und Persien, in einem Zeitfenster zwischen 800 und 200 v. Chr. ansetzte.[6] Für das kulturelle Gedächtnis beginnt seit dem 19. Jh. der Weg Europas nicht in Ägypten, sondern mit den Griechen und den Israeliten.

---

6 Vgl. zu dieser Theorie, die sich heute weitgehend allgemein durchgesetzt hat, mein Buch *Achsenzeit*.

Die Gedächtnisgeschichte beruft sich auf die Tatsache, dass das nicht immer so war. Vom Ägypten der Obelisken, Sphingen, Pyramiden und Mumien war schon die Rede. Dieses Ägypten war nie aus dem europäischen Vergangenheitshorizont herausgefallen. Ägyptens Einbeziehung ins Eigene ging aber noch weiter. Sowohl die Bibel als auch die griechische Kultur führten sich in wesentlichen Punkten auf Ägypten zurück und rechneten sich die ägyptische Vergangenheit als die eigene zu. Den Israeliten wurde eingeschärft, Fremde und Geringe mit Respekt und Verständnis zu behandeln, weil sie doch selbst Fremde und Sklaven in Ägypten gewesen waren,[7] und den Griechen erzählten Geschichtsschreiber wie Herodot und Hekataios von Abdera (bei Diodor von Sizilien), dass ihre Götter aus Ägypten stammten bzw. dass sie selbst von Ägyptern kolonisiert worden seien. Diese und andere antike Texte gehörten zum Bildungskanon des christlichen Abendlandes und hielten dadurch auch ihr Bild Ägyptens als Teil der eigenen Vergangenheit im europäischen Bewusstsein lebendig. Paradoxerweise führte erst im 19. Jh. gerade die Entzifferung der Hieroglyphen durch Champollion, Lepsius und andere, und die Verwissenschaftlichung der Beschäftigung mit dem Alten Ägypten im Zuge der entstehenden Ägyptologie zu einer grundsätzlichen Verfremdung der ägyptischen Kultur, wobei auch die Entdeckung des indoeuropäischen Sprachzusammenhangs und die entsprechende Verankerung des europäischen Selbstbilds in Indien anstatt in Ägypten eine wichtige Rolle spielte.[8] Die Umorientierung der europäischen Wurzelsuche, von Ägypten hin zu Griechenland und Indien, bedeutete eine

7 J. Assmann, „‚For ye know the heart of the stranger'".
8 M. Olender, *Les Langues du Paradis*.

entscheidende Wende im europäischen Kulturgedächtnis.[9] Zu ihren Pionieren gehören in Deutschland der Altertumsforscher Johann Joachim Winckelmann mit seiner epochemachenden *Geschichte der Kunst des Alterthums*[10] und in England der Indologe William Jones[11] mit seiner Entdeckung der indoeuropäischen Sprachverwandtschaft. Die Unterscheidung zwischen der indoeuropäischen und der semitischen Sprachfamilie ist im Laufe des 19. Jh. mit einer Fülle rassistischer Vorurteile und Fehlschlüsse belastet worden, die sich als Gegensatz zwischen dem „Arischen" und dem „Semitischen" auf unheilvollste Weise geschichtlich ausgewirkt haben.[12] Diese rassistische und ideologische Ausbeutung sprachgeschichtlicher Befunde sollte man aber den Pionieren nicht zur Last legen.

Das kulturelle Gedächtnis als Gedächtnistheorie

Der Begriff des kulturellen Gedächtnisses und der sich an der Gedächtnisgeschichte orientierende kulturwissenschaftliche Zugang zur Vergangenheit hat es immer noch schwer, sich neben der Geschichtswissenschaft als eine Methode eigenen Rechts zu behaupten. Daher erscheint es mir sinnvoll, hier

9 E. M. Butler, *The Tyranny of Greece over Germany*; S. L. Marchand, *Down from Olympus*.

10 J. J. Winckelmann, *Geschichte der Kunst des Alterthums*.

11 William Jones vertritt bereits im Jahr 1786 die These eines gemeinsamen Ursprungs von Sanskrit, Griechisch und Latein sowie ihrer Verwandtschaft mit dem Persischen, Gotischen und Keltischen. Vgl. M. Olender, *Les Langues du Paradis*; M. Bernal, *Black Athena. The Fabrication of Ancient Greece 1785–1985* (die folgenden Bände stehen im Bann einer identitätspolitischen Ideologie und sind wissenschaftlich nicht brauchbar); S. Subrahmanyam, *Europe's India*.

12 Vgl. G. G. Stroumsa, *The Idea of Semitic Monotheism*, 63–84, besonders 72–76.

noch einmal die Geschichte dieses Forschungszweigs zu rekapitulieren. Ich hole dabei etwas weiter aus, denn Begriff und Methode des kulturellen Gedächtnisses spielten auch im Workshop und in der Meisterklasse meiner Blumenberg-Gastprofessur eine Rolle. Das Gedächtnis ist der Sinn, mit dem wir uns in der Zeit orientieren, indem es uns ermöglicht, uns Vergangenes zu vergegenwärtigen und Zukünftiges vorzustellen, und dadurch für uns Gegenwart herstellt. Bis in die 20er-Jahre des 20. Jh. galt das Gedächtnis als ein rein individuelles Phänomen und seine Erforschung als die Sache der Psychologie und Hirnforschung.[13] Der Erste, der mit expliziter und systematischer Methodik die Grenze zwischen Individuum und Gesellschaft überschritten und die *Sozialität* des Gedächtnisses herausgestellt hat, war der Soziologe Maurice Halbwachs (1877–1945).[14] Der Einzelne für sich allein, so könnte man seine Theorie zusammenfassen, kann kein Gedächtnis ausbilden, ebenso wenig wie ein Selbst- und Zeitbewusstsein. Halbwachs entdeckte die Gedächtnisforschung als ein Thema der Soziologie. Diese Grenzüberschreitung ist bis heute umstritten. Noch immer gibt es Stimmen, die auf der reinen Individualität des Gedächtnisses bestehen und den Begriff eines kollektiven Gedächtnisses ablehnen. Kollektive, so heißt es, können kein Gedächtnis haben, denn sie haben kein Gehirn, kein Bewusstsein, keine

---

13 Die Pioniere der modernen individual-psychologischen Gedächtnisforschung waren H. Ebbinghaus, *Über das Gedächtnis* und R. Semon, *Die Mneme als erhaltendes Prinzip im Wechsel des organischen Geschehens.* Zu hirnorganischen Grundlagen und biosozialer Entwicklung des Gedächtnisses siehe D. L. Schacter, *Searching for Memory* und ders., *The Seven Sins of Memory;* H. J. Markowitsch/ H. Welzer, *Das autobiographische Gedächtnis.*

14 M. Halbwachs, *La mémoire collective* und ders., *Les Cadres sociaux de la mémoire.* Siehe A. Becker, *Maurice Halbwachs.*

Seele. Dieses Argument hatte schon Halbwachs' Lehrer Émile Durkheim entkräftet mit seiner Theorie der *représentations collectives*. Niemand wird ernsthaft bestreiten, dass auch das individuelle Bewusstsein erfüllt ist mit gesellschaftlich vermittelten Vorstellungen, Begriffen und eben auch Erinnerungen.

Noch umstrittener ist der Schritt, den wir, auf Halbwachs aufbauend, mit unserer Theorie getan haben, indem wir die Grenze zwischen dem individuell verkörperten Gedächtnis und der Kultur, d. h. den symbolischen Formen der kulturellen Überlieferungen, überschreiten und zeigen wollen, dass wir es auch hier mit einer *Gedächtnisform* zu tun haben. Darin sind wir allerdings keineswegs die Ersten. Gleichzeitig mit Halbwachs, der die Sozialität des Gedächtnisses entdeckte, arbeitete der Kunsthistoriker Aby Warburg an seinem Projekt *Mnemosyne*, bei dem es um die „Kulturalität" des Gedächtnisses ging. Warburg untersuchte das „Nachleben der Antike" in der europäischen Kulturgeschichte und nahm dabei den Begriff des kulturellen Gedächtnisses praktisch vorweg, ohne diesen Ausdruck zu verwenden.[15] Auch zwischen Halbwachs und Warburg verläuft die Grenze zwischen dem „kommunikativen" und dem „kulturellen" Gedächtnis, zwischen dem Gedächtnis als einem zwar sozial vermittelten, aber individuell verkörperten Komplex von Bewusstseinsinhalten, und dem Gedächtnis als einer kulturellen, in Zeichen, Symbolen, Bildern, Texten und Riten sichtbar gemachten „entkörperten" bzw. „exkarnierten"[16] Institution. Warburg sprach von „sozialem Gedächtnis" und dachte dabei an die Kunst und ihre „Pathosformeln" auf den „Wander-

15 Siehe A. Assmann, *Erinnerungsräume;* C. Ginzburg, „Kunst und soziales Gedächtnis".
16 A. Assmann, „Exkarnation".

straßen der Kultur".[17] Er untersuchte die Verbindungslinien zwischen Bildern, Bildformeln, Themen, kurz: kulturellen Objektivationen und nicht psychologischen Bewusstseinsinhalten. Halbwachs dagegen vermied so weit wie möglich die Bezugnahme auf kulturelle Objektivationen. Hier liegt für ihn eine Grenze, jenseits derer nicht mehr von Gedächtnis, sondern von Tradition, Geschichtsschreibung u. a. gesprochen werden muss. Er bleibt im bewusstseinspsychologischen Rahmen. Die Macht und die Dauer der Erinnerungen kommen nicht aus der Tradition, sondern aus dem Gefühl, dem Zugehörigkeitsbedürfnis der einzelnen zu einer bzw. mehreren Gruppen.

Allerdings hatte aber auch schon Halbwachs mit seinem letzten Buch, *La topographie légendaire des évangiles en Terre Sainte*[18] von 1941, die Grenze zwischen verkörpertem Gedächtnis (*mémoire vécu*) und medial „exkarniertem" Gedächtnis überschritten, in dem er die zahlreichen christlichen Gedächtnisorte im Palästina des 4. Jh. untersuchte. Seine These war, dass sich weder in Galiläa noch in Jerusalem irgendwelche authentischen Spuren von Jesu Leben und Sterben erhalten haben. Die Bewohner wurden vertrieben, die Stadt Jerusalem zerstört und als Aelia Capitolina völlig neu wiederaufgebaut und besiedelt. Als mit der konstantinischen Wende im frühen 4. Jh. das zur Staatskirche aufgestiegene Christentum dieser Vergangenheit mit ihren Erinnerungsspuren und heiligen Stätten dringend bedurfte, fanden die Kirche und das entstehende Pilgertum kaum An-

17 D. McEwan (Hrsg.), *„Wanderstraßen der Kultur"*.

18 M. Halbwachs, *La topographie légendaire des Évangiles en Terre Sainte*. Eine deutsche Übersetzung hat S. Egger 2003 unter dem etwas irreführenden Titel *Stätten der Verkündigung im Heiligen Land* vorgelegt. Eine kritische Neuausgabe erschien 2008 von M. Jaisson et al.

haltspunkte und mussten die heilige Topographie weitestgehend erfinden. Hier wird nun der Begriff des „kollektiven Gedächtnisses" in einem ganz anderen Sinne verstanden als in den *Cadres sociaux de la mémoire*: Es geht nicht mehr um das individuelle Gedächtnis in seiner sozialen Bedingtheit, sondern hier ist es nun wirklich ein Kollektiv, die frühe Kirche, das sich aus theologischen Motiven auf eine bestimmte Erinnerung festlegt und diese Erinnerung topographisch und monumental fixiert. In diesem Buch kann Halbwachs zweierlei zeigen: einerseits die Rekonstruiertheit der christlichen Gedächtnistopographie, andererseits die Bezogenheit dieser Erinnerungslandschaft auf die Brennpunkte einer sich verändernden theologischen Semantik.[19] Ohne den Ausdruck zu verwenden, ist hier Halbwachs ganz nahe bei dem, was wir das kulturelle Gedächtnis nennen. Die frühe Kirche, die im Heiligen Land kein lebendiges Gedächtnis an die genauen Orte von Jesu Leben und Wirken mehr vorfand, „machte" sich ein Gedächtnis durch die Installation von Gedächtniszeichen.

In diesem Buch, das weitgehend unbeachtet geblieben war, befreite sich Halbwachs von der harten Grenze, die er zwischen *mémoire*, als dem in lebendigen Individuen verkörperten Gedächtnis, und *tradition* gezogen hatte, und erkannte praktisch auch kulturelle Objektivationen als eine Gedächtnisform an, ohne diesen Schritt freilich explizit zu vollziehen. Eben dies holen wir, auf Halbwachs aufbauend,

---

19 Diese Rekonstruktion ist in großem Umfang geprägt von den Sinnbedürfnissen der Ostertheologie, die sich an Jerusalem und die Spuren von Jesu letzten Lebenstagen heftete. Erst wurde Jerusalem topographisch erschlossen und mit einem dichten Netz von Erinnerungsorten überzogen; erst später weitete sich dieses Netz auch auf Galiläa aus, wo Jesus immerhin sein ganzes Leben, bis auf die letzte Woche, verbracht hatte.

mit dem Begriff des kulturellen Gedächtnisses nach. Nach unserem Verständnis sind Traditionen eine Gedächtnisform, aber das kulturelle Gedächtnis lässt sich nicht auf Tradition reduzieren. Der Begriff der Tradition berücksichtigt nicht die Dynamik, die in dem Entstehen und Verschwinden von Traditionen lebendig ist. Das ist dieselbe Dynamik von Erinnern und Vergessen wie im individuellen und kommunikativen Gedächtnis. Was wir Gedächtnis nennen, gibt es nur, erstens weil es Menschen mit einer entsprechenden hirnphysiologischen Ausstattung gibt, zweitens weil diese Menschen in Gruppen und drittens weil sie in Kulturen leben. Eins setzt das andere voraus, nur in diesen drei Dimensionen, der personalen, sozialen und kulturellen, ist das Gedächtnis adäquat zu beschreiben.

Das kulturelle Gedächtnis als Kulturtheorie

Der Mensch lebt immer schon, soweit wir ihn zurückverfolgen können, in einer von Gedächtniszeichen erfüllten Welt, die umso reicher und komplexer wird, je größer und komplexer die Gruppen, Gemeinschaften und Gesellschaften werden, in denen er lebt. Diese Merkzeichen erschließen, symbolisieren, vergegenwärtigen ihm die „Welt“, in die seine „Umwelt“ eingebettet ist, und machen ihn zu einem Wesen, das, in Nietzsches Worten, nicht wie die Tiere „an den Pflock des Augenblicks angebunden“[20] ist, sondern sich flexibel in größeren Zusammenhängen zu orientieren und sogar über den eigenen Tod hinaus zu denken imstande ist. Diese Welt von Merkzeichen können wir „Kultur“ nennen und wir können sie sogar als eine „Mnemotechnik“ verstehen, insofern

20 F. Nietzsche, „Unzeitgemässe Betrachtungen. Zweites Stück: Vom Nutzen und Nachtheil der Historie für das Leben“, 211.

sie darauf angelegt ist, der geistigen Innen- und Zwischenwelt Stabilität und Permanenz zu verleihen und sie der Flüchtigkeit und Vergänglichkeit der menschlichen Dinge zu entreißen.

Der Drang zur Stabilisierung manifestiert sich in der Dingwelt, mit der sich die Menschen umgeben, als Wille zur Form. Die Formenwelt der Werkzeuge und Waffen, Geräte, Keramik, Bilder und Bauten, die als materielle Spuren menschlicher Tätigkeit sich über Jahrtausende und Jahrhunderttausende zurückverfolgen lassen, ist von einer strikten Regelmäßigkeit durchwaltet, die sie nicht anders als die Formenwelt der Natur einer morphologischen Analyse zugänglich und das einzelne Objekt in seiner zeitlichen und räumlichen Zugehörigkeit bestimmbar macht.[21] Die Bestimmbarkeit des Objekts verdankt sich seiner morphologischen Prägnanz, und diese ist wiederum Ausdruck jenes Willens zur Form, den wir als Ausdruck einer Gedächtnisleistung oder Traditionsbildung bestimmt haben. Die Form wird nicht immer wieder neu erfunden, sondern steht in einer Tradition, die sie voraussetzt und aufnimmt, auch dort, wo sie sie willentlich verändert und abwandelt. Wäre es anders, gäbe es keine Ur- und Frühgeschichte, deren morpho-chronologische Methodologie sich in alle anderen Kulturwissenschaften hinein fortsetzt, die es mit späteren und komplexeren Formenwelten zu tun haben. Altertums-, Kunst-, Musik-, Literaturwissenschaften usw. spiegeln in ihrer Methodologie die morphologische Prägnanz der Kultur, die auf ihre Gedächtnisförmigkeit verweist, auf ihren Aspekt einer Mnemotechnik, durch den sich die spezifischen Merkmale der Zeit und des Raumes, des individuellen und des kollektiven Stils unverkennbar in das Objekt einschreiben.

---

21 G. Kubler, *The Shape of Time.*

Dieser Wille zur Form manifestiert sich auch in der Sprache. Durch das Hinzutreten der Formung wird eine sprachliche Äußerung zum „Text". Text, im ursprünglichen, landläufigen und auch in einem bestimmten linguistischen Verständnis, bedeutet „geformte Sprachäußerung", und zwar geformt im Hinblick auf Erinnerung, Überlieferung und Wiederaufnahme. Text ist Sprache im Status des Merkzeichens. Mit der Formung überschreiten wir, in unserer Terminologie, die Grenze zwischen dem kommunikativen zum kulturellen Gedächtnis.[22]

Daher gelten die Gesetze der Morphologie für die Sprache genauso wie für alle anderen „Merkzeichen" der menschlichen Dingwelt. Auch hier äußert sich in den zu Merkzeichen bestimmten Äußerungen ein Wille zur Form, der das Wort durch Formung über den Augenblick seiner Verlautbarung hinaus zu stabilisieren versucht. Reim, Assonanz, *Parallelismus membrorum*, Alliteration, Metrum, Rhythmus und Melos sind Verfahren solcher Stabilisierung, die dem Flüchtigen Dauer verleihen sollen im Strom der Zeit und es dem morphologisch geschulten Blick bestimmbar machen in Raum und Zeit, nach Gattung und „Sitz im Leben", Funktion und Tradition. „Text" im prägnanten Sinne ist nicht jede, sondern nur diejenige sprachliche Äußerung, mit der sich auf Seiten des Sprechers ein Bedürfnis nach Überlieferung und auf Seiten des Hörers ein Bedürfnis nach Wiederaufnahme verbindet, also Äußerungen, die auf eine Art von räumlicher und/oder zeitlicher Fernwirkung hin angelegt sind und auf die man über die Distanz hinweg zurückgreift. Hier sind Bindekräfte am Werk, die nicht nur die einzelnen Wörter zum „Gewebe" des Textes verbinden,[23] sondern Sprecher und Hörer über raumzeitliche Grenzen hinweg mit-

---

22 Zu dieser Unterscheidung siehe mein Buch *Das kulturelle Gedächtnis*, 48–56.

23 *textus* kommt von *texere*, „weben", und übersetzt gr. *hyphisma*,

einander zu verbinden vermögen und die daher mit dem Begriff der „Verbindlichkeit" nicht unangemessen bezeichnet werden. Texte sind Äußerungen gesteigerter Verbindlichkeit. Texte in diesem Sinne sind für eine Verlautbarungssituation bestimmt, die über die unmittelbare *face-to-face* Kommunikation hinaus „zerdehnt" ist.[24]

Der Begriff der „zerdehnten Situation" umfasst sowohl die Verlautbarung und Überlieferung als auch die Wiederaufnahme von Texten. Zerdehnte Situationen kommen in der Natur nicht vor und müssen kulturell institutionalisiert werden. Das gilt schon für die Institution des Boten. Es muss sichergestellt werden, dass der Bote die Botschaft korrekt erinnert, dass er seinen Bestimmungsort erreicht und dass der Empfänger ihn als den Vertreter des Senders anerkennt: *haššaluaḥ kaššoleaḥ 'oto*, „Der Bote ist wie der, der ihn sendet", wie es das jüdische Boteninstitut bestimmt.[25] Die „zerdehnte Situation" stellt die ursprünglichste Lösung des Problems dar, von dem wir ausgegangen sind: dem Bedürfnis nach Stabilisierung in einer flüchtigen Welt.[26]

Die Kultur lässt sich als die umfassendste aller zerdehnten Situationen begreifen, als der Inbegriff aller zur Wiederaufnahme bestimmten Botschaften und aller Institutionen, derer es bedarf, um diese Prozesse der Formulierung, Überlieferung, Zirkulation und Wiederaufnahme zu stabilisieren. Als die „zerdehnte Situation" schlechthin schafft die Kultur einen weit in die Vergangenheit ausgreifenden Horizont eige-

„Gewebe", von *hyphainein*, „weben", das die Sophisten auf geformte sprachliche Äußerungen angewendet haben.

24 K. Ehlich, „Text und sprachliches Handeln".

25 Siehe K. Ehlich, a. a. O., 30f.

26 Das Gleiche gilt auch für das umgekehrte Bedürfnis nach Veränderung in einer (allzu) stabilisierten Welt. Auch Veränderung ist ohne Gedächtnis nicht zu haben.

ner Zeitlichkeit, in der das Vergangene präsent bleibt und eine eigentümliche Form von Gleichzeitigkeit herrscht, sodass Homer und Shakespeare, Platon und Dante, Vergil und Goethe nebeneinander zu stehen kommen und wir uns als Empfänger ihrer Botschaften fühlen können. Mit dem kulturellen Gedächtnis erschließen sich vieltausendjährige Erinnerungsräume, und es ist die Schrift, die dabei eine entscheidende Rolle spielt.

Das kulturelle Gedächtnis hat seinerseits einen Außenhorizont von Wissensbeständen, in Bezug auf die sich der Begriff des „Gedächtnisses" verbietet. In dieser Perspektive zeigt sich der Gedächtnisaspekt, die Gedächtnisförmigkeit der Kultur. Es gibt vieles, was außerhalb unseres kulturellen Gedächtnisses liegt und was uns dann nur noch als vergangen, aber nicht mehr in dem oben beschriebenen Sinne zugleich auch als gleichzeitig anmutet. Es gibt da eine zwar bewegliche, aber doch sehr deutliche Grenze zwischen innen und außen.

Dafür liefert die 3000-Jahrfeier der Stadt Jerusalem im Jahre 1996 ein besonders schlagendes Beispiel. Das Datum ergibt sich, weil David die Stadt vor 3000 Jahren gegründet haben soll. Nun steht zwar in der Bibel, dass er sie nicht gegründet, sondern von den Jebusitern erobert hat[27], aber die jebusitische oder kanaanäische Vorgeschichte Jerusalems wird als so unbedeutend abgetan, dass dem kulturellen Gedächtnis Israels Davids Eroberung als die eigentliche Gründung gilt. Dem Historiker allerdings stellen sich die Dinge ganz anders dar. Jerusalem geht als Stadt um weitere 800 Jahre bis in die mittlere Bronzezeit zurück. Schon damals war sie mit einer Stadtmauer befestigt, umfasste eine Fläche von ca. 4 Hektar und zählte ca. 2.500 Einwohner. Nach damaligen

27 2 Sam 5,6–9; 1 Chr 11,4–9.

Maßstäben handelte es sich um eine richtige, keineswegs unbedeutende Stadt. In der späten Bronzezeit, also ca. 350 Jahre vor dem angeblichen Gründungsdatum, war Jerusalem ein Stadtstaat namens Uru-schalima mit einem König und einer militärischen und zivilen Verwaltungsbürokratie. Er trieb Handel und unterhielt diplomatische Beziehungen zu den Großmächten der damaligen Zeit, besonders zu Ägypten, wo sich sechs Briefe des Königs Abdicheba erhalten haben. Das alles ist lange bekannt. Aber es ist nur „Alte Geschichte", nicht bewohnte Vergangenheit. Niemand von den heute in Jerusalem lebenden und um Jerusalem streitenden Gruppen, Juden, Araber, Christen, nimmt die jebusitische Vergangenheit Jerusalems als die eigene in Anspruch. Das interessiert nur die Historiker. Die 800-jährige kanaanäische Vorgeschichte Jerusalems liegt, mit anderen Worten, außerhalb des Horizonts kultureller Erinnerung, der sich also in diesem Falle einmal auf Goethes 3000 Jahre beziffern lässt.

Das „kulturelle Gedächtnis" ist daher nicht gleichbedeutend mit Geschichte und Geschichtsbewusstsein, sondern stellt eine eigenständige Form des Vergangenheitsbezugs dar. Es ist gekennzeichnet durch Horizont und Prägnanz. Nicht die irgend auffindbaren Quellen und Spuren, sondern die kulturellen Texte bestimmen die Reichweite seines Horizonts und geben ihm durch die weltmodellierende Funktion ihrer Semantik seine identitätsfundierende Prägnanz. Kulturelle Texte sind daher alle semantischen oder symbolischen Artikulationen, die in einer gegebenen Gesellschaft im Rahmen „zerdehnter Situationen" kommuniziert werden; dazu gehören über das Sprachliche hinaus auch Bilder, Gesten, Tänze, Riten, Sitten, Bräuche, Baudenkmäler, Städtebilder, ja sogar Landschaften wie die australischen *Songlines*, solange sie nur als semantische und nicht lediglich geographische Einheiten verstanden und im Leben der Gemeinschaft im

Sinne der „wiederaufgenommenen Botschaft" reproduziert und reaktualisiert werden. In diesem umfassenden Sinne ist Kultur „Text" und zugleich ist sie die „zerdehnte Situation", in deren Rahmen all das als Text funktioniert. Durch die Reproduktion kultureller Texte im Rahmen „zerdehnter Situationen" reproduziert sich eine Gesellschaft oder Kultur durch die Abfolge der Generationen hindurch in wiedererkennbarer Form.

Für schriftlose Gesellschaften gilt, dass nur das im kulturellen Gedächtnis lebendig bleibt, was jeweils gebraucht wird. Horizont und Prägnanz des kulturellen Gedächtnisses bestimmen sich immer neu nach den Gegebenheiten und Erfordernissen einer jeweiligen Gegenwart. Diese Verfassung schriftloser Kulturen wird als „Homöostase" bezeichnet. Durch das permanente Verschwinden nicht mehr gebrauchter Gedächtnisinhalte bleiben schriftlose Gesellschaften in einer Art Gleichgewicht.[28] In Schriftkulturen dagegen wächst überlieferter, in symbolische Formen ausgelagerter Sinn zu riesigen Archiven an, von denen nur mehr oder weniger beschränkte zentrale Teilbereiche in einer gegebenen Gegenwart wirklich gebraucht, bewohnt und bewirtschaftet werden, während sich darum herum Bereiche des nicht mehr Gebrauchten ablagern, die im Grenzfall dem vollkommenen Verschwinden und Vergessen gleichkommen. Aleida Assmann hat daher den Vorschlag gemacht, zwischen Funktions- und Speichergedächtnis zu unterscheiden.[29] Der Begriff des Speichergedächtnisses eröffnet Möglichkeiten kultureller Unbewusstheit. Die Kultur ist ein Palimpsest und

---

28 W. Ong, *Orality and Literacy*, 46.

29 A. Assmann, *Erinnerungsräume*, 130–145; dies., „Speichern oder Erinnern?"; dies., „Speichergedächtnis und Funktionsgedächtnis"; dies., „Funktionsgedächtnis und Speichergedächtnis".

gleicht auch darin dem individuellen Gedächtnis, für das ja Sigmund Freud die Stadt Rom als eine Lieblingsmetapher verwendete. Rom besteht eben gerade nicht nur aus einem gewaltigen Freilichtmuseum, in dem die Vergangenheit konserviert und ausgestellt ist, sondern aus einem unentwirrbaren Ineinander von Altem und Neuem, Verbautem und Verschüttetem, Wiederverwendetem und Ausgesondertem, Bewohntem und Zerstörtem. So entstehen Spannungen, Verwerfungen, Antagonismen zwischen dem Zensierten und dem Unzensierten, dem Kanonischen und dem Apokryphen, dem Orthodoxen und dem Häretischen, dem Zentralen und dem Marginalen, die für kulturelle Dynamik sorgen und der „Homöostase" ein Ende bereiten. Die Grenze zwischen dem Speicher- und dem Funktionsgedächtnis verschiebt sich ständig. Darin sieht Aleida Assmann „die Bedingung der Möglichkeit von Veränderung und Erneuerung".[30] Deshalb ist auch der Begriff der Tradition, zumindest im herkömmlichen Sinne, für dieses Phänomen völlig unzureichend. Tradition meint das Geschäft des Überlieferns und Rezipierens sowie den Bestand des Überlieferten. Mit diesem Begriff ist keine andere Dynamik denkbar als die in solcher kulturellen Arbeit bewusst und kontrolliert entfaltete Dynamik und jede Interaktion mit der Dynamik von Identität und Erinnerung ist abgeschnitten. Außerdem lässt der Begriff der Tradition keinen Raum für das Unbewusste.

Der Historiker Yosef Hayim Yerushalmi hat die Entstehung des Monotheismus, den Freud als Wiederkehr des Verdrängten deutet, in den Mittelpunkt seiner Interpretation von Freuds Moses-Buch[31] gestellt und auf die Unterscheidung von biologisch-genetischer Vererbung und bewusster kultu-

---

30 A. Assmann, *Erinnerungsräume*, 136.

31 S. Freud, *Der Mann Moses und die monotheistische Religion*.

reller Weitergabe zugespitzt. Im Licht dieser Zwangsalternative schlug er dann Freuds Thesen der Seite der biologischen Vererbung zu.[32] Das betraf nicht nur die phylogenetischen Erinnerungsspuren aus der „Urhorde", als der Vater von seinen Söhnen, die er mit Kastration bedrohte, erschlagen wurde, die sich in der menschlichen Seele zur „archaischen Erbschaft" des Ödipus-Komplexes verdichteten, sondern es betraf auch Freuds These von dem Mord an Mose, der speziell die jüdische Seele traumatisiert, aber auch auf dem Wege der Wiederkehr des Verdrängten zur Aufnahme und Bewahrung des Monotheismus disponiert haben soll. Das weist Yerushalmi als „Psycho-Lamarckismus" zurück. Jean Baptiste de Monet de Lamarck hatte zu Anfang des 19. Jh. die Vererbung erworbener Eigenschaften behauptet und dadurch nicht wenig zur Entstehung von Rassentheorien beigetragen.[33]

Gegen Yerushalmis Vorwurf des Psycho-Lamarckismus hatte Jacques Derrida in einem vierstündigen, am 5. Juni 1994 in London gehaltenen Vortrag Freud verteidigt, indem er die Zwangsalternative von genetischer Vererbung und bewusster Überlieferung aufbrach und ein Drittes einführte, das er „Archiv" nannte.[34] Darauf aufbauend entwickelte Richard J. Bernstein[35] einen erweiterten Begriff von Tradition, der unbewusste Aspekte der Weitergabe und transgenerationellen Übertragung einschließt. In Freuds Augen wird der herkömmliche Traditionsbegriff der Dynamik religiöser Traditionen nicht gerecht (Freud versteht unter „Tradition"

32 Y. H. Yerushalmi, *Freud's Moses*.

33 Seit der Entdeckung der Epigenetik stellt sich die Frage der Vererbbarkeit erworbener Eigenschaften etwas anders da. Siehe dazu J. Bauer, *Das Gedächtnis des Körpers*.

34 J. Derrida, *Mal d'Archive*.

35 R. J. Bernstein, *Freud and the Legacy of Moses*.

mündliche Überlieferung, die er der schriftlichen Geschichtsschreibung gegenüberstellt). Diese Dynamik wird gekennzeichnet durch Brüche, Diskontinuitäten, Verschüttungen, Wiederkünfte, Durchbrüche usw., die sich niemals allein auf das Geschäft bewusster Überlieferung zurückführen lassen. Ihr wird nach Freud nur der Vergleich mit den Phasen einer individuellen Neurose gerecht: „Frühes Trauma – Abwehr und Verdrängung, Latenz – Ausbruch der neurotischen Erkrankung – teilweise Wiederkehr des Verdrängten". Die Religionsgeschichte verläuft für Freud in ähnlichen Wellen.[36] Bernsteins erweiterter Traditionsbegriff, der Freuds Kritik aufnimmt und unbewussten Übertragungen Rechnung trägt, greift auf den „ontologischen" Traditionsbegriff Hans Georg Gadamers zurück. Die Position Gadamers stellt für Bernstein den kulturalistischen Gegenpol dar zur biologistischen Position Lamarcks. Gadamer hat in *Wahrheit und Methode* (1960) Heideggers Vorstellungen von der sprachlichen Verfasstheit der menschlichen Existenz weitergedacht in Richtung „Text", d. h. inhaltlich bestimmter, sprachlich artikulierter und befestigter Traditionen, die jede Gegenwart konstituieren, indem sie das Vorverständnis fundieren, aus dem jedes Verstehen gespeist ist. Kein Verstehen ohne Erinnerung, kein Urteil ohne Vorurteil, kein Dasein ohne Tradition. Derrida, dessen Denken sich ja ebenfalls aus Heideggerschen Ansätzen speist, hat den Begriff des „Archivs" in ganz entsprechender Weise ausgeleuchtet als eine gegenwartskonstituierende und zukunftsermöglichende Gedächtnisform im Medium sprachlicher und außersprachlicher, diskursiver und nichtdiskursiver Symbole und – darin geht er am Leitfaden etymologischer Assoziationen des Wortes „Archiv"

36 S. Freud, *Der Mann Moses und die monotheistische Religion*, 92–115, 153–156.

(*arché*, *archeion*, Archonten, Patri-Archiv, Matri-Archiv usw.) über Gadamer hinaus – durchwaltet von politischen Strukturen der Macht und der Herrschaft.

Der Begriff des kulturellen Gedächtnisses entspricht ungefähr dem, was Derrida „Archiv" und Bernstein „Tradition" nennen, und weiß sich ebenso wie sie den Freudschen Einsichten in die psychohistorische Dimension und Dynamik der kulturellen Überlieferung verpflichtet. Das kulturelle Gedächtnis umfasst im Gegensatz zu Halbwachs' „kollektivem Gedächtnis" das Uralte, Abgelegene, Ausgelagerte und im Gegensatz zum „Funktionsgedächtnis" das Nichtinstrumentalisierbare, Häretische, Subversive, Abgespaltene.

Nicht von ungefähr hat sich diese Debatte um die Möglichkeit unbewusster kultureller Übertragungen an Freuds Moses-Buch entzündet. Mit der Durchsetzung des Monotheismus wurden sowohl die anderen Religionen als auch, und vor allem, die eigene ältere Religion als „Heidentum" ausgegrenzt. Damit wurden weite Bereiche der kulturellen Überlieferung unterdrückt, marginalisiert, in subkulturelle Folklore abgeschoben oder geradezu kriminalisiert. Das vom Monotheismus geprägte kulturelle Gedächtnis wurde komplex; zum Entlegenen, Nichtgebrauchten, Veralteten („Speicher") trat das Apokryphe, Ausgegrenzte und Verbotene („Krypta"), das gleichwohl in der Form des Verbots als Gegengedächtnis erhalten blieb, sodass etwa Gottfried Arnold seine „Unpartheyische Ketzergeschichte" schreiben und in Goethe einen begeisterten Leser finden konnte. Das Heidentum verschwand nie aus dem kulturellen Gedächtnis des Abendlandes[37] und insbesondere das durch zahllose

---

37 Siehe vor allem E. Wind, *Pagan Mysteries in the Renaissance*; J. Seznik, *La survivance des dieux antiques*; C. Ginzburg, *Storia notturna*.

griechische und lateinische Texte vermittelte Ägypten spielte darin eine ambivalente und höchst virulente Rolle.[38]

Nun gilt es, wenn wir Kultur als Gedächtnis verstehen, noch einen weiteren wichtigen Unterschied zu beachten. Jurij Lotman und Boris Uspenski haben die Kultur im Ganzen als „das nicht (biologisch) vererbbare Gedächtnis der Menschheit“ bezeichnet.[39] Das für ein optimal umweltangepasstes Überleben notwendige Wissen, das in der Tierwelt durch ein enges Zusammenspiel von genetischer Anlage und elterlichem Training von Generation zu Generation weitergegeben wird, muss und kann in der Menschenwelt über symbolische Codes wie vor allem Sprache, aber auch visuelle und sonstige Zeichen aller Art nicht nur weitergegeben, sondern vor allem auch akkumuliert und erweitert werden, sodass in der Menschenwelt, anders als in der Tierwelt, eine kulturelle Evolution möglich wird, die die Menschheit in einem immer atemberaubender werdenden Tempo über die natürlichen Grundlagen ihrer Spezies hinausführt. Der Mensch unterscheidet sich aber in zweierlei Hinsicht von den anderen Lebewesen: Er ist nicht nur das Tier, das anstatt in einer artspezifischen Umwelt in einer optimierungsoffenen, symbolisch konstruierten Sinnwelt lebt, sondern er ist auch das Tier, das seine Toten bestattet und von seiner eigenen Endlichkeit weiß. Die Kultur lässt sich also unter einem Doppelaspekt betrachten: als technologischer Fortschritt und als orientierende Rückbindung, das heißt: Erinnerung.

Bisherige Kulturtheorien haben den Aspekt der Anpassung und kulturellen Weltbeherrschung in den Vordergrund gestellt.[40] Hier geht es um *homo faber*, den Fabrikanten im-

---

38 A. Assmann, „Ex Oriente Nox“.

39 J. M. Lotman/B. A. Uspenskij, *The Semiotics of Russian Culture*.

40 Vgl. z. B. M. Tomasello, *Die kulturelle Entwicklung des mensch-*

mer elaborierterer Hand- und Denkwerkzeuge, vom Faustkeil bis zum Smartphone und wer weiß, wohin darüber hinaus. Mit den immer elaborierteren Werkzeugen gehen im Zusammenspiel von Hirn und Hand immer umfassendere kognitive Kompetenzen und ein dementsprechend immer ausgedehnteres, spezialisierteres und den Herausforderungen der natürlichen und kosmischen Welt immer vollkommener angepasstes Wissen einher. Im Zentrum dieser kulturellen Techniken und Funktionen stehen die immer komplexer werdenden Aufgaben der Organisation und Verwaltung des Zusammenlebens wie Versorgung, Kommunikation, Kontrolle, Sicherheit, Gesundheit, Unterhaltung usw. Diesem Aspekt der Kultur ist das Prinzip der Evolution eingeschrieben. Damit ist aber das Wesen der Kultur noch keineswegs vollständig erfasst, auch wenn es für die Modernisierungstheorie so ausschaut, als ließe sie sich in diesem Rahmen ziemlich adäquat beschreiben.

Gehen wir in frühere Epochen der Menschheitsgeschichte zurück, dann tritt jener andere Aspekt der Kultur immer stärker in den Vordergrund, der mit dem um seine Sterblichkeit wissenden und seine Toten bestattenden Menschen zu tun hat.[41] Hier geht es nicht, zumindest nicht in erster Linie, um Anpassung und Weltbeherrschung, sondern, ganz allgemein gesprochen, um Distanznahme gegenüber den unmittelbaren Zwängen der Wirklichkeit, um Besinnung, Selbstbeobachtung und Reflexion, um den Kontakt mit den Toten bzw. dem Jenseits und um Orientierung in einer die

---

lichen Denkens; M. Donald, *Origins of the Modern Mind* und ders., *A Mind So Rare*.

41 Vgl. hierzu meine Bücher *Der Tod als Thema der Kulturtheorie* und *Tod und Jenseits im Alten Ägypten*, sowie J. Assmann/R. Trauzettel (Hrsg.), *Tod, Jenseits und Identität*.

eigene Lebenszeit nach beiden Richtungen überschreitenden Zeitdimension.[42] Dieser zweite Aspekt lebenszeit-übergreifender Sinn- und Zeitorientierung hat nicht weniger als der erste den Rang eines Ur-Impulses und Grundbedürfnisses.

Offensichtlich spielt das Gedächtnis in diesem zweiten Aspekt der Kultur eine ganz andere, wesentlich zentralere Rolle. Natürlich kommt auch der erste, technologisch-evolutionäre Aspekt nicht ohne Gedächtnis aus. Auch die Weitergabe und Akkumulation von technischem Wissen setzt Gedächtnis im Sinne von Techniken der Datenspeicherung und Verwaltung voraus. Ohne Gedächtnis würde das Rad immer wieder neu erfunden werden müssen, und es wäre nie zu den darauf aufbauenden Erfindungen gekommen. So unabdingbar auch immer das menschliche Gedächtnis für alle Belange auch der technologischen Weltanpassung und Lebensorganisation ist, so hat es hier doch überall nur eine dienende, instrumentelle, ermöglichende und ermächtigende Funktion. Ganz anders liegen die Dinge beim zweiten Aspekt. Hier geht es zentral um Erinnerung. Die Griechen haben ihren Begriff von Kultur in Gestalt der neun Musen personifiziert, und als deren Mutter, die Mutter der neunfach differenzierten Kultur, haben sie Mnemosyne bestimmt, die Göttin der Erinnerung. Sie haben unter Mnemosyne also speziell das *kulturelle* Gedächtnis verstanden und dieses in neun Formen oder Aspekte wie z. B. Tanz, Drama, lyrische Dichtung, Geschichtsschreibung usw. ausdifferenziert.[43] In

42 Vgl. S. Breuer, *Der charismatische Staat*.

43 Klio ist für Geschichtsschreibung, Melpomene für Tragödie, Terpsichore für Chorlyrik und Tanz, Thalia für Komödie, Euterpe für Lyrik und Flötenspiel, Erato für Liebesdichtung, Urania für Sternkunde, Polyhymnia für den Gesang mit der Leier und Kalliope für epische Dichtung, Rhetorik, Philosophie und Wissenschaft zuständig.

diesen Sparten haben die Griechen den gedächtnisrelevanten Teil der Kultur umschrieben. Die Religion kommt hier nicht vor, eine Muse für „Kult" gibt es nicht, aber in verschiedenen Kulten spielen Chorlyrik, Tanz, Lyrik und Flötenspiel, Gesang mit der Leier vielfältige Rollen, die in die Zuständigkeit von Terpsichore, Euterpe und Polyhymnia fallen. Die Musen verkörpern in der griechischen Mythologie die Organe der Selbstbeobachtung, Reflexion und Orientierung in einem die Alltagszwänge weit überschreitenden Sinnhorizont, wie wir ihn im Begriff des kulturellen Gedächtnisses zusammenfassen.

Schrift und Buchdruck

Wenn es um den Weg Europas geht, steht der Gedächtnisaspekt der Kultur im Vordergrund. Die Europäer sind diesen Weg nicht blind gegangen, von der Evolutionsdynamik des „Kampfs ums Überleben" gesteuert, sondern als sich erinnernde Wesen, die ihre Zukunft aus ihren Herkunftsvorstellungen gewinnen. Wir wollen wissen, welche Rolle Ägypten und Israel darin spielen, auch wenn wir notgedrungen Griechenland, Rom und vieles andere nur am Rande einbeziehen können. Eine entscheidende Rolle spielt dabei die Schrift, ihre Entstehung, Verwendung und gesellschaftliche Einbettung. Zwei Innovationen auf dem Gebiet der Schriftkultur sind für die Geschichte des kulturellen Gedächtnisses entscheidend gewesen: die Erfindung der Schrift um 3000 v. Chr. und die Erfindung des Buchdrucks um 1500 n. Chr. Beide Erfindungen haben die Dynamik von Tradition und Innovation enorm beflügelt und auch die Dynamik des Religiösen befeuert, vor allem die zweite, ohne die die Reformation gar nicht denkbar ist. Bei der Schrift dauerte es eine Weile, bis sie gleichermaßen zur Dynamik des Religiösen beitrug. Natürlich bedeuten gegenwärtig die Digitalisierung und die Erfindung des Internets in der Geschichte der Medien eine Innovation von ähnlich epochalem Rang wie die Erfindungen von Schrift und Buchdruck, und die Frage liegt nahe, was das für die Zukunft des kulturellen Gedächtnisses und die Dynamik des Religiösen bedeutet. Diese wichtige Frage will ich aber im Rahmen dieses Versuchs offenlassen und mich im Folgenden auf die ersten beiden Innovationen und Epochenschwellen beschränken.

Die Erfindung der Schrift bedeutet für das kulturelle Gedächtnis vor allem eine Zweiteilung in jene zwei verschiedene Gedächtnisformen und -funktionen, die Aleida Assmann als Funktions- und Speichergedächtnis bezeichnet hat. Ein Speichergedächtnis gibt es in schriftlosen Gesellschaften nicht, hier geht alles verloren, was aus der Zirkulation des kulturellen Wissens herausfällt. In Schriftkulturen dagegen bleibt vieles in Archiven, Bibliotheken, Dachböden usw. erhalten, was seine aktuelle Bedeutung verloren hat, aber in späteren Epochen wiederentdeckt und zu neuem Leben erweckt werden kann. Berühmte Beispiele sind etwa die Legende von der Auffindung eines Buchs von Moses unter König Josia, die zur josianischen Kultreform führte[44], oder das Auftauchen eines Exemplars des *Corpus Hermeticum* in Florenz um 1460, das die europäische Religions- und Geistesgeschichte der folgenden Jahrhunderte tiefgreifend geprägt hat. Die Schrift ermöglicht nicht nur ungeahnte Innovationen, sondern auch in der Gegenrichtung den Rückgriff auf Vergangenes und die Bewahrung des Alten, was beides ohne Schrift nicht denkbar wäre. So kommt es zu Kanonisierungsprozessen wie der Entstehung der Hebräischen Bibel, der konfuzianischen Schriften und der griechischen Klassi-

---

44 S. u. S. 128–131.

ker. Dieser Schritt geschieht in Ost und West etwa gleichzeitig um (plus/minus) 200 v. Chr., unbeschadet des Alters der kanonisierten Texte.

Der biblische und der Klassiker-Kanon bilden das Rückgrat des abendländischen kulturellen Gedächtnisses. Die Kirche hat sich um beide gekümmert. Die Skriptorien der Klöster haben neben biblischen und parabiblischen Texten sowie der patristischen Literatur auch eine umfassende Auswahl der griechischen Klassiker gesammelt und kopiert, byzantinische und arabische Gelehrte kümmerten sich um Wissenschaft und Philosophie. Dass wir noch heute diese Texte lesen und mit ihnen leben können, verdanken wir solcher unablässigen Arbeit am kulturellen Gedächtnis. Die frühen Hochkulturen, auf denen die biblische und die klassische Antike aufruht, haben diesen Schritt der Auslegung, Übersetzung und Umkodierung nicht mitvollzogen und sind untergegangen. Sie spielen daher im kulturellen Gedächtnis des Abendlands eine Rolle nur soweit, als sich die Bibel und die auf uns gekommenen griechischen und lateinischen Texte mit ihnen beschäftigen. In diesen sekundären Quellen, zu denen auch einige auf Griechisch verfasste Texte babylonischer und ägyptischer Autoren kommen, nimmt Ägypten aus verschiedenen Gründen einen ungleich größeren Platz ein als Mesopotamien. Auch daraus leitet sich ein Recht her, den Weg Europas in Ägypten beginnen zu lassen.

Dabei sei aber die große Bedeutung nicht vergessen, die neben Ägypten auch der Vordere Orient für die kulturelle Erinnerung der Griechen gehabt hat. Der antike Mythos von Europa erzählt von der Tochter des phönizischen Königs Agenor, die von Zeus in Gestalt eines weißen Stiers nach Kreta entführt wurde. Der wahre Kern dieses Mythos ist das Bewusstsein, das die europäische Kultur aus dem Orient stammt.[45] Ein Blick auf die archaische griechische Kunst und ihren orientalisierenden Stil bestätigt diese Herkunft. Aus Phönizien stammt das griechische Alphabet, das der Bruder der Europa, der Phönizier Kadmos, in Griechenland eingeführt haben soll. Der Name „Kadmos" kommt von semitisch *qedem*, das sowohl „alt" als auch „Osten" bezeichnet. In der Wurzel *qedem* verbinden sich also die Vorstellungen von „Osten" und „Alter Zeit". Die Griechen blickten auf den Osten von Ägypten bis Anatolien als *ihr* Altertum, so wie *wir* auf Griechenland und Rom als *unser* Altertum blicken, und jedes Mal geht es um 2000–3000 Jahre. 2000–3000 Jahre trennen uns vom „klassischen" Altertum, also von Homer bis Tacitus, und 2000–3000 Jahre trennen diese wiederum von den ersten Pharaonen und sumerischen Königen. Diese abgestufte Zeittiefe ist eine Besonderheit des europäischen kulturellen Gedächtnisses.

Für die Griechen bedeutete Europa die griechische Welt, von Ionien bis Marseille. Im 5. vorchristlichen Jh., der Zeit der Perserkriege, schärfte sich dieser Begriff in Absetzung vom Orient. Europa betrachtete sich als die Welt der Freiheit und des Geistes, gegen Persien, die Welt der Despotie. Ägypten galt den Griechen als ein dritter Weg neben der Willkürherrschaft der persischen Despotie und der Herrschaft des Gesetzes in den griechischen Poleis, weil sie den pharaonischen Staat als eine Verbindung von Gesetz und Monarchie betrachteten. Auch deswegen hatte Ägypten bessere Chancen, durch Vermittlung der Griechen im kulturellen Gedächtnis zu überleben.

45 Siehe dazu W. Burkert, *Die Griechen und der Orient*.

2. Begriffsbestimmungen

Im Folgenden möchte ich in aller Kürze die drei Begriffe erläutern, unter denen wir den Weg Europas in den Blick fassen wollen: Kultur, Staat, Religion.

Kultur

Kultur im weitesten Sinne lässt sich als Stil und Form organisierten Zusammenlebens einer Großgruppe beschreiben. Damit ist schon gesagt, dass es sich hier um ein Phänomen in ständiger Bewegung handelt und nicht etwa um einen starren monolithischen Komplex. Kultur als Stil verändert sich in der Zeit und gibt jeder Epoche ihr eigenes Gepräge. Das Wort „Kultur" kommt bekanntlich von *colere* „pflegen" und bezieht sich ursprünglich auf die Agrikultur, die Landwirtschaft. Das kulturelle Gedächtnis ist eine Sache unablässiger Pflege und in erster Linie weniger ein Bestand („kulturelles Erbe") als vielmehr ein dynamischer Prozess. Noch deutlicher kommt das in dem weitgehend gleichbedeutenden Begriff „Zivilisation" zum Ausdruck. Zivilisation ist ein *nomen acti* und bezeichnet das Ergebnis eines Geschehens; es lässt sich aber auch als ein *nomen actionis* verstehen, das sich auf das Geschehen selbst, nämlich das Zivilisieren, bezieht. Zivilisieren ist nichts anderes als die Pflege des kulturellen Gedächtnisses, die die Masse Einzelner, wie immer locker und vielfältig, zur Gesellschaft als Träger einer Kultur verbindet. Damit ist klar, dass es hier zentral und primär um Erziehung geht. Das kulturelle Gedächtnis, das keine natürliche, neuronale Basis hat, muss eingeübt werden. Dabei geht es einerseits natürlich um *Integration*, die Erzeugung von Gemeinsamkeit und Identität durch gemeinsames Wissen, andererseits aber, ebenso entscheidend, um *Nachhaltigkeit*, die Reproduktion kultureller Identität in der Zeit. Das kulturelle Gedächtnis umfasst nicht einfach Wissen im Sinne von beliebigem Schulstoff, sondern identitätsrelevantes, Selbstbild-vermittelndes Wissen, wozu noch immer die Kenntnis der Sprachen und Texte des „klassischen“ Altertums sowie der Bibel und religiösen Traditionen gehören. Ohne dieses Wissen ist die geistige Welt, in der wir leben, Kunst, Religion, Philosophie, Politik, Recht und Moral, nicht zu verstehen.

In der Zusammenstellung mit Religion und Staat bezeichnet „Kultur“ eine „zivile“ Sphäre der Weltlichkeit gegenüber Religion, und der Privatheit gegenüber Staat. In dieser Differenzierung ist das ein modernes Phänomen, das wir nicht einfach in die Vergangenheit zurückprojizieren dürfen. Es ist aber nicht anachronistisch, Kultur auch mit Bezug auf frühe und antike Gesellschaften als eine Sphäre der gesellschaftlichen Einbettung von etwas zu verstehen, wie z. B. „Recht“ („Rechtskultur“) und „Schrift“ („Schriftkultur“) und darüber hinaus dann auch von allgemeineren Größen wie „Staat“ und „Religion“, so wie umgekehrt danach gefragt werden kann, in welchem Umfang Religion und Staat die zivile Kultur bestimmt bzw. respektiert haben.

Staat

Unter „Staat“ soll hier, sehr viel allgemeiner als in der modernen Staatslehre, aber im Einklang mit dem Sprachgebrauch der historischen Soziologie (Stefan Breuer) und Archäologie (Colin Renfrew u. a.), von politischen Organisationsformen gesprochen werden, die über ein Territorium, ein Staatsvolk, eine Verwaltung mit bestimmten Monopolen (Steuer, Gewalt), vor allem aber über ein Vorstellungsbild ihrer selbst, eine „Staatsidee“ verfügen, die sich in dem Formeninventar einer spezifischen Bildwelt („imaginaire“) ausdrückt. Politische Gebilde unterhalb dieses Formats sollen „Stämme", „Häuptlingstümer", „Clans" u. ä. heißen, solche oberhalb des Staats-Niveaus „Reiche". Gerade die Unterscheidung zwischen „Staat" und „Reich" wird in unserem Zusammenhang wichtig sein, weil das Alte Ägypten zwischen beiden Formen wechselte und auch die europäische Geschichte beide Formen kennt. Reiche sind multiethnisch und multistaatlich. Auch Ägypten hatte aufgrund seiner kolonialistischen Expansion im Neuen Reich (ca. 1500–1100) eine Phase, in der von einem „Reich" gesprochen werden kann, neben den ebenso expansiven Reichen der Hethiter und Assyrer. Zu eigentlichen Imperien, die keine Imperien mehr neben sich sahen und sich als „Weltreiche" betrachteten, kam es aber erst in der Eisenzeit (ab ca. 1100) mit den Reichen der Assyrer und Babylonier, Meder und Perser, dem Reich Alexander des Großen und den Reichen seiner Nachfolger (Diadochen) sowie schließlich dem Römischen Reich.

Religion

Der Begriff Religion ist problematisch und umstritten. Er erfordert eine längere Diskussion, auf die hier unmöglich ausführlicher eingegangen werden kann.[46] Ich möchte zwei verschiedene Religionsformen und -begriffe verwenden und dabei von einer Unterscheidung ausgehen, die der scharfsinnige Apostel Paulus auf die denkbar prägnanteste Formel gebracht hat: „wir wandeln durch Glauben, nicht durch Schauen" (διὰ πίστεως γὰρ περιπατοῦμεν, οὐ διὰ εἴδους. 2 Kor 5,7). So könnte man Religionen der Schau und Religionen des Glaubens unterscheiden. „Religionen der Schau" – unter diesem Begriff lassen sich alle sog. „heidnischen" Reli-

46 E. Feil, *Religio* I; J. Assmann, *Religio duplex*.

gionen zusammenfassen, deren Gottesvorstellungen auf den Machterfahrungen der sichtbaren Wirklichkeit basieren und für die ich den Begriff „Kosmotheismus" vorgeschlagen habe.[47] „Religionen des Glaubens" dagegen basieren auf Offenbarung einer unsichtbaren Wirklichkeit. Als „feste Zuversicht dessen, was man hofft, und ein Nichtzweifeln an dem, was man nicht sieht" (Ἔστιν δὲ πίστις ἐλπιζομένων ὑπόστασις, πραγμάτων ἔλεγχος οὐ βλεπομένων. Heb 11,1) definiert der nachpaulinische Hebräerbrief den Begriff „Glauben", bezieht ihn also auf Verheißung künftigen Heils und Offenbarung unsichtbarer Wahrheit. Damit ist die ganz neue Form von Religion beschrieben, die in der Darstellung der Tora nach dem Auszug aus Ägypten – dem Inbegriff des Kosmotheismus – am Sinai von JHWH gestiftet wurde und die die „abrahamitischen" Religionen Judentum, Christentum und Islam von den Ausgewanderten geerbt haben. Nichts bringt die Wende von der Schau zum Glauben oder vom Kosmotheismus zum Monotheismus deutlicher zum Ausdruck als das Verbot, Bilder anzubeten. Die Wende erscheint mir so tiefgreifend, dass es sinnvoll ist, zwei Religionsbegriffe zu unterscheiden.

Die Wende drückt sich auch im Bedeutungswandel des lateinischen Wortes *religio* aus. Cicero, der noch in einer Religion der Schau, *vor* dem Zeitalter des Glaubens lebte, leitete es von dem Verb *relegere*, „wiederauflesen, -sammeln, bedenken, Acht geben", her und kam zu der Bedeutung „An-

47 Siehe hierzu J. Assmann, *Moses der Ägypter*, 208–210. Lamoignon de Malesherbes hatte den Terminus „Kosmotheismus" mit Bezug auf Plinius den Älteren geprägt in seiner Edition der *Naturalis historia*, wo Plinius die Welt (*mundus*) als Gott (*numen*) bezeichnet. Jacobi hatte diesen Begriff für Spinoza in Erwägung gezogen, sich dann aber doch für „Atheismus" entschieden. Vgl. auch J. Assmann, „Magische Weisheit".

dacht, Aufmerksamkeit, sorgfältige Beachtung kultischer Regeln"; Laktanz, der zwei bis drei Jahrhunderte später lebte, leitete es ab von einem Wort *religare* und verstand *religio* als „Rückverbindung, feste Bindung"[48], ganz im Sinne der Glaubensreligion und ihres Begriffs von Bund und Bindung.

48 „Hoc vinculo pietatis obstricti Deo et religati sumus, unde ipsa religio nomen non ut Cicero interpretatus est a relegendo". Für eine ungemein sachkundige, wenn auch sehr ausführliche Erläuterung der Etymologie von *religio* vgl. D. Scholten, *Deutsch für Dichter und Denker.* Hätte Laktanz Recht, würde es *religatio* und nicht *religio* heißen.

KAPITEL I

Altägypten und die Errungenschaften der „vorachsenzeitlichen" Welt

„Es gibt drei Hügel, von denen das Abendland seinen Ausgang genommen hat: Golgatha, die Akropolis in Athen, das Capitol in Rom. Aus allen ist das Abendland geistig gewirkt, und man darf alle drei, man muss sie als Einheit sehen", stellte Theodor Heuss fest, als es nach dem Zweiten Weltkrieg darum ging, sich auf den Trümmern der Katastrophe um eines Neuanfangs willen unserer Herkunft zu vergewissern.[49] Die Wurzeln Europas liegen in Jerusalem, Athen und Rom. „Die Griechen hatten keine Griechen vor sich", betonte mehrfach der Althistoriker Christian Meier, der die Wurzeln Europas in Griechenland verortet und die griechische Kultur als eine Schöpfung aus dem Nichts bewundert.[50] Immerhin hatten die Griechen eine Reihe weit in die Vergangenheit zurückreichender Hochkulturen vor sich, von denen sie gelernt haben. Die Ägypter aber hatten, als sie gegen Ende des 4. Jt. ihren Staat gründeten, nicht nur keine Ägypter vor sich, sondern überhaupt nichts Vergleichbares, so enge Handelsbeziehungen auch bestanden mit den sumerischen Stadtstaaten und anderen Gemeinwesen sehr viel kleinerer Größenordnung.

49 In einer Rede zur Wiedereröffnung einer Schule in Heilbronn 1950, zitiert nach U. Heimowski, „Die drei Hügel des Abendlandes, oder: Wie christlich ist die Demokratie?".

50 C. Meier, *Kultur, um der Freiheit willen*.

Natürlich beginnt Europa mit den Griechen. Die altgriechische Kultur ist in unserer Welt so präsent, dass man geradezu Europa mit den Griechen identifizieren kann. Der amerikanische Philosoph Alfred North Whitehead hat die ganze westliche Philosophiegeschichte als „Fußnoten zu Plato“ zusammengefasst. Die westliche Architektur und Kunst wimmelt von griechischen Formen und ist ohne Griechenland gar nicht denkbar. Die Bedeutung Griechenlands ist für den Weg Europas so selbstverständlich, dass ich mich von der Aufgabe entbunden fühlen darf, diese Tatsache im Rahmen dieses kleinen Buchs noch einmal herauszustellen, und stattdessen auf viele brillante Bücher des Althistorikers Christian Meier verweisen kann. Entsprechendes gilt auch für die Juden. Jacques Derrida hat die Frage gestellt: „Sind wir Griechen? Sind wir Juden? Aber wer, wir?“[51] Auf diese Frage hatte schon Heinrich Heine folgende Antwort gegeben: „Alle Menschen sind entweder Juden oder Hellenen, Menschen mit asketischen, bildfeindlichen, vergeistigungssüchtigen Trieben oder Menschen von heiterem, entfaltungsstolzem und realistischem Wesen.“[52] „Wir“ Europäer sind Griechen und Juden; diese Syn- oder Antithese ist nicht Thema meines Buchs. Trotzdem gehe ich im dritten und vierten Kapitel auch auf die Geschichte Israels und des Frühen Judentums ein, weil es mir auf die grundsätzliche, epochemachende Wende ankommt, die den neuen Begriff der „Glaubensreligion“ hervorgebracht hat, durch den sich Europa nicht nur

51 J. Derrida, „Violence et métaphysique“, 227.

52 H. Heine, „Ludwig Börne“, 350. Dieser Text entstand, wie Karl-Josef Kuschel zeigt, in einer Lebensepoche, da Heine noch für die hellenische Lösung optierte, während er sich in den letzten Jahren seines Lebens emphatisch dem „Gott unserer Väter“ und der jüdischen Lösung zuwandte.

vom Alten Ägypten, sondern von der gesamten „heidnischen" Welt inklusive Griechenlands abwendet.

Die Frage, ob wir vielleicht nicht nur Griechen und/oder Juden, sondern auch Ägypter sind, mutet heutzutage abwegig an. Dass man nicht mehr so selbstverständlich wie in der frühen Neuzeit den Weg Europas in Ägypten beginnen lassen kann, liegt vor allem an zwei Entwicklungen, die auf das späte 18. bis frühe 19. Jh. zurückgehen. Die erste und vielleicht entscheidende dieser Entwicklungen liegt in der Erschließung des Sanskrit und der Entdeckung der indoeuropäischen Sprachverwandtschaft begründet, die eine grundsätzliche Umorientierung der Wurzelsuche und kulturellen Verankerung Europas zur Folge hatte, weg von Ägypten und dem Nahen Osten und hin zu Griechenland und Indien als Urheimat Europas.[53] Das führte zu dem verhängnisvollen Antagonismus des Indoeuropäischen und des Semitischen und zu einer tiefen Entfremdung von den ostmediterranen Wurzeln der europäischen Kultur. Bei dieser Abwendung von Ägypten spielte auch die mit der Entzifferung der Hieroglyphenschrift durch François Champollion einsetzende wissenschaftliche Erschließung altägyptischer Texte eine Rolle, die das traditionelle Vorstellungsbild Ägyptens vollkommen dekonstruierte. Je mehr man nun aus Quellen erster Hand über Ägypten erfuhr, desto fremder wurde es.

Die zweite liegt in der Konstruktion eines kulturgeschichtlichen Zusammenhangs, die der Philosoph Karl Jaspers nach dem Zweiten Weltkrieg auf den Begriff der Achsenzeit brachte, die aber ebenfalls auf das späte 18. Jh. zurückgeht. Die Theorie der Achsenzeit besagt, dass die geistigen Durchbrüche, auf die wir unsere geistige Welt

53 S. oben, S. 19f.

zurückführen – die griechischen Philosophen und Dichter, die biblischen Propheten –, genaue Parallelen in den anderen maßgeblichen Kulturkreisen der Alten Welt haben – China, Indien und Persien –, und dass sie alle in demselben Zeitfenster um 500 v. Chr. plus/minus 300 Jahre stattfanden, das Jaspers als Achse der Weltgeschichte deutete, auf die alles Vorherige zuläuft und von der sich alles Folgende ableitet. Diese Theorie, die in den vergangenen 50 Jahren Gegenstand ausgedehnter Forschungen wurde, hat sich heute sehr weitgehend durchgesetzt.[54] Laut dieser Theorie entstand unsere geistige Welt überhaupt erst in den Jahrhunderten um 500 v. Chr., alles Frühere spielt für uns keine Rolle; dafür aber weitet sie dieses „Wir“ auf die Menschheit aus. Der Mensch, mit dem wir bis heute leben (der *homo sapiens axialis*), entstand plus/minus um 500 v. Chr. Dieses Geschichtsbild hatte naturgemäß die ägyptischen und orientalischen Ursprünge Europas abgedunkelt. Unser Verstehen endet bei den Texten und der Kunst der Achsenzeit. Alles Frühere können wir vielleicht bewundern, aber nicht verstehen. „Wir stehen bewundernd vor ihrer Großartigkeit“, schrieb Jaspers, „bleiben ihnen aber auf eine Weise fremd, die durch den Abgrund bedingt ist, welchen die Durchbruch-

---

54 K. Jaspers, *Vom Ursprung und Ziel der Geschichte*; J. Habermas, *Auch eine Geschichte der Philosophie*. In meinem Buch *Achsenzeit* habe ich die Erfolgsgeschichte dieses Konzepts von Abraham Hyacinthe Anquetil-Duperron (1771) bis Jürgen Habermas (2019) skizziert und mich in einigen Punkten von dieser Theorie distanziert. Mein eigener Begriff von Achselzeit entspricht in großen Zügen dem skeptischen und zurückhaltenden Verständnis dieses Begriffs, das Johann Páll Árnason in mehreren Beiträgen und zuletzt in seinem Band in dieser Reihe, *Weltliche Autonomie und Religion in der Konstitution der Moderne*, 69–88, in Auseinandersetzung mit Shmuel Eisenstadt dargelegt hat.

losigkeit bewirkt.“[55] Dieser dezidiert hermeneutische Zugang zur Geschichte, der die entscheidende Epochenschwelle am Leitfaden des Verstehens konstruierte, war Jaspers’ eigenster Beitrag zur Achsenzeit-Debatte. Seine Verständnisverweigerung gegenüber der babylonischen und ägyptischen Literatur mag 1949 noch entschuldbar gewesen sein, als die entscheidenden Durchbrüche der ägyptologischen und assyriologischen Philologien noch weitgehend in den Grenzen innerfachlicher Kommunikation zirkulierten.[56] Heute ist diese hermeneutische Blockadehaltung gegenüber den frühen Hochkulturen unmöglich geworden. Die frühe Ägyptologie hatte auf der Grundlage der nun endlich lesbar gewordenen Quellen ein Bild Ägyptens gezeichnet, das in nichts dem Ägyptenbild der griechischen und lateinischen Quellen entsprach, und damit zu der Verfremdung des Alten Ägypten beigetragen. Erst nach dem Zweiten Weltkrieg entwickelte sich in der neueren Ägyptologie ein hermeneutischer, um tieferes Verstehen bemühter Zugang zu den Quellen, der das Ägyptenbild der antiken Texte bis zu einem gewissen Grad rehabilitierte und diese verschüttete Wurzel unserer Welt wieder freilegte.

---

55 K. Jaspers, *Vom Ursprung und Ziel der Geschichte*, 77.

56 Schon Eric Voegelin, der sich in den USA in den 1940er- und 50er-Jahren bei der Arbeit am ersten Band seines monumentalen Werks *Order and History* mit Ägypten und Babylonien beschäftigte, konnte von den bahnbrechenden Forschungen der Gruppe um Henri Frankfort und Henriette Groenewegen-Frankfort am *Oriental Institute Chicago* profitieren, und gelangte zu einem Verständnis der frühen Hochkulturen, das ihn in den späteren Bänden seines Werks dazu zwang, sich von der Achsenzeit-Theorie zu distanzieren, der er sich zunächst voll angeschlossen hatte, siehe J. Assmann, *Achsenzeit*, 228–254, besonders 249f.

1. Drei altägyptische Gründungen und ihre Wirkungsgeschichte

Demgegenüber möchte ich zuallererst die Errungenschaften der vorachsenzeitlichen Welt in Erinnerung rufen, ohne die weder der abrahamitische Monotheismus noch die griechisch-römische Antike denkbar sind. Ich halte es für sehr bezeichnend, dass beide, Athen und Jerusalem, auf Ägypten als ihr Altertum zurückblicken als auf eine ihnen weit vorausliegende Kultur, deren Errungenschaften sie zutiefst geprägt haben, sei es im Sinne von Abkehr und Abscheu wie im Fall Jerusalems, sei es im Sinne von Übernahme und Faszination wie im Fall Athens. Ich möchte das an drei „Errungenschaften“ illustrieren, deren Wirkungsgeschichte den Weg Europas entscheidend mitbestimmt haben: Staat, Schrift und die Idee des Totengerichts.

Staat

Da ist erstens der Staat zu nennen. Ägypten war der erste große Flächenstaat der Geschichte. Er entstand um 3000 v. Chr. und umfasste ein Gebiet von der Mittelmeerküste bis zum ersten Katarakt. In Mesopotamien entstanden zur gleichen Zeit kleinräumige Stadtkönigtümer, die sich zu größeren Herrschaftsverbänden unter Führung wechselnder Städte zusammenschlossen. König Sargon von Akkad (2356 bis 2300 v. Chr. bzw. 2292 bis 2236 v. Chr.) vereinigte die Stadtstaaten zu einem Reich, das sich weit über das bisherige Gebiet ausdehnte. Ägypten dagegen organisierte sich als Staat und die Staatlichkeit dieses Herrschaftsgebildes beruhte auf festen Grenzen sowie dem Gewaltmonopol, dem Steuermonopol, einer einheitlichen Organisation von Recht und Kult sowie einer Auflösung vorgängiger Machtstrukturen wie Clans, Stämme, lokale Verbände, Dorfgemeinschaften usw. zugunsten einer übergeordneten einheitlichen Zugehörigkeitsstruktur. Das ist umso bemerkenswerter, als diese Form zentralisierter Staatlichkeit in vielen Gegenden der orientalischen Welt bis heute fremd ist, wo die Macht in den Händen mächtiger Clanverbände liegt und die Staaten es schwer haben, sich dagegen durchzusetzen. Der Reichsgedanke wiederum, wie ihn erstmals das Reich Sargons von Akkad realisierte, bildete den Ursprung einer anderen Genealogie, die über die Reiche der Assyrer, Babylonier, Perser, das Reich Alexanders und seiner Nachfolger, der Diadochen, bis zum Römischen Reich führte, das sich im byzantinischen Reich, den islamischen Reichen und der Konstruktion des „Heiligen Römischen Reiches deutscher Nation" fortsetzte (s. u., S. 181–184). In puncto Staatlichkeit stehen wir auf den Schultern der Alten Ägypter, so wenig auch ansonsten unsere Formen politischer Organisation mit der monozentrischen pharaonischen Staatsform zu tun haben.

Der Soziologe Stefan Breuer hat für die frühesten Staaten der Geschichte den Begriff des „charismatischen Staates" geprägt.[57] Der charismatische Staat ist eine Form politischer Organisation, die ihren Daseinszweck und ihre Hauptaufgabe in der Stiftung, Ausgestaltung und Aufrechterhaltung einer Verbindung zur Geister- und Götterwelt sieht. Das zeige sich vor allem in den monumentalen Kultanlagen dieser frühen Staaten. Natürlich ist das Alte Ägypten für ihn das Paradebeispiel eines charismatischen Staats, und das mit vollem Recht.

Nach Breuer sind Staaten „charismatisch" in dem Maße, wie sie ihre Legitimität, Attraktions- und Kohäsionskraft aus der Verbindung zur transzendenten Sphäre von Ahnengeistern oder Göttern beziehen. Diese Beziehung ist in Ägypten

57 S. Breuer, *Der charismatische Staat*.

am stärksten ausgeprägt, denn hier gilt der Herrscher als Gott und nicht nur als Abkömmling eines Gottes.[58] Für alle Epochen der pharaonischen Geschichte bis hin zu den makedonischen Königen und römischen Kaisern, die diese Rolle gern übernahmen, galt, dass der König ein Gott auf Erden ist. Der früheste Königstitel ist „Horus“ und Horus galt in dieser Frühzeit um 3000 v. Chr. als Sonnengott und Höchster Gott. Später traten andere Titel hinzu, darunter als wichtigster Titel „Sohn der Sonne“. Ihre architektonische Ausdrucksform fand diese Staatsidee in der Pyramide. Die ist einerseits Grabdenkmal des toten Königs, andererseits und vor allem aber Symbol der durch den König, d. h. durch den Staat, garantierten Verbindung von Himmel und Erde, Kosmos und Gesellschaft, denn sie ist aufs Genaueste nach den Himmelsrichtungen orientiert und die Texte, mit denen die Grabkammern ab der späten 5. Dynastie (ca. 2350 v. Chr.) beschriftet sind, handeln vorwiegend vom Himmelsaufstieg des Königs. Der ägyptische Staat war charismatisch in dem Sinne, dass er durch seine Verbindung zur Götterwelt mit Heiligkeit gleichsam aufgeladen war, und etwas von dieser ursprünglichen Heiligkeit des Staates schwingt ja noch im Namen des „Heiligen Römischen Reichs deutscher Nation“ und vielen anderen Symbolen nach, die uns heute mit Recht suspekt geworden sind. Im Alten Ägypten aber ist die Heiligkeit des Staates so ausgeprägt, dass man ihn ebenso gut als Kirche bezeichnen könnte, d. h. als ein primär religiöses Institut zum Dienst an der Götterwelt.

---

58 Siehe die klassische Studie von H. Frankfort, *Kingship and the Gods*. Georges Posener hat in seinem Buch *De la divinité du pharaon* (1960) diese Sicht des pharaonischen Königtums relativiert und gezeigt, dass die Göttlichkeit dem Amt, nicht der Person des Königs galt.

Die Staatsgründung kommt in Ägypten geradezu einer Religionsstiftung gleich. Allerdings wird aber gerade dies, Gründung und Stiftung, kategorisch ausgeschlossen, indem der Staat in der Kosmogonie verankert wird. Die Herrschaft ist nach ägyptischer Vorstellung so alt wie die Welt, die Könige erben sie von den Göttern und die Götter übernehmen sie von dem *einen* Ursprungs- und Schöpfergott, aus dem alles hervorging. Die Kosmogonie ist zugleich eine „Kratogonie", Weltentstehung heißt Staatsentstehung. Dadurch wird im Alten Ägypten jede Staatskrise als kosmische Krise wahrgenommen. Die ägyptische Monarchie garantiert den Fortbestand der Welt und der König ist ein Heilskönig, der Störungen abwendet oder nach Krisen das Land und die Welt wieder in den Heilszustand zurückführt. Mit der ägyptischen Staatsidee verbindet sich daher ein gewisser Messianismus, der in Krisenzeiten beschworen wird.[59]

Die pharaonische Herrschaft legitimiert sich also als Schöpfungsherrschaft, die der König als Nachfolger und Stellvertreter des Ur- und Sonnengottes auf Erden ausübt.[60] Die Königsherrschaft ist nichts anderes als die Fortsetzung der Kosmogonie unter den Bedingungen der entstandenen und, als solche, der unausgesetzten Inganghaltung bedürftigen Welt.

Nach ägyptischer Vorstellung ist die Herrschaft zugleich mit der Weltentstehung in die Welt gekommen und hängt mit der Kosmogonie ganz eng zusammen. Man kann diesen Gedankengang folgendermaßen zusammenfassen: Alles, die Welt mit Göttern, Menschen und Tieren, Himmel und Erde, Land und Meer, ist aus *einem* Gott entstanden, der als ein-

---

59 J. Zandee, „Le Messie".

60 Vgl. hierzu J. Assmann, „Politik und Religion" und ders., „Schöpfung und Herrschaft".

ziges Wesen aus sich selbst entstanden ist. Was aber aus etwas entstanden ist, bleibt von seinem Ursprung abhängig. Nach ägyptischer Vorstellung ist die Welt aus einem Urgott entstanden, der sich in einem ersten kosmogonischen Akt in die Sonne verwandelt hat. Die aus der Sonne entstandene Welt ist von der Sonne abhängig. Diese Abhängigkeit nun deuten die Ägypter als Herrschaft, d. h. in der Abhängigkeit alles aus der Sonne Entstandenen drückt sich die Herrschaft aus, die die Sonne über die Welt ausübt. Wie ist es aber nun zu dieser Dynamik gekommen, kraft derer die Herrschaft vom Sonnengott auf andere Götter und schließlich auf die Dynastien der menschlichen Könige übergeht? Davon erzählt der „Mythos von der Himmelskuh“, der von der Trennung von Himmel und Erde handelt.[61]

Am Anfang hat der Ur- und Sonnengott die Herrschaft selbst ausgeübt; damals lebten Götter und Menschen gemeinschaftlich zusammen. Dann aber, in Folge einer Empörung der Menschen, hat der Gott den Himmel hoch über die Erde erhoben und sich mit den anderen Göttern dorthin zurückgezogen. Damit entstand der Sonnenlauf, die Umkreisung der Erde durch die Sonne in Form einer Barkenfahrt, und mit ihm die Zeit. So kommt es dazu, dass auch die Götter altern und die Herrschaft vom Vater auf den Sohn übergeht. Der zum Himmel entrückte und gealterte Sonnengott Re hat daher seinen Sohn, den Luftgott Schu, zum Nachfolger eingesetzt mit der Aufgabe, zugleich mit der Trennung auch die Verbindung zwischen Himmel und Erde aufrechtzuerhalten, wozu der Luftgott mehr als andere qualifiziert ist. Von Schu ging die Herrschaft auf dessen Sohn, den Erdgott Geb über. Damit wurde sie territorial. Aus der Erde wurde das Land mit seinen Tempeln und Städten. Aber auch

61 E. Hornung, *Der ägyptische Mythos von der Himmelskuh.*

Gebs Herrschaft dauerte nicht ewig; auch er zog sich in die Göttersphäre zurück und übergab die Herrschaft seinem Sohn Osiris. Osiris aber ist der erste Gott in dieser Genealogie, der einen Bruder und damit einen Rivalen und Feind hat. Das ist der Gott Seth. Damit wurde die Herrschaft in einem engeren Sinne politisch, das heißt sie musste sich gegen einen Feind durchsetzen. Seth erschlug seinen Bruder Osiris, zerriss seinen Leichnam, verstreute die Glieder über ganz Ägypten und wollte die Herrschaft an sich reißen. Das wusste aber Isis, die Schwester und Ehefrau des Osiris, zu verhindern. Sie sammelte die Glieder des Erschlagenen wieder ein und vermochte sie mit ihren Klagen und Zaubersprüchen soweit wiederzubeleben, dass sie von ihm noch einen Sohn, Horus, empfangen konnte, der dann seinen Vater rächte und den Thron bestieg. Von Horus ging dann die Herrschaft von den Göttern auf die menschlichen Könige über, in denen sich der Gott Horus im Sinne eines Avatars verkörperte und die den Gottesnamen als Titel führten.

Die Herrschaft ist also nach ägyptischer Vorstellung so alt wie die Welt, der Staat aber geht auf die Trennung von Himmel und Erde zurück, die durch ihn kompensiert werden soll. Der Staat ist eine Institution, die in verschiedenen Medien symbolischer Vergegenwärtigung die Verbindung zwischen Göttern und Menschen aufrechterhalten soll. Die Mitte dieses Systems bildet der Opferkult. Für den Zeitraum der Riten und Feste werden die Götter auf Erden noch einmal gegenwärtig und die Trennung zwischen Himmel und Erde ist aufgehoben. Dann wohnen die Götter ihren Kultbildern ein, und die Priester, in Stellvertretung des allein zum Umgang mit den Göttern berufenen Königs, können selbst eine Götterrolle verkörpern und ihnen im Rahmen der heiligen Handlung auf gleicher Ebene gegenübertreten. Dieser Opferkult bildet die Mitte und Hauptaufgabe des ägyptischen Staats, immer wieder heißt es: Die Könige sind auf Erden eingesetzt, um die Altäre der Götter mit Opfergaben auszustatten. Diese Opfer waren in erster Linie ein rein symbolisches Medium der Kommunikation. Die Ägypter wussten genau und betonten mehrfach, dass die Götter diese Opfer nicht wirklich brauchten; sie brauchten sie als Medium und Zeichen des Zusammenhangs, in dem sie auch unter den Bedingungen der Trennung ihr segensreiches Wirken entfalten konnten. Zerrisse dieser Zusammenhang, dann würden die Götter in ihrer himmlischen Ferne zwar weiterleben, auf Erden würden aber sowohl Fruchtbarkeit als auch Gerechtigkeit erlöschen. Ein Papyrus aus der ägyptischen Spätzeit bringt diesen Zusammenhang auf den Punkt:

> Wenn wenig Opferbrote auf den Altären sind,
> dann geschieht das Gleiche im ganzen Land
> und gering wird der Lebensunterhalt
> für die Lebenden sein.
>
> Wenn die Libationen an diesem Ort unterbrochen werden,
> dann wird die Nilüberschwemmung gering ausfallen in ihrem Quelloch
> und der Mund der Schildkröte versiegelt.
> Ein Jahr der Hungersnot herrscht im ganzen Land,
> es gibt weder „Lebensbaum" (Baumfrüchte) noch Gemüse.
>
> Wenn man die Osiris-Zeremonien vernachlässigt
> zu ihrer Zeit an diesem Ort [...]
> dann wird das Land seiner Gesetze beraubt sein,
> die Geringen werden ihre Herren im Stich lassen
> und es gibt keine Befehle für die Menge [...]
>
> Wenn man den Feind nicht köpft, den man vor sich hat aus Wachs, auf Papyrus oder aus Holz nach den Vorschriften des Rituals,

> dann werden sich die Fremdländer gegen Ägypten empören
> und Bürgerkrieg und Aufruhr im ganzen Land entstehen.
> Man wird auf den König in seinem Palast nicht hören
> und das Land wird seiner Schutzwehr beraubt sein.[62]

Hier wird eine Analogie konstruiert zwischen Kult, Kosmos und Gesellschaft. Im Rahmen dieser Analogie vermögen die kultischen Riten die Welt in Gang zu halten: in ihrem natürlichen Aspekt als Fruchtbarkeit und Fülle, in ihrem sozialen Aspekt als Loyalität und in ihrem politischen Aspekt als äußerer und innerer Frieden und als Wirksamkeit der pharaonischen Autorität. Die Opfergaben auf den Altären sichern die Fruchtbarkeit, die Wasserspenden die Nilüberschwemmung, die Osiris-Zeremonien die gesellschaftliche Harmonie und die Riten gegen den Feind gewährleisten die innere und äußere Sicherheit.

Der ägyptische Staat war also ein vornehmlich geistliches Institut zur Herstellung und Aufrechterhaltung einer Verbindung mit dem Göttlichen und lässt sich in diesem allgemeinen Sinne, wie gesagt, als eine Art Kirche betrachten.[63] Der

62 Papyrus Jumilhac XVII,19–XVIII,11 (gekürzt), J. Vandier, *Le Papyrus Jumilhac*, 129f.

63 Ich bin mir des anachronistischen Charakters dieses Vergleichs bewusst, der *cum grano salis* zu verstehen ist. Nicht der einzige, aber wohl der wichtigste Unterschied zwischen dem ägyptischen Staat als einem „geistlichen" Institut und der Kirche bestand darin, dass ihm kein „weltlicher" Staat gegenüberstand, so wie dem frühen Christentum das Römische Reich, sondern dass dessen weltliche Funktionen vom pharaonischen Staat ebenfalls wahrgenommen werden mussten. Nachdem das Christentum aber Staatsreligion geworden war, kam es vor allem dort, wo der König sich auch als geistliches Oberhaupt verstand wie etwa in Byzanz und in Frankreich, zu „ägyptenartigen" Formen von Sakralkönigtum und politi-

ägyptische Staat und die christliche Kirche verstehen sich beide als Institutionen, die unter den Bedingungen der Abwesenheit eine Verbindung aufrechterhalten. Die Kirche beruht auf der Voraussetzung der Christus-Ferne, die sie zugleich kompensiert, nach dem Prinzip: „Kirche gibt es nur unter der Voraussetzung, dass das Kommen Christi nicht unmittelbar bevorsteht.“[64] So wie die Kirche verschwindet mit der Wiederkehr Christi, verschwindet der pharaonische Staat, wenn der Sonnengott die Trennung von Himmel und Erde wieder aufhebt und die Welt in ihren Urzustand zurückkehrt.

Der springende Punkt dieser Staatsidee ist die engstmögliche Verkopplung von Kosmos und Gesellschaft.[65] Die Ägypter dachten sich die Welt nicht so sehr als einen Raum, sondern vielmehr als einen Prozess, den es unter allen Umständen zu unterstützen und in Gang zu halten gilt, um die Menschen in sein Gelingen einzubinden. Das Zentrum, gewissermaßen den Herzschlag dieses Prozesses, bildeten der (scheinbare) Lauf der Sonne um die Erde und, damit in Verbindung, das jährliche Anschwellen des Nils. Der König war für beides verantwortlich und stand darin in der Nachfolge der *rainmaker kings* und *chiefs* ursprünglicher Stammesgesellschaften.

---

scher Theologie. Umgekehrt hatte sich der klassisch-ägyptische Staatsgedanke unter den Bedingungen der persischen, griechischen und römischen Fremdherrschaft immer mehr in die Tempel zurückgezogen und gewissermaßen klerikalisiert. Der Opferkult, ursprünglich die Hauptaufgabe des Staates, wurde nun als ein heiliges Spiel unter weitgehendem Ausschluss der Öffentlichkeit hinter hohen Tempelmauern vollzogen. Der entscheidende Vergleichspunkt zwischen dem ägyptischen Staatsgedanken und dem paulinischen Konzept der Kirche besteht in der Verknüpfung der Motive von Abwesenheit, Mittlertum und Institution.

64 E. Peterson, *Theologische Traktate*, 412f.

65 H. Frankfort, *Kingship and The Gods*.

Der ägyptische Gottkönig, d. h. der Staat, war aber nicht nur für das kosmische, sondern auch für das politisch-soziale Gelingen verantwortlich. Das ergibt sich aus einem Text, der offenbar eine geradezu kanonische Geltung besaß.

> Re (der Schöpfer- und Sonnengott) hat den König eingesetzt auf der Erde der Lebenden
> für immer und ewig,
> um den Menschen Recht zu sprechen und die Götter zufriedenzustellen,
> um die Ma'at zu verwirklichen und die Isfet zu vertreiben.
> Er gibt den Göttern Gottesopfer
> und den Toten Totenopfer.[66]

Der König soll als Sohn und Statthalter das Werk der Schöpfung und Weltinganghaltung, das der Sonnengott durch seine Barkenfahrt in Himmel und Unterwelt ausübt, auf Erden fortführen, indem er die *Ma'at* verwirklicht und die *Isfet* vertreibt. Ma'at ist ein komplexer Begriff und beinhaltet so viel wie Wahrheit, Gerechtigkeit, Ordnung und Harmonie, im Gegensatz zu Isfet, was entsprechend Lüge, Unrecht, Chaos und Zwietracht bedeutet.[67] Was es heißt, Ma'at auf Erden durchzusetzen, macht der vorhergehende Vers klar: den Menschen Recht zu sprechen und die Götter und Toten mit Opfern zu versorgen. Kult und Gerechtigkeit sind die Hauptaufgaben des ägyptischen Königs und damit des ägyptischen Staats, der als eine Kirche für die kultische Verbindung zur

66 Dies ist ein Ausschnitt aus einem längeren Text, der vor allem in Sonnenkultstätten des Neuen Reichs überliefert ist und von der Berufung und Befähigung des Königs handelt, den Sonnenkult zu vollziehen. Siehe J. Assmann, *Der König als Sonnenpriester* und ders., *Sonnenhymnen in Thebanischen Gräbern*, 48 f. sowie ders., *Ma'at*, 205–212; M. C. Betrò, *I testi solari del portale di Pascerientaisu*.
67 Vgl. J. Assmann, *Ma'at*.

Götterwelt und als eine Rechtsinstitution für gerechte Verhältnisse in der Menschenwelt zu sorgen hat.

Wie ist der Akt der „Einsetzung“ des Königs durch den Sonnengott zu verstehen? Zur Beantwortung dieser Frage möchte ich etwas weiter ausholen, weil gerade die von den Ägyptern gefundene Lösung eine besondere Wirkungsgeschichte in der christlich-abendländischen Welt gefunden hat. Jeder König ist als Verkörperung des Gottes Horus an die dynastische Kette angeschlossen, an deren Beginn als erster König der Sonnengott steht, aus dem alles hervorging. Zugleich ist aber jeder König auch unmittelbar an den Sonnengott angeschlossen, und zwar in der Beziehung einer Sohnschaft, die er mit dem Ritual der Krönung und Thronbesteigung eingeht. Genau wie Jesus, der nach der Darstellung des Matthäus-Evangeliums sowohl über Joseph den Zimmermann an das Haus Davids angeschlossen ist als auch unmittelbar vom Heiligen Geist in Maria gezeugt wurde, gilt auch der ägyptische König sowohl als Sohn seines Vorgängers als auch als unmittelbar vom höchsten Gott Amun-Re im Leib seiner Mutter gezeugt.[68]

Davon erzählt ein Mythos, der sich auf den Übergang von der 4. zur 5. Dynastie bezieht, also von der Zeit der großen Pyramidenerbauer zu der Zeit, in der sich die Kosmogonie von Heliopolis als Staatsmythos durchsetzte. Überliefert ist er in einem Literaturwerk, das vermutlich im 17. Jh.

68 E. Norden, *Die Geburt des Kindes* ist eine monographische Interpretation von Vergils 4. Ekloge, die wiederholt auf Ägyptisches, auf unseren Mythos speziell aber auf S. 116–137 eingeht („ein Gott-Königsdrama“). Von ägyptologischer Seite greifen weiter aus E. Brunner-Traut, „Pharao und Jesus“, und H. Jacobsohn, „Der altägyptische, der christliche und der moderne Mythos“, und von theologischer Seite vor allem J. Kügler, *Pharao und Christus?*

v. Chr. abgefasst wurde (Papyrus Westcar).[69] Dieser Geschichte zufolge hat der Sonnengott mit der Frau seines Priesters Drillinge erzeugt, die nacheinander als die ersten Könige der 5. Dynastie den ägyptischen Thron bestiegen. In der Tat zeichnet sich diese Dynastie durch eine besondere *pietas* gegenüber dem Sonnengott aus. Sie errichteten sich viel kleinere Pyramiden, dafür aber große Sonnenheiligtümer, die sie ihrem Totenkult anschlossen. Der König galt nun nicht mehr als Verkörperung, sondern als Sohn des Sonnengottes. Der Unterschied (an dem sich dann unter ganz anderen Bedingungen Jahrtausende später die frühe Christologie abgearbeitet hat) liegt darin, dass in seiner Verkörperung ein Gott aufgeht, in seinem Sohn dagegen ihm gegenübertritt und eine „Konstellation" bildet.

Eine andere Fassung, die zuerst im 15. Jh. v. Chr. im Totentempel der Königin Hatschepsut und im Luxor-Tempel Amenophis' III. belegt ist, vergegenwärtigt den Mythos in der Form einer Bildergeschichte.[70] Dieser Szenenzyklus gehört in den Kontext der Krönung und Thronbesteigung.[71] Die Idee dabei ist offenbar, dass der Kronprinz im Ritual der Thronbesteigung zusammen mit den Kronen und anderen Insignien eine neue Biographie empfängt, die ihn aus der Verbindung des Höchsten Gottes mit seiner leiblichen Mutter hervorgehen lässt. Mit dieser neuen Biographie wird der neugekrönte König zum Gottessohn und selbst Gott und da-

---

69 Textausgabe: A. M. Blackman, *The Story of King Kheops and the Magicians*. Übersetzung: z. B. E. Brunner-Traut, *Altägyptische Märchen*; V. Lepper, *Untersuchungen zu Papyrus Westcar.*

70 H. Brunner, *Die Geburt des Gottkönigs*; J. Assmann, „Die Zeugung des Sohnes".

71 In entsprechenden Zusammenhang steht offenbar auch Ps 2,7, in dem JHWH spricht: „Du bist mein Sohn, heute habe ich dich gezeugt."

mit denkbar weit nicht nur über seine Untertanen, sondern auch über seine Herkunftsfamilie herausgehoben.

Der Mythos beginnt damit, dass der Gott Amun der Göttergesellschaft seinen Plan verkündet, einen neuen König zu zeugen, über den er vier Verheißungen ausspricht: Er, Amun, wird sein Schutz sein und die Weltherrschaft in seine Hände legen; der neue König wird den Göttern Tempel bauen und die Opfer vermehren; Fülle und Fruchtbarkeit werden in seiner Zeit herrschen; wer den König verehrt, soll leben, wer ihn verflucht, soll sterben.[72] Daraufhin holt Amun bei Thoth, seinem schriftkundigen Wesir, Erkundigungen über eine sterbliche Frau ein, die sein Wohlgefallen gefunden hat. Er erfährt, dass es sich um die Königin handelt und lässt sich von Thoth zu ihr führen. Der Königin erscheint Amun in Gestalt ihres Gatten (Thutmosis I.), gibt sich ihr aber dann in seiner wahren Gestalt zu erkennen und wohnt ihr bei. Nach Zeugung und Empfängnis beauftragt Amun den Menschenbildner Chnum, das Kind und seinen Ka nach dem Ebenbilde seines göttlichen Vaters, ägyptisch „eines Leibes mit ihm“, zu formen. Chnum führt den Auftrag aus, im Beisein der Geburtsgöttin Heket. Als nächstes folgt die Szene der Verkündigung, in der Thoth der Königin ihre künftige Mutterschaft eröffnet.[73] In der folgenden Szene wird die Königin, deren

72 K. Sethe, *Urkunden der 18. Dynastie*, 217, vgl. auch 257 und 260. In Luxor beginnt der Zyklus mit einer ganz anderen Szene, die sonst nie vorkommt: Hathor umarmt die Königin. Überhaupt spielt Hathor in der Luxor-Fassung eine auffallende Rolle. In den Szenen VI und VIII ersetzt sie die Geburtsgöttin Heket.

73 Sehr präzise H. Brunner, *Die Geburt des Gottkönigs*, 81: „Also nicht die Geburt eines Kindes verkündet Thoth der Königin – das hat ja bereits Amun selbst getan und dabei sogar den Namen des Kindes genannt – sondern die Zufriedenheit des Gottes, die sich in diesbezüglichen Titeln ausdrückt.“

Schwangerschaft im Bilde zart angedeutet ist, von Heket und Chnum zum Geburtsbett geführt. Die Geburt wird in der 9. Szene dargestellt. Die weiteren Szenen handeln von der Säugung, väterlichen Anerkennung, Aufzucht und Beschneidung des Kindes und enden mit der Präsentation des neuen Königs durch Amun vor der Göttergemeinschaft.

Jeder König verdankt seine Existenz und seine Würde also einer göttlichen Intervention. Der höchste Gott hat ihn in die Welt gesetzt, damit den Göttern Altäre errichtet und den Menschen Recht gesprochen werde. Der ägyptischen Königs- und Staatsidee ist also ein „messianisches" Element inhärent. Jeder König gilt als ein Heilsbringer, der die Welt in jenen Zustand der Wahrheit, Gerechtigkeit, Ordnung und Harmonie zurückführt, den das Wort Ma'at bezeichnet. Jeder König kann von sich sagen, dass es ohne ihn auf Erden keine Ma'at, sondern nur Isfet gäbe, das heißt, dass den Menschen kein Recht gesprochen und den Göttern keine Opfer dargebracht würden. Die Starken würden die Schwachen erschlagen und die Götter würden sich von den Menschen abwenden. Jede Thronbesteigung ist daher eine Heilswende.[74]

Nun ist aber der Mangel, den der König beheben soll, eine rein theoretische Größe, eine „transzendentale Konstruktion" (Kant) in der Art von Thomas Hobbes' Konstruktion des Naturzustands als *bellum omnium contra omnes*. De facto übernimmt jeder König von seinem Vorgänger den geordneten Staat und setzt die Ma'at darin nicht ein, sondern nur fort. Die Heilswende, die sich mit jeder Thronbesteigung verbindet, ist eine mythische Fiktion.

Der König hat die Aufgabe, auf Erden die Ma'at – das heißt: Wahrheit, Gerechtigkeit, Eintracht – herzustellen und

74 J. Zandee, „Le Messie"; E. Hornung, *Geschichte als Fest.*

deren Gegenteil – Lüge, Unrecht, Zwietracht – zu vertreiben. Diese Aufgabe besteht darin, den Menschen Recht zu sprechen und die Götter durch Opfer zufriedenzustellen – also Recht und Kult. Präziser kann man die ägyptische Staatsidee nicht auf den Punkt bringen. Das ist einer der Punkte, in denen unsere heutige westliche Welt, sei es in der Nachfolge oder sei es in der bewussten Abkehr, dem Alten Ägypten verpflichtet ist.[75]

Während der gesamten dreieinhalbtausendjährigen Geschichte der pharaonischen Kultur bleibt der Sonnengott der Inbegriff der ägyptischen Staats- und Herrschaftsidee. Pharao ist im wahrsten Sinne des Wortes ein Sonnenkönig. Die geflügelte Sonnenscheibe, das Symbol des Horus von Hierakonpolis, fungiert bis zuletzt als eine Art Staatswappen des pharaonischen Ägypten und seiner griechischen und römischen Erben.

Schrift

Ein anderer Punkt ist die Schrift. Damit meine ich nicht die Schrifterfindung als solche. Hier gingen vermutlich die Sumerer voran. Ich meine auch nicht die bekannte Tatsache, dass unsere alphabetischen Schriftzeichen über die Phönizier auf die protosinaitische Schrift zurückgehen, die semitische Händler im frühen 2. Jt. aus ägyptischen Schriftzeichen entwickelt haben.[76] Was ich meine, liegt auf einer eher theoretischen Ebene und betrifft das Nachdenken über die Beziehungen zwischen Zeichen, Wörtern, Begriffen und Dingen, das sich allem Anschein nach zuerst in Ägypten mit seinen

---

75 J. Assmann, *Ma'at*, 200–236.

76 L. D. Morenz, *Ägypten und die Geburt der Alphabetschrift* und ders./D. Sabel, *Sinai und Alphabetschrift*.

verschiedenen Schriften entwickelt hat.[77] Davon waren die Griechen fasziniert, die seit dem 6. Jh. v. Chr. mit der ägyptischen Kultur in immer intensivere Beziehung kamen. Sie deuteten die Hieroglyphen als eine Geheimschrift der Mysterien und die Kursivschrift als allgemeine Alltagsschrift und initiierten mit ihren ägyptologischen Exkursen und Traktaten sowohl eine semiotische Debatte, die das Abendland bis hin zu Derridas *Grammatologie* und damit bis heute beschäftigt, als auch ein Verständnis von Geheimhaltung, das die Entstehung von Geheimgesellschaften im 17. und 18. Jh. beflügelte und im populären Verständnis von „Hieroglyphe" noch heute wirksam ist.[78]

Zwei Eigenschaften der ägyptischen Schriftkultur haben die Griechen besonders fasziniert: erstens die Existenz zweier scheinbar ganz verschiedener Schriftsysteme, einer Bilderschrift und einer abstrakten Schreibschrift, und zweitens die vermeintliche Funktion der Bilderschrift als Kryptographie zur Codierung einer priesterlichen Geheimkommunikation. Für die Deutung der ägyptischen Schriftkultur als einer „Digraphie", einer Verwendung von zwei oder auch drei ganz verschiedenen Schriftsystemen, gibt es viele Stellen bei griechischen Autoren. Schon Herodot, der Ägypten um 450 bereiste, schreibt, die Ägypter „benutzen zweierlei Schriftzeichen, die einen werden ‚heilig', die anderen ‚volkstümlich' (demotisch) genannt."[79] Sehr deutlich drückt sich in diesem Punkt auch die Isis-Aretologie von Kyme aus, eine der Göttin

---

77 Zur Mehrschriftigkeit der altägyptischen Kultur siehe A. von Lieven/S. Lippert, „Egyptian (3000 BCE to ca. 400 CE)".

78 J. Assmann, *Religio duplex*.

79 Herodot, *Historien*, II 36. Herodot unterscheidet die „hieratische" und die „demotische" Schrift, setzt also, nach heutigem Sprachgebrauch, entweder „Hieratisch" und „Hieroglyphisch" (die beiden Sakralschriften) oder „Hieratisch" und „Demotisch" (die bei-

in den Mund gelegte Selbstvorstellung als Aufzählung ihrer Wohltaten:

> Isis bin ich, die Beherrscherin des ganzen Landes,
> ich wurde erzogen von Hermes und habe mit Hermes die Schriften *(grammata)* unterschieden, die heiligen und die profanen,
> damit nicht alles in derselben (Schrift) geschrieben werde.
> Ich habe den Menschen Gesetze *(nomous)* gegeben und gesetzlich festgelegt, was keiner verändern darf.[80]

Ähnlich, aber etwas ausführlicher äußert sich Diodorus Siculus (1. Jh. v. Chr.), der sich hier wie anderswo vermutlich auf Hekataios von Abdera stützt, also einen Gewährsmann des späten 4. Jh. v. Chr.:

> Die Ägypter besitzen zwei Schriften: die eine, ‚demotisch‘ genannt, lernen alle; die andere wird die ‚heilige‘ genannt. Bei den Ägyptern verstehen sie allein die Priester, die sie von den Vätern in den Mysterien lernen.[81]

Diodor bzw. Hekataios deutet also die demotische Schrift als das allgemeine, von allen erlernte Schriftsystem und versteht die *Heilige Schrift* als eine Sonderschrift, die nur von den Priestern verwendet und in den „Mysterien“ von den Vätern den Söhnen beigebracht wird.

---

den Kursivschriften) gleich. Er geht aber nicht auf die Frage einer möglichen funktionalen oder sozialen Differenzierung ein.

80 J. Quack, „‚Ich bin Isis, Herrin der beiden Länder.‘“; R. Merkelbach, *Isis Regina – Zeus Sarapis*, 115–118; W. Peek, *Der Isishymnus von Andros und verwandte Texte* (griechischer Text); J. Bergman, *Ich bin Isis*, 301ff.; M. Totti, *Ausgewählte Texte der Isis- und Sarapisreligion*, 1ff.; L. V. Žabkar, *Hymns to Isis in her Temple at Philae*, 140–142.

81 Diodor, *Bibliotheca historica* III 3, siehe A. Assmann/J. Assmann (Hrsg.), *Hieroglyphen*, 33.

Für die Deutung der Hieroglyphen als einer Symbol- oder Bilderschrift ist die Fortsetzung der Passage aus Diodors *Bibliotheca Historica* zentral: Dort heißt es, diese Schrift verwende Bilder von Tieren wie z. B. Falke, Krokodil und Schlange. Der Falke bedeute Schnelligkeit, das Krokodil Bosheit. Die Zeichen bezögen sich nicht auf die Rede als Verbindung von Silben (der Lautbezug wird also explizit bestritten), sondern metaphorisch auf die Bedeutung der dargestellten Dinge, die im Gedächtnis bewahrt wären (das Gedächtnis speichert die Bedeutungen der Dinge, auf die die Schrift metaphorisch rekurriert: Man muss die Bosheit des Krokodils kennen, um das Zeichen zu verstehen). „Indem sie nun sich anstrengen," schreibt Diodor, „die in diesen Formen verborgenen Bedeutungen zu entdecken, gelangen sie durch jahrelange Übung und Gedächtnistraining dahin, alles Geschriebene zu lesen".[82]

Wichtig war auch eine Stelle bei Plotin, einem neuplatonischen Philosophen, der im 3. Jh. n. Chr. lebte.

> Die ägyptischen Weisen [...] verwendeten zur Darlegung ihrer Weisheit nicht die Buchstabenschrift, welche die Wörter und Prämissen nacheinander durchläuft und darin die Laute und das Aussprechen der Sätze nachahmt, vielmehr bedienten sie sich der Bilderschrift, sie gruben in ihren Tempeln Bilder ein, deren jedes für ein bestimmtes Ding das Zeichen ist: und damit, meine ich, haben sie sichtbar gemacht, dass es dort oben (bei den Göttern) kein diskursives Erfassen gibt, dass vielmehr jedes Bild dort oben Weisheit und Wissenschaft ist und zugleich deren Voraussetzung, dass es in einem einzigen Akt verstanden wird und nicht diskursives Denken und Planen ist.[83]

---

82 Diodor, a. a. O.

83 Plotin, *Von der geistigen Schönheit*, 49–51. Siehe hierzu D. Stolzenberg, „Lectio Idealis", 87f.

So ist die Stelle zwar kaum verständlich, aber wir verdanken Marsilio Ficino einen Kommentar, der sofort klarmacht, worum es hier geht. Er veranschaulichte das von Plotin gemeinte Prinzip der ägyptischen Hieroglyphenschrift am Begriff der Zeit, den die Ägypter im Bilde einer sich in den Schwanz beißenden Schlange dargestellt haben sollen:

> Ihr habt ein diskursives Wissen über die Zeit, das vielfältig und flexibel ist, indem ihr z. B. sagt, dass die Zeit vergeht und nach einem bestimmten Umlauf das Ende wieder an den Anfang knüpft ... Die Ägypter aber fassen einen ganzen Diskurs dieser Art in das einzige Bild einer geflügelten Schlange, die sich in den Schwanz beißt.[84]

Der Schriftsinn des Bildes lässt sich nach Plotin als der Diskurs definieren, den das Bild in gedrängter Form symbolisiert und den der Wissende dem Bild ablesen kann. Die Ägypter kannten tatsächlich das Symbol des Uroboros, der sich in den Schwanz beißenden Schlange. Der Uroboros ist aber keine Hieroglyphe und hat nichts mit Schrift zu tun.

Obwohl es sich, sowohl was den unmittelbaren Bezug der Hieroglyphen auf Dinge und Begriffe als auch ihre Funktion als esoterische „Kompaktkommunikation“ (N. Luhmann) angeht, um ein Missverständnis handelt, das ihre Entzifferung lange verhinderte, gibt es einige Eigenschaften der Hieroglyphenschrift, die dieses Missverständnis begünstigt haben. Erstens ist da ihre konkrete Bildlichkeit zu nennen. Sie stellen ja in der Tat etwas Wiedererkennbares dar, sind also keine arbiträren Zeichen wie die Alphabetschrift, sondern eine Art Dingschrift, sodass die Deutung nahelag,

---

84 Marsilio Ficino, *In Plotinum V, viii.* Siehe P. O. Kristeller, *Supplementum Ficinianum*, 1768, zitiert nach L. Dieckmann, *Hieroglyphics*, 37.

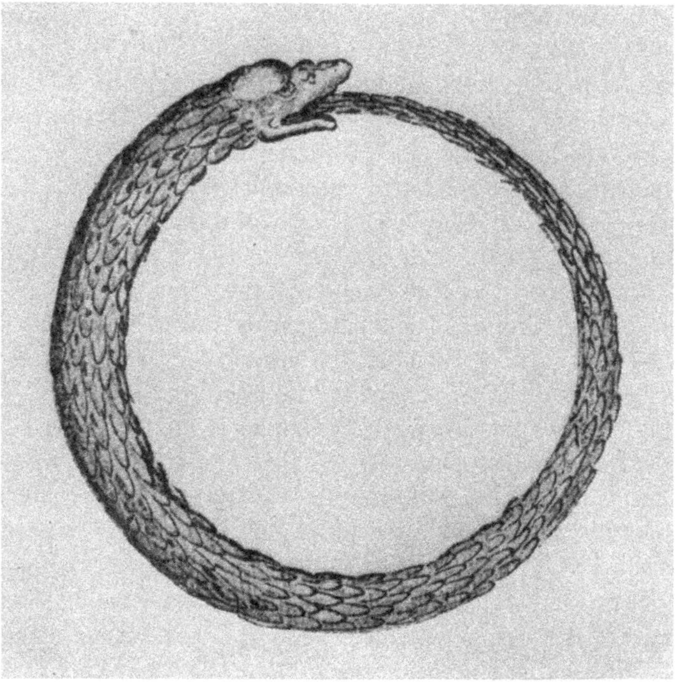

Abb. 1: Uroboros. Skizze in Albrecht Dürers Exemplar der Hieroglyphika des Horapollon

sie würden sich auf dem Wege metaphorischer Übertragung nicht nur auf die dargestellten Dinge selbst, sondern auch auf alle möglichen anderen Begriffe beziehen. Das ist in der Tat nicht ganz falsch, nur dass das Prinzip der Übertragung nicht über inhaltliche Metaphorik, sondern über Homophonie, lautlichen Gleichklang, funktioniert. Zweitens aber gibt es unter den Hieroglyphen tatsächlich Zeichen, die keinen Lautwert, sondern nur einen Sinnwert haben, die Determinative. Determinative nennen wir Zeichen, die sich auf Sinnklassen beziehen wie „Götter", „Männer", „Frauen", „Bewegung“, „Raum“, „Zeit“, „Flüssigkeit“, „Pflanzen“ usw. Diese Zeichen haben nicht nur keinen Lautwert, sondern meistens auch einen Sinnwert, für den die ägyptische Sprache gar kein Wort besitzt. Der entsprechende Begriff ist im Ägyptischen also nur graphisch, aber nicht lexikalisch realisiert. Ich möchte das am Sonderfall eines Zeichens illustrieren, das als Determinativ einer Klasse von Wörtern wie Bosheit, Aggressivität, Angriff, Raubgier auftritt: dem Zeichen des Krokodils. Damit wird eine Eigenschaft bezeichnet, die im Verhalten des Krokodils exemplarisch hervortritt und die man vielleicht als „Krokodilizität“ umschreiben kann. Dieser Begriff ist nur in der Schrift, aber nicht in der Sprache artikuliert. Hier haben wir also im Schriftsystem tatsächlich ein Beispiel für das „gedrängte Bild“ im Sinne Plotins. Dieses Zeichen bezieht sich nicht auf ein Wort, sondern auf einen begrifflichen Komplex, der nur in einem mehr oder weniger umfangreichen Diskurs über die Bosheit und Aggressivität zu entfalten wäre. Damit sind wir unmittelbar bei Diodors bzw. Hekataios' Begriff der Hieroglyphen als einer moralisch-allegorischen Zoographie.

Vor allem aber beruht die Idee vom reinen Sinnbezug der Hieroglyphen auf einer Auffassung, die bereits die Ägypter selbst sich von ihrer Schrift gebildet hatten. Sie kommt in einem Verfahren zum Ausdruck, das man in Analogie zu Etymologie „Etymographie“ nennen könnte. Wenn die Ägypter über die Bedeutung eines Wortes nachdenken, gehen sie meist von der Schreibung aus. Im demotischen *Mythos vom Sonnenauge* finden sich mehrere etymographische Zeichenerklärungen: „Wenn man das Wort ‚Honig‘ schreiben will, zeichnet man ein Bild der [Himmelsgöttin] Nut mit einem Schilf in ihrer Hand; sie ist nämlich diejenige, welche die ober- und unterägyptischen Tempel reinigt, wenn sie neugegründet werden.“ „Wenn man das Wort ‚Jahr‘ schreiben will, zeichnet man das Bild eines Geiers, weil sie [die mit dem Geier geschriebene Göttin] die Monate werden lässt. Die Urgöttin ist diejenige, die alles werden lässt, [was auf] Erden ist: Aus ihr ist alles entstanden." Die Aussage: „Man nennt auch die Biene ‚Königin'" bezieht sich auf die Schreibung des Königstitels *bjt* mit der Biene. Weitere Hieroglyphenerklärungen finden sich im Kanopusdekret und im Papyrus Jumilhac. So heißt es dort in Bezug auf die drei Einkonsonantenzeichen j – n – p, mit denen der Gottesname „Anubis" geschrieben wird: „Was das ‚J' angeht, so ist es der Wind; das ‚N' ist das Wasser; das ‚P' ist der Berg." An einer anderen Stelle wird erzählt, wie sich der Götterfeind Baba selbst durch einen Axthieb getötet hat, wobei die Götter sagten: „‚Seine Waffe ist in seinem Kopf', und so entstand das Wort *chefti* (‚Feind')". Es wird geschrieben mit dem Zeichen eines Gefallenen, der sich selbst mit der Axt den Schädel gespalten hat. Was hier „entstand", war also nicht das Wort, sondern das Schriftzeichen – ein geradezu schlagender Beweis für etymographisches Denken. Beim Wort *chefti* („Feind") dachte der Ägypter nicht an die Etymologie des Wortes (von *cheft*, „gegenüber", also wie deutsch „Gegner", gr. *enantios*, frz. *adversaire*), sondern an dessen Schreibung.[85]

In der Endphase der altägyptischen Kultur, als sich Hieroglyphen und Kursivschrift weit auseinanderentwickelt hatten und zur hieratischen Kursive noch das Demotische hinzutrat, muss die Idee einer Symbolschrift und mit ihr der Diskurs über Schriftzeichen, Dinge und Sprache entstanden sein. Also nicht erst in Griechenland, in Ägypten selbst schlägt meines Erachtens die Geburtsstunde des abendländischen Hieroglyphendiskurses, der ja, wie wir sahen, auf

85 Vgl. hierzu J. Assmann, „Etymographie" und ders., „Schriftbildlichkeit".

genau diesem Unterschied zwischen Bilderschrift und abstrakter Schrift beruht. Die Ägypter haben diese Unterschiede und Unterscheidungen in ihren erst zwei, dann drei verschiedenen Schriftsystemen praktiziert, die Griechen haben sie theoretisiert, und das Abendland hat sie diskutiert, bis heute, wo wir im *iconic turn* über die Wende oder Rückwende von der Sprachlichkeit zur Bildlichkeit nachdenken. Meine These ist also, dass sich in der spätägyptischen Kultur selbst bereits die Ansätze zu jener grammatologischen Debatte entwickelten, die die Griechen dann theoretisch entfalteten und die bei ihrer Wiederaufnahme in der Renaissance schließlich die abendländische Kunst und Philosophie bis heute prägte.

Totengericht

Ein dritter Punkt, in dem wir auf den Schultern der alten Ägypter stehen, betrifft die Idee des Totengerichts und damit die Vorstellung eines Zusammenhangs zwischen Recht, Moral und Unsterblichkeit. Dieser im Christentum zentrale Gedanke ist dem Alten Testament fremd. Auch dort stiftet der Gottesbund einen Zusammenhang zwischen Moral und Nachhaltigkeit, aber diese besteht nicht in individueller Unsterblichkeit, sondern kollektiver gesegneter Fortdauer im Gelobten Land. In Ägypten lässt sich die Idee des Totengerichts bis auf den Anfang des 2. Jt. zurückführen und aus dem königlichen Jenseitsglauben des 3. Jt. herleiten. Es ist völlig klar, dass diese folgenreiche Vorstellung in Ägypten entstanden ist. Dazu ließe sich viel sagen, was hier aber zu weit führen würde.[86]

Alle ägyptischen Lehren vom guten Leben beziehen die Todesschwelle ein. Ein gutes, nach den Regeln der Ma'at ge-

---

86 Vgl. hierzu J. Assmann, *Tod und Jenseits*, 100–115.

führtes Leben endet nicht mit dem Tod, sondern bleibt im Gedächtnis der Nachgeborenen erhalten. Die Ma'at nimmt den, der sie im Leben verwirklicht hat, selbst an die Hand und geleitet ihn ins Totenreich:

> Die Ma'at aber wird ewig sein.
> Sie steigt an der Hand dessen, der sie übte,
> ins Totenreich hinab.
> Er wird begraben und vereint sich der Erde;
> sein Name aber wird nicht ausgelöscht werden auf Erden,
> sondern man gedenkt seiner wegen der Tugend.[87]

Die Idee des Totengerichts, die im 2. Jt. v. Chr. aufkommt, geht noch einen Schritt weiter: Sie verheißt nicht nur Fortdauer im Gedächtnis der Nachwelt, sondern wahre Unsterblichkeit in der Götterwelt. Der früheste Text, in dem explizit von einem Totengericht die Rede ist, ist die *Lehre für Merikare,* die einem verstorbenen König der 10. Dynastie in den Mund gelegt ist. Neben vielen anderen Lehren, die dem jungen König erteilt werden, wird er auch gewarnt, mit der Todesstrafe sehr vorsichtig umzugehen. Töte nicht, heißt es, denn der „Ba", die Seele, kennt die Wege im Jenseits. Dann folgt der Abschnitt, der erstmals in dieser Tradition vom Totengericht handelt:

> Die Richter, die den Bedrängten richten,
> du weißt, daß sie nicht milde sind
> an jenem Tag des Richtens des Bedrückten,
> in der Stunde des Erfüllens der Vorschrift.
> Schlimm ist er, der als ein Wissender anklagt.

---

87 Die Klagen des Bauern B1, 307–311 und B2, 72–76; siehe J. Assmann, *Ma'at*, 113.

Vertraue nicht auf die Länge der Jahre!
Sie sehen die Lebenszeit (*aḥau*) als eine Stunde an.
Wenn der Mensch übrig bleibt nach dem ‚Landen'
werden ihm seine Taten als Summe (*aḥau*) vorgelegt.

Das Dortsein aber ist ewig (*neḥeḥ*).
Ein Tor, wer tut, was sie tadeln.
Wer zu ihnen gelangt ohne Übertretung,
der wird dort sein als ein Gott,
frei schreitend wie die Herren der Ewigkeit (*neḥeḥ*).[88]

Die Rede ist von einem Tribunal, vor dem sich jeder Mensch nach seinem Tod für seine Lebensführung verantworten muss. Die dritte Strophe stellt dem Thema der endlichen, im Gericht auf eine Stunde reduzierten Lebenszeit die Ewigkeit im Jenseits gegenüber, die den im Totengericht Freigesprochenen als ein unsterblicher Gott erwartet. Unter den Aspekten des Gerichts und der Ewigkeit erscheint die Lebenszeit als eine Bewährungsfrist, in der sich sein Schicksal in Richtung Ende oder Ewigkeit entscheidet, je nachdem ob es ihm gelingt, in seiner Lebensführung den Tadel der Totenrichter zu vermeiden. Worauf es ankommt, ist, mit der Lebenszeit sorgfältig und verantwortungsvoll umzugehen.

Ein gewisser Baki zitiert im 15. Jh. v. Chr. die Anfangsworte in dem Text seiner Grabstele, aus dem die Bedeutung besonders klar hervorgeht, die die Idee des Totengerichts für die Lebensführung des Einzelnen gewonnen hat:

Ich frohlocke beim Sagen der Ma'at,
denn ich weiß, daß sie wertvoll (*āch*) ist
für den, der sie tut auf Erden
von der Geburt bis zum „Landen".

88 Lehre für Merikare, P 53–57, siehe J. Assmann, *Ma'at*, 131.

> Ein trefflicher Schutzwall ist sie für den, der sie sagt,
> an jenem Tage, wenn er gelangt zum Gerichtshof,
> der den Bedrängten richtet[89] und den Charakter aufdeckt,
> den Sünder (*jsfetj*) bestraft und seinen Ba abschneidet [...]
> Ich bin ein Edler, der über die Ma'at glücklich ist,
> der den Gesetzen der „Halle der beiden Ma'at" nacheiferte,
> denn ich plante, ins Totenreich zu gelangen,
> ohne daß mein Name mit einer Gemeinheit verbunden wäre,
> ohne den Menschen Böses angetan zu haben
> oder etwas, das ihre Götter tadeln.[90]

Mit den „Gesetzen der Halle der beiden Ma'at" bezieht sich Baki auf das 125. Kapitel des Totenbuchs und seine Liste von 82 Sünden, die der Tote vor den Richtern aufzusagen hatte mit der Beteuerung, sie nicht begangen zu haben.

Währenddessen – so stellt es das zugehörige Bild dar – wird sein Herz auf eine Waage gelegt und gegen ein Symbol der Ma'at (Wahrheit/Gerechtigkeit) abgewogen. Dabei kommt es darauf an, dass das Herz leichter als dieses Symbol – eine Feder – bleibt. Bei jeder Lüge würde die Waagschale mit dem Herzen sinken. Dieses Bild vom Totengericht mit der Waage lebt in der christlichen Ikonographie weiter, wo es in die Vorstellung vom Jüngsten Gericht übernommen wird. Was hier in 82 Sünden ausbuchstabiert ist, entspricht den drei kardinalen Untugenden der ägyptischen Tugendleh-

---

89 Zitat aus der Lehre für Merikare.

90 E. Drioton, *Receuil Champollion*, 545–564; A. Varille, „La stèle du mystique Béky"; J. Spiegel, *Die Idee vom Totengericht in der ägyptischen Religion*, 71–74; M. Lichtheim, *Maat in Egyptian Autobiographies and Related Studies*, 103–105, 128–133.

Abb. 2: Das Totengericht. Herzwägung, darüber die Totenrichter

ren: Trägheit, Taubheit und Habgier bzw. Handlungssünden – nicht töten, quälen, rauben, stehlen usw. –, kommunikativen Sünden – nicht schreien, schimpfen, verleumden, lästern usw. – und Herzenssünden (denn das ägyptische Wort für Habgier wird mit dem Wort für „Herz" gebildet) – nicht begehren, was einem nicht zukommt. Dabei nehmen die kommunikativen Sünden gegenüber den Geboten der Diskretion, Aufgeschlossenheit, Achtsamkeit, Zurückhaltung, kurz: des „Schweigens", und die Verurteilung sozialer Taubheit den größten Raum ein. „Ich war nicht taub gegen Worte der Wahrheit" muss der Tote beteuern. Es sind die gleichen Tugenden, die den Lebenden zu Erfolg und Anerkennung und den Toten im Totengericht zur Rechtfertigung verhelfen. Zuletzt beteuert der Tote vor den Richtern seine Unschuld mit den gleichen Worten, wie sie auch in den Grabinschriften stehen:

> Seht, ich bin zu euch gekommen,
> ohne ein Unrecht, ohne einen Frevel, ohne etwas Böses,
> da ist kein Zeugnis gegen mich,
> da ist keiner, gegen den ich mich vergangen hätte.
> Denn ich lebe von der Ma'at, ich ernähre mich von der Ma'at.
>
> Ich habe getan, was die Menschen sagen
> und womit die Götter zufrieden sind.
> Ich habe Gott zufriedengestellt mit dem, was er liebt.
> Ich gab dem Hungrigen Brot,
> Wasser dem Dürstenden,
> Kleider dem Nackten,
> eine Fähre dem Schifflosen.
> Gottesopfer brachte ich den Göttern,
> Totenopfer den Verklärten dar.

So rettet mich, so schützet mich,
macht keine Anzeige gegen mich beim Großen Gott.
Ich bin einer mit reinem Mund und reinen Händen.[91]

Das Ergebnis dieser Rechtfertigung aber ist die Aufnahme in die Götterwelt, die „Herren der Ewigkeit“. Der gerechtfertigte Tote aber geht „frei schreitend wie die Herren der Ewigkeit“ in das ägyptische Elysium ein, das „Binsengefilde“, wo man den Göttern nahe, mit Nahrung versorgt und für immer vom Tod erlöst ist.

Abb. 3: Das „Binsengefilde“. Das ägyptische Elysium

91 E. Hornung, *Das Totenbuch der Ägypter,* 240.

Unsterblichkeit ist etwas anderes als Fortdauer. So gut wie alle frühen und archaischen Gesellschaften stellten sich das Totsein als einen Zustand vor, den man im Totenreich verbrachte, einem Schattenreich, in das alle unterschiedslos nach ihrem Tod eingingen, wie der griechische Hades, die altisraelitische Sche'ol, das mesopotamische „Land ohne Wiederkehr" und der römische Orcus. Unsterblichkeit bedeutet dagegen die Erlösung aus diesem Zustand und das Eingehen in das ewige Leben in einem gottesnahen Paradies oder Elysium. Diese Vorstellung haben die Ägypter aller Wahrscheinlichkeit nach als Erste entwickelt. Wer das Totengericht bestand, erhielt ein Grundstück angewiesen im „Binsengefilde", dem ägyptischen Elysium. Sie waren wohl überhaupt die Ersten, die Ideen der Unsterblichkeit und kulturelle Wege zu ihrer Erreichung konzipiert haben, und es scheint mir offenkundig, dass wir auch in dieser Hinsicht auf ihren Schultern stehen.

Die Totengerichtsvorstellungen der drei aus dem frühen Judentum hervorgegangenen abrahamitischen Religionen basieren auf der Idee eines kollektiven Weltgerichts am Jüngsten Tag. Seit dem 12. Jh. setzt sich aber im Abendland auch die Vorstellung eines individuellen Totengerichts unmittelbar nach dem Tode immer stärker durch.[92] Das geht einher mit einem deutlichen Hervortreten individueller Aspekte in abendländischen Begriffen von Person und Verantwortung. Die Frage liegt nahe, ob dieser Zusammenhang zwischen einer Individualisierung des Totengerichts und einer Individualisierung des Personbegriffs bereits im Alten Ägypten greifbar ist. Hier könnte man auf das Phänomen der „Persönlichen Frömmigkeit"[93] verweisen, das etwa im

---

92 Siehe A. Hahn, „Tod und Sterben in soziologischer Sicht", 82.

93 Siehe M. M. Luiselli, *Suche nach Gottesnähe.*

gleichen Zeitraum aufkommt, in dem sich auch die Idee des Totengerichts allgemein durchsetzt. In all diesen Fällen bilden Schuldfähigkeit und Schuldbewusstsein das gemeinsame Element in der Ausbildung individualistischer Aspekte im Menschenbild der Kultur.

2. Weltbild

So will ich zuletzt noch einen vierten Punkt erwähnen, der mir besonders wichtig erscheint. Er betrifft das altägyptische Weltbild, das über die Griechen vermittelt intensiv als Gegenmodell zum biblischen Weltbild auf das Abendland eingewirkt hat. Nach dem biblischen Weltbild ist die Welt von Gott geschaffen worden. Gott und Welt stehen sich hier als Schöpfer und Geschöpf fundamental getrennt gegenüber. Nach dem ägyptischen Weltbild ist die Welt aus Gott entstanden. Gott und Welt sind hier letztlich identisch. Gott ist der Eine, der sich als Welt entfaltete, „zu Millionen machte“, wie die ägyptische Formel lautet[94], *hen to pan*, Eines ist Alles, *to hen kai to pan*, Das Eine und das All, wie es in den hermetischen Schriften heißt[95], „Ich bin alles, was da war, ist und sein wird und kein Sterblicher hat meinen Schleier gelüftet“, wie die von Plutarch und Proklos überlieferte Inschrift auf der Neith in Sais lautete.[96] Die Welt ist nicht von einem außerweltlichen Schöpfer geschaffen, sondern aus einem innerweltlichen Gott entstanden. Darin steht unser modernes

94 Zu der Formel *wꜥ jrj sw m ḥḥw*, „Der Eine, der sich zu Millionen macht(e)“, in der ich die ägyptische Vorstufe des hellenistischen ἓν τὸ πᾶν sehen möchte, siehe J. Assmann, *Re und Amun*, 211–218.

95 S. u., S. 105; 206f.

96 Siehe J. Assmann, *Religio duplex*, 134f. und u., S. 215f. Anm. 255.

physikalisches Weltbild dem ägyptischen näher als dem biblischen und auch dem griechischen. Auch die moderne Physik lässt die Welt nicht von außen geschaffen, sondern von innen entstanden sein, wenn auch nicht aus Gott, sondern aus einem Punkt extrem verdichteter Energie. In einem anderen Punkt sind wir dem altägyptischen Weltbild sogar noch nähergekommen: Die Klimakrise hat uns wieder zu Bewusstsein gebracht, dass wir für die Inganghaltung der Welt, der Bewohnbarkeit unseres Planeten, verantwortlich sind.

Jürgen Habermas vertritt die These, dass auch die Konstruktion eines kohärenten Weltbilds überhaupt erst zu den Errungenschaften der Achsenzeit gehört.[97] Dem möchte ich widersprechen. Das ägyptische Weltbild ist ebenso kohärent, ebenso in Oberflächen- und Tiefenstruktur aufgebaut wie das griechische oder biblische Weltbild. Es hat sich in der Spätzeit mühelos mit dem mittel- und neuplatonischen Weltbild verbunden und in dieser Verbindung bis in die Neuzeit fortgewirkt. Darauf werde ich noch zurückkommen.

Monistische und dualistische Weltbilder

Der Philosoph Jürgen Habermas, der seit ca. 20 Jahren die Achsenzeit-These von Karl Jaspers mit besonderem Nachdruck vertritt, hat eine besonders interessante, wenn auch ziemlich schwierige Diagnose der achsenzeitlichen Wende vorgelegt. In einem Beitrag aus dem Jahr 1999 schreibt er:

> Damals haben die großen Weltreligionen – mit der Ausbildung von monotheistischen oder akosmischen Begriffen des Absoluten – durch die gleichmäßig glatte Fläche der narrativ verknüpften kontingenten Erscheinungen hin-

97 Siehe dazu J. Assmann, *Achsenzeit*, 217–227.

> durchgegriffen und jene Kluft zwischen Tiefen- und Oberflächenstruktur, zwischen Wesen und Erscheinung aufgerissen, die den Menschen erst die Freiheit der Reflexion, die Kraft zur Distanzierung von der taumelnden Unmittelbarkeit geschenkt hat. Mit diesen Begriffen des Absoluten oder Unbedingten trennen sich nämlich die logischen Beziehungen von den empirischen, trennt sich die Geltung von der Genesis, die Wahrheit von der Gesundheit, die Schuld von der Kausalität, das Recht von der Gewalt usw. Damals ist die Konstellation von Begriffen entstanden, die noch der Philosophie des Deutschen Idealismus die Fragestellungen vorgibt: das Verhältnis von Unendlichem und Endlichem, Unbedingtem und Bedingtem, Einheit und Vielheit, Freiheit und Notwendigkeit [...].[98]

Für Habermas laufen die bedeutendsten Innovationen der Achsenzeit, Monotheismus und Philosophie, auf das Gleiche hinaus: zum Durchbruch durch die Sphäre des mythischen Denkens und zur Kluft zwischen Oberflächen- und Tiefenstruktur in der Kultur. Das mythische Denken kennt diese Differenz nicht und bleibt an der „Oberfläche der narrativ verknüpften“ Phänomene haften. Erst mit dem Durchbruch zum „Absoluten und Unbedingten“ in Metaphysik und Monotheismus gelingt die Befreiung des reflektierenden Denkens in der „Distanzierung von der taumelnden Unmittelbarkeit“, was man vielleicht mit Hans Blumenbergs Formulierung vom „Absolutismus der Wirklichkeit“[99] in Verbindung bringen darf. Erst mit dieser Unterscheidung kommt es – wie Habermas in späteren Arbeiten ausführt – zur Ausbildung kohärenter Weltbilder.

---

98 J. Habermas, *Zeit der Übergänge*, 185f.
99 H. Blumenberg, *Arbeit am Mythos*, 9.

„Die neuen dualistischen Weltbilder brechen mit diesem flächigen Monismus. Sie erschließen mit der Konzeption eines einzigen Gottes jenseits der Welt oder mit Begriffen einer kosmischen Gesetzmäßigkeit Perspektiven, aus denen die Welt als ein objektiviertes Ganzes in den Blick gelangt."[100] Überall, schreibt Habermas, vollziehen intellektuelle Eliten „den kognitiven Durchbruch zu einem transzendenten Standpunkt." Mit diesem Standpunkt, so lässt sich schließen, war der berühmte archimedische Punkt im geistigen Sinne gefunden, von dem aus sich die mythische Welt aus den Angeln heben und ein neues kohärentes Weltbild gewinnen ließ.

Die neuen Weltbilder sind dualistisch in dem Sinne, dass sie jenseits der sichtbaren Welt noch eine zweite, unsichtbare Welt oder Wirklichkeit kennen, und es ist diese Unterscheidung, die es überhaupt erst möglich macht, die sichtbare Welt in der Form eines Weltbilds zu konzipieren.

Diese hochinteressante Deutung der achsenzeitlichen Wende möchte ich im Folgenden als eine Art analytischen Filter verwenden, um einen Mythos zu betrachten, der genau so weit vor diese Wende zurückverfolgt werden kann, wie wir heute von der Achsenzeit entfernt sind: 2500 Jahre. Ich meine den kosmogonischen Mythos von Heliopolis, der im Alten Ägypten einen zentralen, geradezu kanonischen Rang besaß.[101] Die ältesten Texte, in denen dieser Mythos greifbar wird, finden sich in den Grabkammern der Pyramiden des Alten Reichs, als man in der 5. Dynastie – im 24. Jh. v. Chr. – dazu überging, die Wände mit Ritualbüchern zu beschriften, die ihrerseits noch einige Jahrhunderte älter gewesen sein dürften. Dieser Mythos bildete nach meinem Verständnis

100 J. Habermas, *Nachmetaphysisches Denken* II, 29.
101 J. Assmann, „Rezeption und Auslegung in Ägypten".

eine „Große Tradition“[102], und alle lokalen ägyptischen Kosmogonien bis hin zum berühmten *Denkmal memphitischer Theologie*[103] (auf das ich hier aber nicht eingehen werde) sind als Abwandlungen und Ausdeutungen, aber nicht als unabhängige oder gar explizite Gegen-Entwürfe zu verstehen.[104]

Die heliopolitanische Kosmogonie

Im Zentrum der heliopolitanischen Kosmogonie steht der „kosmogonische Moment“, ägyptisch *zep tepi*, „Das erste Mal“, als der präexistente Urgott Atum, aus dem alles entstand, sich in die Sonne verwandelt, aus dem Urwasser Nun aufsteigt und in einem Akt der Selbstbefruchtung und Selbstverdreifachung zwei Gottheiten hervorbringt: den Gott der Luft, Schu, und die Göttin des Feuers, Tefnut. Luft und Feuer kann man sich ja sehr gut als archaische Deutung der Sonnenstrahlung vorstellen. Das ist der „Urknall“ nach altägyptischer Vorstellung.

---

102 R. Redfield, *Peasant Society and Culture*, unterscheidet zwischen „Great tradition“ und „little traditions“. Den transregional verbreiteten und schriftlich kodifizierten Religionen wie Buddhismus und Hinduismus stehen auf lokaler Ebene die „kleinen“, meist illiteraten Traditionen des lokalen Brauchtums gegenüber.

103 Die wichtigsten Editionen und Behandlungen dieses Textes sind K. Sethe, *Dramatische Texte zu altägyptischen Mysterienspielen I*; H. Junker, *Die Götterlehre von Memphis* und ders., *Die politische Lehre von Memphis*; F. Junge, „Zur Fehldatierung des sog. Denkmals memphitischer Theologie oder Der Beitrag der ägyptischen Theologie zur Geistesgeschichte der Spätzeit“; B. Rothöhler, *Neue Gedanken zum Denkmal memphitischer Theologie*; A. El Hawary, *Wortschöpfung;* J. Assmann/A. Kucharek, *Ägyptische Götterliteratur*, 409–417, 901–922.

104 J. Assmann, „Rezeption und Auslegung in Ägypten“.

Anstelle eines *außerweltlichen* Schöpfers, der die Welt aus dem Nichts oder einer chaotischen Urmaterie erschafft, haben wir hier die Entstehung der Welt aus Gott selbst vor uns, dem einzigen ungeschaffenen, aus sich selbst entstandenen Wesen, das deshalb in ägyptischen Texten „der Selbstentstandene“, *cheper djesef*, griechisch *autogénes*, genannt wird. „Werden“, „Entstehen“ ist der Zentralbegriff dieses Weltbilds, und sein Symbol, der Skarabäus, ist zugleich das Wortzeichen für die Wurzel „werden“. Ist mit diesem Ungeschaffenen und in diesem Sinne „Unbedingten“ bereits ein transzendenter Standpunkt gewonnen? Das ist die Frage, die wir im Folgenden im Blick behalten wollen.

Schu und Tefnut setzen dann die weitere Kosmogonie in Gang. Sie bringen Geb und Nut hervor, d. h. Erde und Himmel, und diese dann vier Gottheiten: Osiris, Isis, Nephthys, Seth. Isis und Osiris vereinigen sich schon im Mutterleib, sodass Nut dann mit ihren vier Kindern auch deren Kind, Haroueris, „Horus den Älteren“[105], zur Welt bringt. Damit ist die Welt in Gestalt der „Neunheit“ von Heliopolis vollständig.[106] Mit den ersten zwei Generationen entsteht der *Kosmos*, mit den nächsten zwei die *Geschichte*. Jeder König wird mit der Thronbesteigung zu Horus und mit der Bestattung zu Osiris. Isis und Nephthys unterstützen diesen Zyklus, der unablässig dem Opponenten Seth abgerungen werden muss. Die mythische Kosmogonie von Heliopolis verläuft in drei Phasen: Präexistenz, kosmogonischer Moment, Weltentstehung. Bis hierhin bewegen wir uns auf der Ebene des mythischen Denkens, die Habermas als narrative Verknüpfung von Oberflächenphänomenen beschreibt.

---

105 Im Gegensatz zu Harsiese („Horus, Sohn der Isis“), den Isis posthum von Osiris empfängt.
106 W. Barta, *Untersuchungen zum Götterkreis der Neunheit*.

Der biblische Schöpfungsmythos stellt die Welt nicht wie in Ägypten aus Gott entstanden, sondern von Gott geschaffen dar. Gott und Welt treten in diesem Weltbild als Subjekt und Objekt auseinander. Mehr oder weniger gilt das aber eigentlich für alle Schöpfungsmythen, insbesondere den babylonischen Schöpfungsmythos. Der biblische Schöpfungsbericht vergeistigt mit seiner Konzeption einer Schöpfung durch das Wort den Schöpfungsvorgang und rückt dadurch Gott und Welt in noch größere Distanz. Umgekehrt bringt die heliopolitanische Kosmogonie, die die Welt nicht aus *einem*, sondern aus *dem einen* selbstentstandenen, alles hervorbringenden Gott hervorgehen lässt, Gott und Welt in denkbar engste Verbindung. Außerdem kommt der heliopolitanische Mythos mit seiner Konzeption des kosmogonischen Moments auf verblüffende Weise unserer physikalischen Konzeption des „Urknalls“ nahe.

Um die Wende zum 2. Jt. entstehen Texte, die diesen kosmogonischen Moment differenzierter ausgestalten. Der Urgott Atum treibt haltlos im Urwasser. Da entspinnt sich folgender Dialog zwischen ihm und Nun, dem Gott des Urwassers:

> „Ich bin am Schwimmen und sehr ermattet,
> meine Glieder sind träge.
> Mein Sohn ‚Leben‘ ist es, der mein Herz erhebt.[107]
> Er wird meinen Geist beleben, nachdem er diese
> meine Glieder zusammengerafft hat, die sehr müde sind.“
> Da sprach Nun (das Urwasser) zu Atum:
> „Küsse deine Tochter Ma'at (‚Wahrheit‘), gib sie an deine Nase!
> Dein Herz lebt, wenn sie sich nicht von dir entfernen.
> Ma'at ist deine Tochter,

107 D. h. „mein Bewusstsein erweckt“.

zusammen mit deinem Sohn Schu (dem Gott der Luft),
dessen Name ‚Leben' ist.

Du wirst essen von deiner Tochter Wahrheit;
dein Sohn Schu, er wird dich erheben."[108]

Da sagte Atum: „Tefnut (Feuer) ist meine lebendige Tochter,
sie ist zusammen mit ihrem Bruder Schu.
‚Leben' ist sein Name,
‚Wahrheit' ist ihr Name.
Ich lebe zusammen mit meinem Kinderpaar,
zusammen mit meinem Zwillingspaar,
indem ich mitten unter ihnen bin,
der eine an meinem Rücken, die andere an meinem Bauch.
‚Leben' schläft mit meiner Tochter ‚Wahrheit',
eines in mir, eines um mich herum,
ich habe mich aufgerichtet zwischen ihnen, indem ihre Arme um mich waren."[109]

Schu und Tefnut sind also als „Leben" und „Wahrheit" schon mit dem Urgott zusammen, *bevor* er als Sonne aufgegangen ist und sie als Luft und Feuer aus sich entlässt. Ohne allzu viel in diesen Text hineinlesen zu wollen, kann man als christlich sozialisierter Leser doch nicht umhin, sich an den ersten Satz des Johannes-Evangeliums erinnert zu fühlen. „Im Anfang war der Logos, und der Logos war bei Gott und Gott war der Logos." So könnte man den ägyptischen Text paraphrasieren: „Im Anfang waren Leben und Wahrheit, und Leben und Wahrheit waren bei Atum, und Atum richtete sich

108 A. de Buck, *The Egyptian Coffin Texts* II, 34g–35h [80]; S. Bickel, *La cosmogonie égyptienne avant le Nouvel Empire*, 48f.
109 A. de Buck, *The Egyptian Coffin Texts* II, 32b–33a [80]; S. Bickel, a. a. O., 49–51.

auf in ihrer Umarmung.“ Natürlich haben die beiden Texte nicht das Geringste miteinander zu tun. Aber die Intuition ist ihnen gemeinsam, dass ohne den Logos bzw. ohne Leben und Wahrheit keine Welt hätte entstehen können. Außerdem mutet diese Ausdeutung mythischer Figuren auf abstrakte Begriffe wie „Leben“ und „Wahrheit“ geradezu allegorisch an, im Stil eines Philo oder Plutarch. Das geht noch weiter: Im weiteren Verlauf des Textes werden Schu-Luft-Leben und Tefnut-Feuer-Wahrheit noch mit zwei weiteren Größen gleichgesetzt. Schu wird „Zeit“ (*neḥeḥ*) und Tefnut „zeitlose Dauer“ (*djet*) genannt. *Neḥeḥ* ist die bewegte, in Stunden, Tagen, Jahren kreisende, Zeit, die hier als ein Aspekt der Luft erscheint, und *djet*, „zeitlose Dauer“, wird mit Tefnut-Wahrheit assoziiert und erscheint als ein Aspekt der Wahrheit, dem Inbegriff des Zeitenthobenen. Bevor also irgendetwas Konkretes entstehen kann, gibt es Zeit und Dauer als Bedingungen der Möglichkeit von Welt. Ist das nicht doch so etwas wie ein Durchbruch durch die „glatte Oberfläche“ mythisch-narrativer Weltmodellierung in Richtung einer Theorie der Weltentstehung, die den achsenzeitlichen kosmogonischen Spekulationen an „Tiefe“ nicht nachsteht?[110]

Präexistenz und Transzendenz

Die Särge, auf denen dieser und verwandte Texte stehen, stammen aus einer Nekropole in Mittelägypten in der Nähe von Al-Ashmunein, dem antiken Hermopolis, ägyptisch *Chemenu* „Acht“. In dieser „Stadt der Acht“ gilt eine Variante der heliopolitanischen Kosmogonie, die besonderes Gewicht auf die Kategorie der Präexistenz legt. Das eine Urwasser Nun wird in vier Aspekte aufgefächert und diese werden in

110 Siehe dazu mein Buch *Steinzeit und Sternzeit*.

vier Paaren männlicher und weiblicher Gottheiten mit Frosch- und Schlangenköpfen personifiziert. Von Fröschen und Schlangen nahm man an, dass sie nicht durch sexuelle Reproduktion, sondern spontan aus dem Schlamm entstehen, der sich nach der Nilüberschwemmung auf den Feldern ablagert. Ihre Namen waren:

Kuk und Kauket: Finsternis
Huh und Hauhet: Endlosigkeit
Nun und Naunet: Wasser
Amun und Amaunet: Verborgenheit
(Der vierte Platz variiert stark in der Überlieferung.)

Das Chaos ist nach ägyptischer Vorstellung kein Nichts, kein gähnender Abgrund (wie das griechische Wort „Chaos" es ausdrückt), sondern ein Urschlamm voller Keime möglichen Werdens. Aus diesem Urschlamm erhob sich nach der Schöpfungslehre von Hermopolis der Sonnengott, wiederum in spontaner Selbstentstehung, als Kind auf einer Lotosblüte.[111]

Der entscheidende Punkt ist nun, dass nach ägyptischer Vorstellung die Vorwelt mit der Weltentstehung nicht überwunden wird, sondern *weiterexistiert*. Die Ägypter entdecken das Ungeschaffene, Vorweltliche bei jedem Bauvorhaben, wenn sie beim Ausheben der Fundamentgräben auf das Grundwasser stoßen, aber auch die jährliche Nilüberschwemmung kommt nach ihrer Überzeugung aus dem unter der Erde fortexistierenden Urwasser. Die Sonne geht für sie jeden Morgen wie beim ersten Mal aus der Urflut auf.

Das Schlussbild des Pfortenbuchs stellt als Abschluss der Nacht den Aufgang der Sonne dar, wie sie in ihrer Barke von den Armen des *Urozeans* Nun zum Himmel gehoben wird. In

111 H. A. Schlögl, *Der Sonnengott auf der Blüte*.

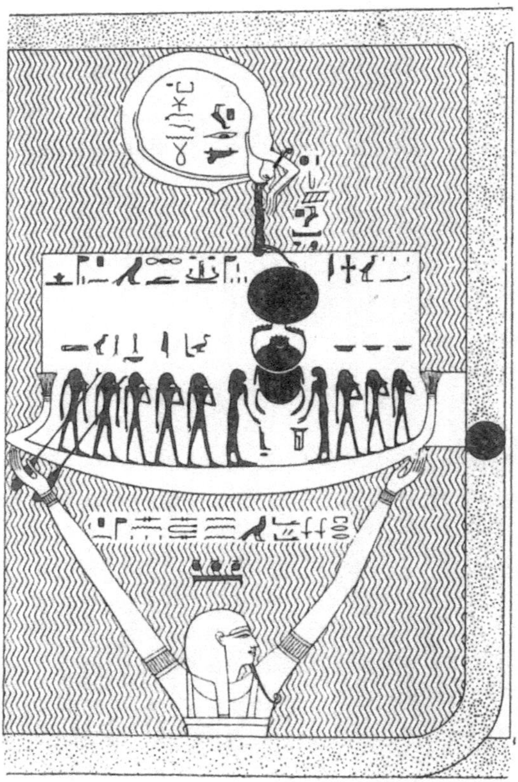

Abb. 4: Der Aufgang der Sonne aus dem Urwasser. Schlussbild des Pfortenbuches

der *Unendlichkeit* des Luftraums sind Huh und Hauhet immer noch tätig, um die Sonne zur Himmelshöhe emporzuheben. In der Nacht kehrt die *Urfinsternis* zurück.[112]

112 J. Assmann, *Steinzeit und Sternzeit*, 39–45 mit S. 42 Abb. 1.

Diese Vorstellung von der *Fortdauer des Urzustands vor der Weltentstehung in der entstandenen Welt* ist vielleicht der Punkt, der uns am ägyptischen Weltbild am Fremdartigsten berührt. Er ist aber ganz entscheidend, denn auf ihm beruht die ägyptische Vorstellung von der Rekursivität und Reversibilität der Zeit. Die Zeit kann in sich selbst zurücklaufen und alles Zeitliche kann sich erneuern, weil und wenn es gelingt, nach dem Vorbild der Sonne mit dem Vorweltlichen in Kontakt zu kommen.[113] Daher spendet man den Toten das „verjüngte Wasser" der Nilüberschwemmung, um sie damit zu verjüngen. Sogar die Menschen tauchen im Schlaf in den Nun. So heißt es in einem Sonnenhymnus:

> Wir leben wieder von neuem,
> nachdem wir eingetreten waren in den Nun
> und er einen verjüngt hat zu einem,
> der zum erstenmal jung ist;
> der [alte Mensch] wird abgestreift, ein neuer angelegt.[114]

Daher gilt für die altägyptische Welt der erste Hauptsatz der Thermodynamik nicht, der besagt, dass in einem geschlossenen System Energie weder erneuert noch vernichtet, sondern nur umgewandelt werden kann und in ihrem Gesamtbestand erhalten bleibt. Die ägyptische Welt ist kein geschlossenes System, sondern ist offen in Bezug auf eine Umwelt, den Urgrund des unentstandenen Vorweltlichen, in Kontakt mit dem sie sich ständig erneuert.

---

113 Vgl. E. Hornung, „Verfall und Regeneration".

114 Papyrus Chester Beatty IV recto, siehe J. Assmann, *Ägyptische Hymnen und Gebete* Nr. 195, 275–78; siehe dazu A. de Buck, *De godsdienstige Opvatting van den slaap, inzonderheit in het oude Egypte.*

In der Achtheit von Hermopolis mag man nur eine kuriose Ausgeburt des mythischen Denkens sehen, sie lässt sich mithilfe der Habermas'schen Theorie aber auch als eine spekulative Ausgestaltung des transzendenten Standpunkts außerhalb der Welt verstehen, des archimedischen *dos moi pou sto*, der in der kosmogonischen Spekulation der alten Ägypter immer wichtiger wird. Die ägyptische Vorstellung von der fortdauernden Präexistenz verbindet also die Begriffe von Transzendenz und Nachhaltigkeit. Das Fortbestehen der Welt, die im Alten Ägypten nicht als Raum, sondern als Prozess gedacht wird, hängt ab von diesem Kontakt mit der Vorwelt, der Kontinuität von Präexistenz und Existenz, Transzendenz und Immanenz.

Der Weltgott

Die Zentralidee des ägyptischen Weltbilds bildet die Vorstellung vom Sonnenlauf. Als der Urgott, aus dem alles hervorging, sich in die Sonne verwandelte und zum Schöpfer wurde, bestieg er zuletzt zusammen mit anderen Göttern eine Barke, um die Erde bei Tag und Nacht von oben und unten zu umkreisen und auf diese Weise die aus ihm entstandene Welt zu beleben, zu ordnen und zu erhalten. Diese Zentralidee des ägyptischen Weltbilds erfährt nun ab ca. 1400 v. Chr. eine entscheidende Veränderung. Der Abstand zwischen dem Einen Gott und den anderen Göttern wird immer größer und zuletzt umkreist er die Welt in seiner Barke allein. Auch wenn es die anderen Götter immer noch gibt, als Geschöpfe des Sonnengottes neben den Menschen, ist die quasi-monotheistische Einheitsperspektive nun sehr viel stärker geworden.

Dieses neue Weltbild wird von Echnaton, der um 1350 v. Chr. herum den Thron besteigt, in der Weise radikalisiert, dass die anderen Götter kurzerhand abgeschafft, ihre

Bilder zerstört, ihre Namen ausgehackt, ihre Kulte und Feste eingestellt, ihre Tempel geschlossen und ihre Priester entlassen werden.[115]

Echnatons Monotheismus geht viel weiter als der am Sinai offenbarte biblische Monotheismus. Dieser erkennt die Existenz anderer Götter ausdrücklich an, er verbietet nur deren Anbetung. Hier geht es um ausschließende Treue, die keinen Sinn hätte, wenn es keine anderen Götter gäbe, mit denen Israel IHWH die Treue brechen könnte. Für Echnaton gibt es keine anderen Götter, und es geht ihm nicht um Treue, sondern um Erkenntnis. Zweimal heißt es in den Hymnen dieser Zeit: „Du einziger Gott, außer dem es keinen anderen gibt." Echnatons Gott ist aber tatsächlich die Sonne und nichts als die Sonne. Der Sonne kann man nicht treu bleiben. Seine Theologie ist nicht anthropo-, sondern heliomorph und eher eine Kosmo- als eine Theologie.

Zugleich mit der Abschaffung der Götter und ihrer Kulte wird auch die Transzendenz abgeschafft, d. h. es werden die Vorstellungen von Präexistenz, Urzeit und Kosmogonie verworfen. Echnatons Gott war immer da und erschafft die Welt jeden Tag aufs Neue. Seine Idee der Zeit besteht in einem radikalen Präsentismus. Echnaton räumt mit allem auf, was eine Differenz zwischen dem Hier und Nicht-hier, dem Jetzt und Nicht-jetzt voraussetzt: dem Mythos und den Kultbildern, d. h. den Formen symbolischer Repräsentation. Die mythischen Motive der Kosmogonie, des „Ersten Mals", der Urzeit und der Vorwelt gibt es in den Amarna-Texten nicht, ebenso wenig wie die Kultbilder, die die Nichtpräsenz des Heiligen voraussetzen, indem sie es re-präsentieren.[116]

---

115 E. Hornung, *Echnaton.*

116 J. Assmann, *Steinzeit und Sternzeit*, 241–245.

Im Unterschied zum biblischen blieb aber der Monotheismus Echnatons in Ägypten Episode. Nach dem Tod des Königs wurde der Kult der alten Götter wieder eingeführt und alle Spuren der neuen Religion und ihres Stifters ausgelöscht. Damit wurde aber überraschenderweise die theologische Ideenevolution, als deren radikale Speerspitze Echnatons Umsturz verstanden werden kann, in keiner Weise stillgestellt. Im Gegenteil. Die Idee der Einheit Gottes ließ sich nicht mehr verwerfen, aber auch die Fülle der vielen traditionellen Gottheiten verlangte nach Anerkennung und Wiedergutmachung. Die Lösung war eine Art Pantheismus: Alle Götter sind eins, innerweltliche Manifestationen einer transzendenten Einheit.[117]

In diesem Sinne entwickeln die thebanischen Theologen der Ramessidenzeit eine Theologie, die auf einer neuen theologischen Kategorie basiert. Das ist die Kategorie „Ba".[118] Der Ba-Begriff stammt aus der Anthropologie und bezeichnet die Seele, die den Körper zu Lebzeiten beseelt und sich nach dem Tode von ihm trennt. Diesen Begriff nahmen die Theologen der Nach-Amarna-Zeit als Instrument, die Beziehung zwischen Gott und Welt neu zu bestimmen, und zwar einer Welt, die nun wieder als von Göttern beseelt und bevölkert galt. So wird der höchste Gott jetzt als „Ba" gedacht, der sich in der Welt verkörpert wie die Seele im Leib, und zu-

---

117 Ich habe diesen aus einer großen Fülle z. T. neu entdeckter Hymnentexte erschlossenen Prozess in einer Reihe von Publikationen dargelegt, zuerst in der Einführung von J. Assmann, *Ägyptische Hymnen und Gebete* und dann in ders., *Re und Amun*.
118 J. Assmann, „Der Platz der ramessidischen Theologie". Für eine ausführlichere Darstellung des Ba-Konzepts und seiner Bedeutung im Rahmen der thebanischen Theologie der Ramessidenzeit siehe ders., *Re und Amun*, 203–211. Siehe auch ders., „Theologie in Ägypten".

gleich werden die vielen Götter, die die Welt in Gang halten, als die Ba's des All-Einen erklärt, in denen er sich innerweltlich manifestiert.

Damit ist eine vollkommen neue Form gefunden, das Verhältnis von Transzendenz und Immanenz bzw. Einheit und Vielheit zu denken. Im Rahmen des kosmogonischen Monotheismus war das Göttliche als Einheit nur außerhalb der geschaffenen Welt denkbar, und zwar als Präexistenz. Mit dem Ba-Begriff hatte man jetzt aber eine Kategorie gefunden, das Göttliche auch innerhalb bzw. gleichzeitig mit der geschaffenen Welt als Einheit zu denken. Neben das traditionelle Paradigma der Kosmogonie - der Eine als Ursprung der Vielen - trat jetzt das Paradigma der Manifestation: der Eine, der sich als Vielheit manifestiert, die Götterwelt als eine Form göttlicher Immanenz. Entscheidend ist, dass Gott als der Eine und der Verborgene jetzt nicht mehr ausschließlich vorweltlich, sondern auch außerweltlich gedacht wird: ein entscheidender Schritt hin zu einem neuen Transzendenzbegriff. Jetzt findet sich in Hymnen der Gedanke, dass die „Millionen", also die immanente Schöpfungswelt aus Göttern, Menschen, Tieren und Pflanzen, den „Leib" des transzendenten Einen konstituieren:

> Einzig Einer, dessen Leib die Millionen sind,
> dessen Bilder (immer) neu sind,
> aber dessen Gestalt fest besteht.[119]

Nach wie vor aber gilt es den wichtigen Unterschied zwischen dem ägyptischen und dem abendländischen Transzendenzbegriff festzuhalten. Während der transzendente Gott des biblischen Monotheismus und der griechischen Metaphysik

---

119 Papyrus Leiden I 344 verso.; vgl. J. Assmann, *Ägyptische Hymnen und Gebete*, Anhang, Strophe 5, 14–15.

durch die kategoriale Unterscheidung von Gott und Welt von der Immanenz getrennt ist, besteht in der ramessidischen Theologie eine Kontinuität zwischen Gott und Welt, Transzendenz und Immanenz. Darin liegt ein pantheistisches Moment, das in der ramessidischen Theologie hervortritt.

Im Museum von Leiden gibt es einen Papyrus mit Hymnen an den Einen, den Ur- und Sonnengott Amun-Re.

> Alle Götter sind drei,
> Amun, Re und Ptah, denen keiner gleichkommt.
> Der seinen Namen verbirgt als Amun,
> er ist Re im Angesicht,
> sein Leib ist Ptah.
> Ihre Städte auf Erden
> stehen fest auf immerdar:
> Theben, Heliopolis, und Memphis allezeit, [...]
> Einzig er allein, Amun, zusammen mit Re
> [und Ptah], zu dreien verbunden.[120]

Alle Götter sind drei, aber diese drei sind auch nur innerweltliche Manifestationen des Einen verborgenen Gottes, der hier nicht mit Namen, sondern nur „er" genannt wird. Dieser verborgene Eine manifestiert sich innerweltlich als Name (Amun), Sonne (Re) und Kultbild (Ptah), und diese Dreiheit wiederum liegt allen anderen Göttern zugrunde. Der Begriff Ba „Seele" nun dient als Modell, die Beziehung zwischen Gott und Welt zu denken. Gott verhält sich zur Welt wie die Seele zum Körper.

Eine besonders häufige Formel für diesen verborgenen Einen, der sich als Vielheit oder geradezu Allheit manifestiert, ist das Prädikat des „Einen, der sich zu Millionen macht":

---

120 Papyrus Leiden I 350 verso. IV, 21–26, J. Assmann, *Ägyptische Hymnen und Gebete* Nr. 139.

Sei gegrüßt, du Einer, der sich zu Millionen macht,
der lang ist und breit ist ohne Grenzen;
das gerüstete Machtbild, das sich selbst erschafft,
die Uräusschlange mit gewaltiger Flamme,
der Zauberreiche mit geheimer Gestalt,
der geheime Ba, dem Ehrfurcht erwiesen wird![121]

Gott ist der Eine, der sich zu Millionen macht, der Verborgene, Grenzenlose, der sich als Welt manifestiert. Der „Eine, der sich zu Millionen macht" ist eine Formel, die in ramessidischen Hymnen immer wiederkehrt und bis in die römische Zeit hinein vorkommt.[122]

Nicht schon der religiöse Umsturz des Echnaton, sondern die Antwort darauf bedeutet die entscheidende Wende in der altägyptischen Religions- und Geistesgeschichte. Jetzt kommt es zur radikal monistischen Theologie des Weltgottes, der sich als Welt verkörpert und sie als „Ba" beseelt. Das ist die Theologie, die durch ihren Ausdruck in griechischen Texten und deren Rezeption in der Renaissance in Gegensatz zum christlichen Monotheismus trat und eine bis heute lebendige Spannung erzeugt.[123]

In der Antike tritt uns die Gestalt des Weltgottes, des *dieu cosmique*, wie André-Jean Festugière ihn genannt hat[124], in vielen Formen und Überlieferungen entgegen. Zu den eher philosophischen, und zwar stoischen, kann man den Zeushymnus des Kleanthes[125] rechnen sowie den *deus mundus* bei Plinius:

---

121 J. Assmann, *Ägyptische Hymnen und Gebete* Nr. 129.

122 Siehe hierzu J. Assmann, *Re und Amun*, 211–218.

123 J. Assmann, *Moses der Ägypter*; K. Müller, *Streit um Gott*.

124 A. J. Festugière, *La Révélation d'Hermès Trismégiste* II.

125 G. Zuntz, „Zum Kleanthes-Hymnus", 289; vgl. zur weiteren Geschichte der stoischen Obergottheit-Idee auch C. S. Lewis, *The Allegory of Love*, 56–58.

> Der Kosmos und das, was wir mit einem anderen Namen „Himmel“ nennen und unter dessen Wölbung alles existiert, darf zu Recht für Gott gehalten werden, ewig, unermeßlich, nie gezeugt und niemals vergehend. Was außerhalb von ihm liegt, geht die Menschen zu erforschen nichts an noch kann der menschliche Geist solche Spekulationen erfassen.[126]

Diesen Gott preist ein orphischer Hymnus, in dem es heißt:

> Zeus ist Himmel und Erde, Wind, Feuer, Wasser, Sonne und Mond. Alles ist in Zeus' Körper eingeschlossen.[127]

Dieser Gott spielt aber auch in der Magie eine große Rolle, vor allem in den Zauberpapyri des 2.–4. Jh. n. Chr., die aus Ägypten stammen, aber in griechischer Sprache abgefasst sind. Dort liest man z. B. mehrfach folgende Anrufung:

> Du, dessen unermüdliche Augen Sonne und Mond sind [...],
> dessen Kopf der Himmel,
> dessen Leib die Luft,
> dessen Füße die Erde sind;
> das Wasser um dich herum aber ist der Ozean:
> Agathos Daimon,
> der alles Gute erzeugt und ernährt und vermehrt,
> die ganze bewohnte Erde und den ganzen Kosmos![128]

---

126 „Mundum et hoc quodcumque nomine alio caelum appellare libuit, cuius circumflexu degunt cuncta, numen esse credi par est, aeternum, inmensum, neque genitum neque interiturum umquam. huius extera indagare nec interest hominum nec capit humane coniectura mentis“, Plinius, *Naturalis historia* II, 1. Satz.

127 G. Widengren, *Religionsphänomenologie*, 102.

128 K. Preisendanz (Hrsg.), *Papyri Graecae Magicae* I, XII, 242ff., XIII, 767ff., XXI, 4ff.

Der angerufene Gott, Agathos Daimon, entspricht dem ägyptischen Gott (P)Schai, „Schicksal" und dieser Gott wiederum beerbt den traditionellen Sonnengott in seiner Rolle eines Höchsten Wesens. Er wird hier als Weltgott dargestellt: Der ganze, anthropomorph gedachte Kosmos bildet den Leib dieses Gottes. Ähnlich lautet ein Offenbarungsorakel des Gottes Serapis, das Macrobius überliefert:

> Der himmlische Kosmos ist mein Kopf
> mein Bauch ist das Meer
> die Erde meine Füße.
> Meine Ohren reichen in die Luft,
> mein Auge ist das weithinleuchtende Licht der Sonne.[129]

Besonders merkwürdig ist eine Passage der sibyllinischen Orakel, die die Selbstvorstellung Jahwehs in Ex 3,14 in der Fassung der *LXX* zitiert und im Sinne des Weltgottes auslegt:

> Ich bin der Seiende (*eimì d'égo-ge ho ôn*),
> erkenne dies in deinem Geist:
> ich legte den Himmel an als Gewand,
> ich bekleidete mich mit dem Ozean,
> die Erde ist der Grund meiner Füße,
> die Luft umgibt mich als Körper
> und die Sterne umkreisen mich.[130]

In Ägypten finden sich die ersten eindeutigen Belege für die Vorstellung des Weltgottes bereits über tausend Jahre früher

129 Macrobius, Saturnalia I, 20.17, zitiert nach T. Hopfner, *Fontes historiae religionis Aegyptiacae*, 597f. Die Anführung dieses Orakels dient bei Macrobius im Zusammenhang bezeichnenderweise dem „synkretistischen" Argument, dass Sol und Sarapis identisch (d. h. jener in diesem enthalten) seien.

130 R. Merkelbach/M. Totti, *Abrasax*. 131.

in Hymnen der 19. und 20. Dynastie, also des 13.–12. Jh. v. Chr. Im Leidener Hymnenbuch aus dem 13. Jh. heißt es von Amun:

> Er ist Harachte im Himmel,
> sein rechtes Auge ist der Tag,
> sein linkes Auge die Nacht [...]
> sein Leib ist der Nun (das Urwasser), was darin ist der Nil,
> der alles hervorbringt und alles, was ist, am Leben erhält;
> sein Hauch ist die Luft für alle Nasen.[131]

Aber erst in einigen Texten der 20. Dynastie (um 1100 v. Chr.) kommt es zur völligen Gleichsetzung von Gott und Kosmos, deren Formulierungen bereits fast wörtlich den oben zitierten griechischen Zaubertexten entsprechen:

> Deine beiden Augen sind Sonne und Mond
> dein Kopf ist der Himmel
> deine Füße sind die Unterwelt.[132]

> Sein Leib ist der Wind,
> der Himmel ruht auf seinem Haupt,
> das Urwasser trägt sein Geheimnis.[133]

> Du bist der Himmel, du bist die Erde,
> du bist die Unterwelt,
> du bist das Wasser, du bist die Luft zwischen ihnen.[134]

---

131 J. Assmann, *Ägyptische Hymnen und Gebete*, Nr. 141.
132 Theben, Grab 65, zitiert nach K. Piehl, *Inscriptions hiéroglyphiques recueillies en Europe et en Égypte*, 140.
133 J. Assmann, *Ägyptische Hymnen und Gebete*, Nr. 130, 26–28.
134 J. Assmann, *Ägyptische Hymnen und Gebete*, Nr. 130, 205f. Der Text ist aufgrund seiner Parallele im pBerlin 3056 in die 20. Dynastie zu datieren.

Diese Gottesidee bleibt in Ägypten bruchlos bis in die griechisch-römische Zeit präsent. Die Texte, die sich mit der Idee des Einen beschäftigen, denken ihn immer jenseits der Welt und setzen doch eine Kontinuität zwischen Gott und Welt, Jenseits und Diesseits voraus. Sie umkreisen dieses Jenseits vor allem mit zwei Transzendenzformeln. Die eine, ältere Formel versteht es im zeitlichen Sinne, als Präexistenz und Postexistenz, *vor* der Weltentstehung und *nach* dem Weltende, in der nach ägyptischer Vorstellung nicht das Nichts, sondern die ungeschiedene Einheit herrscht. Die andere, jüngere Formel versteht dieses Jenseits als Verborgenheit. Gott ist der All-Eine, der sich als Welt zugleich manifestiert und verhüllt. Wir können ihn nicht sehen, sondern nur aus seinen Manifestationen erraten. Das ist der Gottesbegriff, den die hermetischen Texte dem Abendland in der Formel *Hen kai pan* überliefert haben und Plutarch mit der Inschrift auf dem verschleierten Bild zu Sais als „Ich bin alles, was da war, ist und sein wird. Kein Sterblicher hat meinen Schleier gelüftet"[135] wiedergibt. Darauf wird das letzte Kapitel näher eingehen.

Seit dem Anfang des 2. Jt. lässt sich also in ägyptischen Texten die Ausbildung einer Struktur des ägyptischen Weltbilds beobachten, die Jürgen Habermas mit Bezug auf die griechische Philosophie als das Auseinandertreten von Oberflächen- und Tiefenstruktur beschrieben hat. In dieser protophilosophischen Struktur des ägyptischen Weltbilds scheint mir der Grund dafür zu liegen, dass es sich im Hermetismus mit mittel- und neuplatonischen Ideen verbinden und im Abendland in spannungsreicher Beziehung zur christlichen Unterscheidung von Gott und Welt bis heute weiterleben konnte.

---

135 „Egō eimi pan to gegonos kai on kai esomenon" (Plutarch, *De Iside et Osiride* 9 [354C]).

KAPITEL II

Israel und die Emanzipation der Religion

1. Die große Wende

Israel ist in fast jeder Hinsicht die Antithese zu Ägypten, und der Mythos vom Auszug aus Ägypten bringt diesen Gegensatz besonders anschaulich zum Ausdruck. Das zeigt sich am klarsten, wenn wir das Verhältnis von Religion und Kultur betrachten, was ja mein Hauptthema ist. In Ägypten sind Religion und Kultur ununterscheidbar dasselbe. Von Religion im engeren Sinne kann hier eigentlich gar nicht die Rede sein. Trotzdem gibt es auch hier die Unterscheidung zwischen sakral und profan, aber nicht *Religion*, sondern *Kult*, d. h. die rituelle Kommunikation zwischen dem König bzw. den von ihm eingesetzten Priesterschaften und den Göttern, steht als spezifische Sakralsphäre der (relativ) profanen Sphäre gegenüber und beide sind von dem religiösen Begriff der Ma'at umgriffen. Im Israel der Königszeit sieht das zunächst nicht grundsätzlich anders aus. Der König ist von Gott, der „inmitten seines Volkes wohnt" und im Tempel „auf den Kerubim thront" (*jošēv hakk^{e}rubîm* vgl. 1 Sam 4,4 oder Ps 18,10; 2 Sam 22,11; Jes 37,16)[136], eingesetzt, das

136 Siehe B. Janowski, „Keruben und Zion". Vgl. auch O. Keel, *Geschichte Jerusalems und die Entstehung des Monotheismus*, 918–923, mit zahlreichen Abbildungen mesopotamischer und vor allem ägyptischer Tradition von gegenständigen menschengestalti-

Volk in Seinem Sinne zu regieren.[137] Diese Staatsform ist mit der Zerschlagung des Nordreichs durch die Assyrer (722 v. Chr.) und des Südreichs durch die Babylonier (597 und 587 v. Chr.) untergegangen. Den Bruch mit der repräsentativen Theokratie des altorientalischen und ägyptischen Sakralkönigtums sowie mit der eigenen Vergangenheit vollzieht die Religion des Frühen Judentums, die sich in der prophetischen Opposition der späten Königszeit vorbereitet, im babylonischen Exil durch die verschleppte Jerusalemer Elite Gestalt gewinnt und nach der Rückkehr aus dem Exil in Jerusalem und seinem zur Provinz Jehud geschrumpften Umland durchgesetzt wird. Die Ablösung der Religion von Staat und Kultur verdankt sich also einer Vernichtung des Staates und wurde durch die historischen Rahmenbedingungen des 8. bis 6. Jh. erzwungen. Die erzwungene Autonomisierung der Religion im Sinne einer unabhängigen Institution hat es den Juden ermöglicht, im persischen Großreich und allen folgenden Fremdherrschaften und Gastländern nach ihren eigenen Gesetzen zu leben.

Indem die neue Religion sich durch die Sakralisierung von Verfassung und Gesetz als Gottesrecht (*ius divinum*) von Staat und Königtum unabhängig macht, verwischt sie auf andere Weise die Grenze zwischen Religion, Staat und Nation, also religiöser, politischer und ethnischer Zugehörigkeit oder Identität, und imaginiert sich in der Fremdzuschreibung der Anderen als „ein Volk, das sich abseits hält und nicht zu den Völkern gerechnet wird“ (Num 23,9). Das sagt Bileam, der moabitische Seher. Ähnlich äußert sich Haman

---

gen Wesen, die mit ausgebreiteten Flügeln eine Gottheit in ihrer Mitte beschützen.

137 Vgl. z. B. M. Leuenberger, *Konzeptionen des Königtums Gottes im Psalter.*

im Estherbuch: „Es gibt da ein Volk, das ist zerstreut und abgesondert von den Völkern in allen Provinzen deines Königreichs. Und ihre Gesetze unterscheiden sich von denen jeden anderen Volks." (Est 3,8) Bernhard Lang hat darauf aufmerksam gemacht, dass die Bibel „die entsprechenden Spitzenaussagen stets einem Nichtisraeliten in den Mund legt. Die fiktive Fremdperspektive wird zur Selbstbeschreibung genutzt."[138] Im apokryphen Jubiläenbuch sagt Abraham zu Jakob: „Trenne dich von den Völkern! Iß nicht mit ihnen! Handle nicht nach ihrem Tun! Sei nicht ihr Genosse! Denn ihr Werk ist Unreinheit und all ihre Wege sind Befleckung, Greuel und Unreinheit."[139]

In diesen Zusammenhang gehört auch die Deutung des Gesetzes im Aristeas-Brief:

> Der Gesetzgeber (Mose), von Gott zu umfassender Erkenntnis ausgerüstet, umschloss uns mit nicht zu durchbrechenden Palisaden und ehernen Mauern, damit wir mit keinem der anderen Völker in irgendeiner Hinsicht in Verkehr seien, rein an Leib und Seele, frei von trügerischen Vorstellungen, den Gott, der allein Gott, allein mächtig ist, im Unterschied zur Schöpfung verehrten [...]. Damit wir nun mit nichts uns befleckten und nicht im Verkehr mit Schlechtem verdorben würden, umschloss er uns von allen Seiten mit Reinheitsvorschriften, Geboten über Essen und Trinken, Berühren, Hören und Sehen.[140]

138 B. Lang, „Der Mann Mose und die mosaische Religion", 66.
139 Jub 22,16, zitiert nach P. Rießler, *Altjüdisches Schrifttum außerhalb der Bibel*, 597; siehe auch B. Lang, „Der Mann Mose und die mosaische Religion", 66f.
140 Brief des Aristeas, 139 und 142, zitiert nach G. Delling, *Die Be-*

Gott selbst bestimmt im Buch Leviticus:

> Ich bin JHWH, euer Gott, der ich euch von den Völkern ausgesondert habe. [...] Und ihr sollt mir heilig sein, denn ich bin heilig, ich, JHWH. Und ich habe euch von den Völkern ausgesondert, um mein zu sein. (Lev 20,24–26)

Über dieser Frage, der Absonderung von den Völkern, ist nach Darstellung des 1. Makkabäer-Buchs der Makkabäer-Aufstand ausgebrochen. Er richtete sich nicht nur gegen die seleukidische Fremdherrschaft, sondern auch gegen eine assimilationswillige jüdische Reform-Partei, die sich vom Gesetz lösen und mit der seleukidischen Besatzungsmacht kollaborieren wollte:

> Wir wollen einen Bund mit den fremden Völkern schließen, die rings um uns herum leben; denn seit wir uns von ihnen abgesondert haben, geht es uns schlecht. (1 Makk 1,11)

Die Absonderung, das heißt Heiligung, ist auch der Sinn des nicht nur in der Exodus-Erzählung, sondern auch in der Erzväter-Tradition so stark betonten Motivs der Allochthonie, der Einwanderung von anderswo her. Erstens wird dadurch die Entstehung Israels als Gottesvolk im Sinne einer politischen und religiösen Identität in das Licht einer *creatio ex nihilo* gestellt: Die Kinder Israels waren nichts, rechtlos, würdelos, machtlos, schutzlos, bevor Gott sie sich von anderswoher zu seinem Volk erwählte und nach Kanaan führte. Zweitens macht das Motiv der fremden Herkunft klar, dass die einwandernden Israeliten nichts gemeinsam haben mit

---

wältigung der Diasporasituation durch das hellenistische Judentum, 9; P. Rießler, *Altjüdisches Schrifttum außerhalb der Bibel*, 210f.

den im Lande siedelnden Völkern. Das heilige Volk darf mit ihnen nichts zu tun haben und muss sie ausrotten, um sich nicht zum Kult anderer Götter verführen zu lassen. So wie Israel sich von den anderen Völkern fernhalten soll, soll es sich auch von den anderen Göttern fernhalten. Dem Assimilationsverbot entspricht das Fremdgötterverbot. Das – und nicht eine tatsächliche Herkunft aus Ägypten (Mose) oder Mesopotamien (Abraham) – ist der symbolische Sinn der Allochthonie, der fremden Herkunft.[141]

Dieser neue Begriff von Gemeinschaft als Gottesvolk geht in entscheidenden Punkten über alles Gegebene hinaus. Das entscheidende Zugehörigkeitskriterium ist das „Gesetz". Wer es hält, gehört dazu, wer es bricht, fällt aus dem Gottesvolk heraus. Der Name des Gottesvolkes, Israel, verliert mit dem Untergang des Nordreichs, das sich im Gegensatz zum Südreich, dem Königreich Juda, „Israel" nannte, seine politische Bedeutung und wird dadurch frei für seine religiöse Bedeu-

141 P. Sloterdijk, *Im Schatten des Sinai*, spricht von einer „Singularisierungsstrategie", die den Einen Volksgott aus der Menge der Götter und das Eine Gottesvolk aus der Menge der Völker ausgliedert (26f.). Es ist genau diese Strategie, die Rousseau nach dem Vorbild Moses den Polen empfiehlt, um sich als nationale Identität zu konstituieren und zu behaupten. „Um zu verhindern, daß sein Volk sich mit fremden Völkern vermenge, ihm Sitten und Gebräuche gab, die mit denen der anderen Nationen nicht vereinbar waren", stattete Mose „es mit einer Vielzahl von besonderen Riten und Zeremonien aus, legte ihm tausend Zwänge auf, um es unablässig in Atem zu halten und es auf immer fremd unter allen anderen Menschen zu machen. Alle Bande der Brüderschaft, welche er unter den Gliedern seines Gemeinwesens flocht, waren ebenso viele Schranken, welche diese Glieder von ihren Nachbarn trennten." Siehe J. J. Rousseau, *Sozialphilosophische und Politische Schriften*, 568f. Diese Strategie machte es möglich, das jüdische Volk selbst in der Diaspora zu erhalten.

tung als Bezeichnung des Gottesvolks, die nun vom Königreich Juda übernommen, nach dessen Untergang ins Exil mitgenommen, von dort zurückgebracht und später von den Christen usurpiert werden konnte, die zwischen *vetus* und *verus* dem alten und dem wahren Israel unterschieden.[142]

Die Tora erzählt von dieser großen Wende als dem Auszug der „Kinder Israels" aus, und der Abkehr von, Ägypten und stellt sie daher ganz bewusst und explizit als Gegenentwurf zur ägyptischen Welt dar. Diese Wende gipfelt in der förmlichen „Stiftung" (hebr. *b'rît*, gr. *diatheke*, lat. *testamentum*) einer vollkommen neuen Religion, wie sie in der Welt bis dahin unbekannt war und seitdem unseren Begriff von Religion bestimmt. Diese Religion steht auf vier Pfeilern: Offenbarung bzw. Stiftung, Bund, Gesetz und Glaube bzw. Treue. Zum Verständnis dieser Wende ist es unabdingbar, sich über die Frage der Datierung Klarheit zu verschaffen. Wie datiert die Bibel selbst diese Wende? Die Chronologie ist Sache der Priesterschrift, eine der grundlegenden Quellen oder Redaktionsstufen des Alten Testaments, und sie datiert den Auszug aus Ägypten und den Bundesschluss am Sinai ins 15. Jh. v. Chr.[143] Damit sind wir in der späten Bronzezeit und haben es nicht etwa mit einer „Wende", sondern mit dem Ursprung des Volkes Israel zu tun, das es vorher gar nicht gab, sondern das mit

142 Siehe hierzu U. Becker, „Von der Staatsreligion zum Monotheismus": „Die Königskritik ist weder vor-, noch sub-, noch antistaatlich, sondern entstammt der nach-staatlichen Reflexion über den Untergang der Monarchie und das Ende der Staatsreligion." (12). Nach Beckers überzeugender Rekonstruktion hat das Trauma des politischen Untergangs die Konstruktion einer alternativen, rein religiös definierten Identität als Gottesvolk erzwungen (10f.).

143 480 Jahre vor der Erbauung des salomonischen Tempels um 950 v. Chr., also um 1430. Die Erwähnung der Ramsesstadt im Buch *Exodus* legt aber eine Datierung ins 13. Jh. nahe.

diesem Ereignis überhaupt erst entsteht. Wann aber – und das ist eine ganz andere Frage – entstanden die *Texte*, die diese Wende geformt haben? In welche Zeit und welche historischen Umstände gehört die entscheidende Idee eines Bundes zwischen Gott und seinem zum Bundespartner auserwählten Volk? Die Antwort auf diese Frage führt in jene ganz andere Zeit: das 7. bis 5. Jh., als Israel als Staat unterging und sich im Exil als Religion neu erfand, die dann nach der Rückkehr aus dem Exil als Frühes Judentum bzw. Judentum des Zweiten Tempels durchgesetzt wurde.

Einige Grundideen der neuen Religion finden sich zwar schon bei den frühen Propheten des Nordreichs, Amos und Hosea, die den Untergang des Reiches durch die Assyrer (722 v. Chr.) weissagten, aber – das erscheint mir wichtig hervorzuheben – nicht im Sinne des Mainstreams, sondern als Stimme der Opposition gegen die herrschende Religion des Hofes und des Volkes. Die neue, von den Propheten vertretene Religion fordert die ausschließliche Verehrung JHWHs. Damit stellt sie sich gegen die herrschende Religion, die sie als polytheistisch anprangert, weil im Kult neben JHWH auch andere Gottheiten wie Astarte, Aschera und Ba'al verehrt werden. Es geht also um eine Wende vom Polytheismus zum Monotheismus. Dabei ist es unerheblich, dass es sich streng genommen nicht um einen reinen Monotheismus, sondern vielmehr um Monolatrie handelt, weil die Existenz anderer Götter nicht bestritten, sondern nur ihre Verehrung verboten wird. Nicht um das Prinzip der Einheit und Einzigkeit Gottes geht es, das etwa auch in ägyptischen Texten immer wieder betont wird, sondern um das Prinzip „Keine anderen Götter!". Bei den Propheten Amos und Hosea finden sich erstmals die Ideen des Gottesbundes, den Hosea in den Metaphern von Brautschaft und Ehe beschreibt, und des Auszugs aus Ägypten.

Im 7. Jh. geriet das Jerusalemer Königtum Juda unter assyrische Oberherrschaft, was nicht ohne Kompromisse auch religiöser Art abging, die das Königtum zusätzlich in den Augen der Opposition diskreditierten. Mit den Flüchtlingen aus dem untergegangenen Nordreich haben sich auch im Süden die Erzählungen vom Auszug aus Ägypten und vom Bundesschluss am Sinai verbreitet und die Opposition gewann an Gewicht. In dieser Zeit entstanden große Teile der hebräischen Literatur, darunter das *Ur-Deuteronomium* (Dtn 12–26), das dann zum Ausgangspunkt der Kanonbildung wurde.

Nach 587 wurde im babylonischen Exil der Mythos vom Auszug aus Ägypten mit der „Sinai-Perikope" (Ex 19 –Num 11) verbunden, der Erzählung von Bundesschluss und Gesetzesoffenbarung. Das *Deuteronomium* bringt den Bundesgedanken, den Hosea in die Metaphern von Brautstand und Ehe gefasst hatte, in die rechtliche und politische Form eines Vertrages, wofür die assyrischen Vasallenverträge und Loyalitätsvereidigungen als Vorbild dienten (s. u., S. 127). Als Gegenstand einer allumfassenden, ein für alle Mal ergehenden Offenbarung wird das Bundesrecht endgültig als *ius divinum* theologisiert.

Nach der Rückkehr aus dem Exil entsteht Ende des 6. Jh. die Priesterschrift als Gründungsdokument des Frühen Judentums und des Zweiten Tempels, die den Komplex aus Auszug (Ex 1–15a) und Bundesoffenbarung (Ex 15b–24) um den Bau des Zeltheiligtums (Ex 25 – 40) ergänzt und dadurch den narrativen Bogen schließt vom Auszug des Volkes aus Ägypten zum Einzug JHWHs in die Wohngemeinschaft mit seinem Volk (ein Gedanke, der dem *Deuteronomium* fehlt). Dadurch erhält der Bundesgedanke, den das *Deuteronomium* in der Form eines politischen Vertrags artikuliert, eine im engeren Sinne religiöse, gewissermaßen kirchliche Form, die zum Modell der Weltreligionen Judentum, Christentum und Islam wird.

Die Priesterschrift stellt überdies dem Buch *Exodus* mit der Trias von Auszug, Offenbarung, Tempel das Buch *Genesis* voran und schafft so ein einzigartiges historiographisches Werk, das die Geschichte Israels von der Schöpfung der Welt bis zur Stiftung der JHWH-Religion mit Tempel, Priestertum und Bundesgesetz schreibt und auf diese Weise Ursprung und Gegenwart verknüpft.[144] Damit entsteht die einzigartige Komposition, die uns die Bibel in den ersten beiden Büchern Mose überliefert hat. Nach dem Vorbild der mesopotamischen und ägyptischen Königslisten, deren Chronologie sich aus den Regierungszeiten der Könige ergibt, organisiert die Priesterschrift ihre Chronologie anhand von Generationen, hebr. *tol^{e}dôt*, was zum modernen hebräischen Wort für „Geschichte" geworden ist. Soviel lässt sich in aller Kürze nach heutigem Stand zur Entstehung der Texte sagen, deren Erzählzeit weit von der erzählten Zeit entfernt ist.[145]

2. Die Dekonstruktion des Staates und die Umbuchungen von Recht und Moral

Das Ägyptenkapitel hatte den Staat als die fundamentale, bis weit in die Zeiten wirkende Errungenschaft Ägyptens dargestellt. Seine wichtigsten Aspekte waren ein sakrales Charisma, das mit seiner ursprünglichsten Funktion zusammenhing, eine Verbindung zwischen Menschen- und Götterwelt herzustellen, und andererseits eine unerschöpfliche Produkti-

144 Zu den Parallelen Weltschöpfung – Religionsschöpfung s. u., S. 153f.

145 Natürlich ist diese Konstruktion in der alttestamentlichen Wissenschaft umstritten. Eine Diskussion der unüberschaubaren Diskussion führt hier zu weit.

vität ikonischer und symbolischer Repräsentationen, die Staat, Macht und Herrscher im ganzen Land vergegenwärtigte. Beide Funktionen und Ausdrucksformen des Staates werden im Zeichen der neuen Religion systematisch zerschlagen.

In Ägypten wurde die Mittlerfunktion des Königtums als Bindeglied zwischen Götter- und Menschenwelt dadurch symbolisiert, dass der Herrscher selbst als Gott (Horus) und Sohn des höchsten Gottes (Re) galt. Auch die Jerusalemer Monarchie übernahm das Modell der göttlichen Sohnschaft des Königs aus Ägypten. „Du bist mein Sohn; heute habe ich dich gezeugt", sagt Gott zum König in Psalm 2,7. Es handelt sich hier natürlich um eine Sohnschaft nicht der *Zeugung*, sondern der *Erwählung*. Gott erwählt sich den König zum Sohn, der mit der Krönung in den Bund der Sohnschaft eintritt. In Psalm 89,28 wird Gott mit den Worten zitiert: „Ich will ihn (David) zum erst(geboren)en Sohn machen, allerhöchst unter den Königen auf Erden." In 2 Samuel 7,14 sagt Gott zu Samuel über David: „Ich will ihm Vater sein, und er soll mir Sohn sein." Mit dieser Bundesformel spricht Gott später, nach dem Untergang des Königtums, im Buch *Leviticus* zum Volk: „Ich will euch Gott sein und ihr sollt mir Volk sein." (Lev 26,12) Auch die Sohnschaft geht vom König auf das Volk über. Das Bild von Israels göttlicher Sohnschaft ist fest im Exodus-Mythos verankert, dem Gründungsnarrativ der neuen Religion:

> So spricht JHWH: Israel ist mein Sohn, ja mein Erstgeborener. Und ich sage dir: Lass meinen Sohn ziehen, dass er mir diene. Und wenn du dich weigerst, ihn gehen zu lassen, siehe, so will ich deinen Sohn, deinen Erstgeborenen, erwürgen. (Ex 4,22–23)

Das Bild der Sohnschaft Israels kommt zuerst beim Propheten Hosea an jener berühmten Stelle vor, die Matthäus (2,15) mit Bezug auf die Flucht nach Ägypten zitiert:

> Als Israel ein Kind war, da liebte ich es und rief meinen Sohn aus Ägypten. Aber je mehr sie gerufen wurden, desto mehr gingen sie von mir weg; sie opferten den Baalim und räucherten den Götzenbildern. (Hos 11,1f.)

An die Stelle des Königtums als Mittler und Bundespartner Gottes tritt in der neuen Religion das Volk, auf das nun die Attribute der Heiligkeit übergehen:

> Ihr sollt mir ein Königtum von Priestern und ein heiliges Volk sein. (Ex 19,6)

> Denn du bist ein heiliges Volk JHWH, deinem Gott, dich hat JHWH, dein Gott erwählt als Schatz-Volk aus allen Völkern, die auf Erden sind. (Dtn 7,6 = 14,2 vgl. 26,18f.)

Während die Sohnschaft, Gottespartnerschaft und Heiligkeit vom König (und das heißt vom Staat) auf das Volk übertragen wird, wird die Funktion des Gesetzgebers vom König auf Gott übertragen. Auf der berühmten Louvre-Stele des Hammurabi sehen wir, wie der babylonische König sein Gesetzbuch in einer Rezitationsgeste dem Sonnen- und Justizgott Schamasch überreicht. Nach dem biblischen Konzept empfängt umgekehrt Moses das Gesetz von Gott.

Die Theologisierung des Rechts im antiken Judäa bedeutet eine radikale Destruktion des Sakralkönigtums ägyptischer und mesopotamischer Observanz. Der orientalische Herrscher war im vollen Sinne des Wortes ein „nomos empsychos“[146], er verkörperte das Gesetz, er erließ die Gesetze und hob sie auf, verurteilte und begnadigte in einer von kei-

146 Zur Lehre vom „Lebenden Nomos“ siehe A. A. T. Ehrhardt, *Politische Metaphysik von Solon bis Augustin I*, 168ff.; E. R. Goodenough, „Die politische Philosophie des hellenistischen Königtums“.

nem Gesetzbuch eingeschränkten Souveränität. Das hat man früher nicht gesehen, weil man die mesopotamische Rechtsliteratur für Gesetzbücher, Kodifikationen geltenden Rechts hielt. Das waren sie nicht.[147] Die erste rechtsverbindliche Verschriftung von Gesetzen, das erste Gesetzbuch, der erste Kodex im juristischen Sinne, ist die Tora, und das eigentlich Revolutionierende an diesem Schritt war, dass sie von Gott, d. h. für alle Zeiten, mit unbefristeter Geltung erlassen wurde. Damit hatte sich die Tora an die Stelle des Gottkönigtums gesetzt, das seine Göttlichkeit vor allem aus seiner Rechtssouveränität ableitete.[148] Ohne die Schrift, das wird dabei auch klar, wäre diese Unterscheidung nicht zu schaffen gewesen. „Die Schrift und die Differenz", dieser von Derrida aufgezeigte Zusammenhang, hat hier seine Urszene. Es handelt sich dabei um eine vollkommen neue Art von Schriftlichkeit, die „performativ" ist in dem Sinne, dass sie die Wirklichkeit herstellt, auf die sie sich bezieht. Nur dadurch kann sie im politischen Sinne befreiend wirken. Sie schafft einen neuen Raum, eine neue Wirklichkeit, in die das Gottesvolk einziehen kann. Die Verschriftung des Gesetzes bildete den Kristallisationskern des Kanons, ohne den die neue Religion - wie alle weiteren Religionen dieses Typs - nicht auskommt.[149]

Die beiden Fundamente des ägyptischen Sakralkönigtums, als *Sohn* im Bund mit Gott das Volk zu vertreten und

---

147 Die mesopotamischen „Kodizes" sind nicht als Kodifizierungen geltenden Rechts zu verstehen, sondern als Rechtsbücher, die der wechselnden Gesetzgebung der Könige als Grundlage dienen sollen. Siehe hierzu J. Assmann, „Die Verschriftlichung rechtlicher und sozialer Normen im Alten Ägypten".

148 Siehe hierzu meine Schrift *Fünf Stufen zum Kanon*, 11–35.

149 Siehe J. Assmann, *Die Mosaische Unterscheidung oder der Preis des Monotheismus*, 145–160.

als *Gesetzgeber* dem Volk Recht zu sprechen, werden jetzt dem König entzogen und auf Gott und Volk verteilt. Während die Sohnesrolle nun auf das auserwählte Volk übergeht, wurde die Gesetzgebung Gott zugesprochen. Sie wurde aus dem Bereich einer - wie immer göttlich fundierten - Politik in den der Theologie transponiert. Werfen wir einen genaueren Blick auf die Theologisierung des Rechts. Wir können davon ausgehen, dass in der klassischen Zeit des israelitischen Königtums das geltende Recht mündlich verfasst und wie in Ägypten und Mesopotamien im König verkörpert war. In der schweren Krise des späten 8. und frühen 7. Jh., als das Nordreich von den Assyrern zerstört wurde und das Südreich in assyrische Abhängigkeit geriet, wird es zu einem Verschriftungsschub gekommen sein, um die bis dahin mündlich überlieferten Traditionen vor dem Vergessen und Verschwinden zu retten. Dazu gehören vermutlich auch frühe Formen von Rechtsverschriftung. Solange das Königtum aber existierte, wird man sich diese eher nach der Art der mesopotamischen Rechtsbücher vorstellen, also nicht als Kodifizierungen geltenden Rechts, sondern als Werke für die Schreiberausbildung mit „Mustergesetzen", so wie es in den ägyptischen Schultexten Musterbriefe, Mustergebete und andere Modelltexte gibt. Mit dem Geltungsschwund des Königtums im 7. Jh., als das Jerusalemer Königtum als Vasall unter assyrische Oberherrschaft geriet, kann es aber sehr wohl bereits im 7. Jh. zu Anfängen einer Kodifizierung geltenden und auch den König bindenden Rechts gekommen sein, um die rechtliche Autonomie Israels im assyrischen Großreich zu retten.[150] Als solche vorexilischen Codices

150 Zur biblischen Rechtsgeschichte im altorientalischen Kontext siehe vor allem E. Otto, *Altorientalische und biblische Rechtsgeschichte.*

könnte man sich das „Bundesbuch“[151] und das „Ur-Deuteronomium“[152] denken. Diese Codices bezogen aber wohl ihre zeitenthobene Autorität aus der geheiligten Überlieferung, wie es in dem späteren Ausdruck *patrioi nomoi* („väterliche Gesetze“) zum Ausdruck kommt,[153] und noch nicht aus einer ein für alle Mal ergangenen, in einem ganz umfassenden Sinne Recht setzenden und die gesamte Lebensordnung auf eine neue Grundlage stellenden Offenbarung.

Genau dies aber ist das entscheidende Kriterium, um im engeren Sinne von einer Theologisierung des Rechts sprechen zu können.[154] Dieser Schritt, der die Welt so tiefgreifend und nachhaltig verändert hat, ist in der Alten Welt einzigartig und erstmals im Frühen Judentum vollzogen worden. Die Tora geht in folgenden Punkten über alle vorhergehenden Formen von Rechtsverschriftung hinaus:

- Sie enthält erstens eine Sammlung von Gesetzen, die eine *umfassende* Regelung des gesellschaftlichen und politischen Lebens anstreben, ja sogar im Sinne des ägyptischen Ma'at-Begriffs auch den Kult, also die Verbindung zum Göttlichen umfassen, worin sie entscheidend über die mesopotamischen Rechtsbücher und den *Codex Hammurapi* hinausgeht.
- Sie stellt, ganz im Sinne der ägyptischen Königsedikte, eine Form *performativer* Schriftlichkeit dar. Das kommt in der *Form* des Dekalogs zum Ausdruck, den man sich

151 Ex 20,22–23,33. Siehe hierzu E. Otto, *Wandel der Rechtsbegründungen in der Gesellschaftsgeschichte des antiken Israel*; vgl. J. Assmann, *Exodus*, 271–286.

152 Dtn 12–26.

153 H. G. Kippenberg, „Die jüdischen Überlieferungen als patrioi nomoi“.

154 R. Albertz, „Die Theologisierung des Rechts im alten Israel“; E. Otto, „Sakralisierung des Rechts im Alten Testament?“.

von Gott mit eigener Hand auf zwei Tafeln geschrieben vorstellt. Diese Tafeln haben typischerweise die Form der ägyptischen Rundbogenstelen, die auf ägyptisch „Königsbefehl“ heißen, und enthalten die zehn Gebote, stehen aber pars pro toto für das gesamte Gesetz, von dem es ja auch im *Deuteronomium* heißt, dass es im Gelobten Land auf gekalkte Steine geschrieben werden, also öffentlich ausgestellt und nicht im Archiv verschwinden soll.

- Sie stellt das Gesetz in das Zentrum einer Geschichte, die es als ein Instrument der Befreiung determiniert: der Geschichte des Auszugs Israels aus Ägypten und des Einzugs JHWHs in das Heiligtum, darin er „in der Mitte seines Volkes“ wohnen will: JHWH befreit die in Ägypten versklavten Israeliten, erwählt sie sich als Gottesvolk, schließt am Sinai einen Bund, offenbart ihm die Gesetze als eine unverrückbare, ewige Grundlage, um in diesem Bund zu verbleiben, und stiftet eine auf Glauben und Treue gegründete Religion, die zum Vorbild der Weltreligionen Judentum, Christentum und Islam geworden ist.

Das neue Verhältnis von Religion und Staat lässt sich in einem Satz zusammenfassen: Das ägyptisch-altorientalische Sakralkönigtum hatte die Religion in den Staat integriert, die neue Religion integriert den Staat in Form der Verfassung und Gesetzgebung in die Religion. An die Stelle des Staates, der in den Katastrophen des 8. und 6. Jh. untergegangen war, tritt der Gottesbund, an die Stelle des Königsrechts, das die Grundlagen eines geordneten Staatswesens und staatsbürgerlicher, gesetzestreuer Lebensführung regelt, tritt das Bundesrecht, das zum ersten Mal neben den eigentlichen Strafgesetzen (hebr. *mišpatîm*) auch moralische Normen (*miṣvôt*) und Kultgesetze (*ḥuqqîm*) umfasst und nicht nur mit Sanktionen, sondern auch mit Verheißungen verbunden ist, wie sie kein König, sondern nur Gott garantieren kann. Da das Bundesrecht unabhängig von Staatsterritorium und Staatsorganen gilt, kann es auch unter den Bedingungen von Fremdherrschaft und Diaspora aufrechterhalten werden.

Der Sakralisierung des Volkes entspricht die Entsakralisierung des Königtums. Seiner Vorrechte der Sohnschaft und der Gesetzgebung beraubt, bleibt dem König nichts Besonderes mehr. Das ist es, was das *Deuteronomium* über die Einschränkungen des Königtums zu sagen hat:

> Wenn du in das Land kommst, das Jahwe, dein Gott, dir gegeben hat, und es in Besitz nimmst und dort wohnst und denkst: „Ich möchte einen König ernennen, der mich regiert – wie alle umliegenden Völker –", dann muss der König, den du ernennst, um dich zu regieren, von Jahwe, deinem Gott, auserwählt werden; die Ernennung eines Königs muss aus deinen eigenen Brüdern erfolgen; auf keinen Fall darfst du einen Fremden zum König ernennen, der nicht ein Bruder von dir ist.
> Er darf sich aber nicht immer mehr Pferde anschaffen oder das Volk nach Ägypten zurückschicken, um seine Reiterei zu vermehren, denn Jahwe hat euch gesagt: „Ihr dürft nie wieder auf diesen Weg zurückkehren." Er darf sich auch nicht immer mehr Frauen anschaffen, denn das könnte sein Herz in die Irre führen. Er darf auch nicht Unmengen von Silber und Gold erwerben.
> Sobald er auf seinem königlichen Thron sitzt, muss er für sich selbst eine Abschrift dieses Gesetzes auf eine Schriftrolle schreiben, nach dem Diktat der levitischen Priester. Sie darf ihn nie verlassen, und er muss sie jeden Tag seines Lebens lesen und lernen, Jahwe, seinen Gott, zu fürchten, indem er alle Worte dieses Gesetzes hält und diese Regeln befolgt, damit er sich nicht für überlegen ge-

genüber seinen Brüdern hält und nicht von diesen Geboten abweicht, weder zur Rechten noch zur Linken. Wenn er das tut, wird er lange auf dem Thron sitzen, er und seine Söhne, in Israel. (Dtn 17)

Das ist eine ganz andere Idee des Königtums als die, die König David paradigmatisch verkörperte. Der König erscheint hier nicht mehr wie der Pharao (und wie später die gesalbten christlichen Kaiser und Könige) als der segensreiche Mittler zwischen Gott und Volk, sondern eher als ein mehr oder weniger notwendiges Übel, das in seiner Machtentfaltung durch das am Sinai gestiftete und schriftlich kodifizierte Bundesrecht so weit wie möglich eingeschränkt werden muss.[155]

Im Übrigen ist der deuteronomistische Entwurf der Königsrolle eine reine Fiktion. Die neue Religion, wie sie von den exilischen Propheten und der nach Babylonien deportierten literaten jüdischen Elite ausgearbeitet wurde, entstand in einer Situation des Totalverlustes von Königtum, Staat, Tempel und Territorium und zwang die Juden, auf äußere Stabilisatoren zu verzichten. Gesetz, Staatlichkeit, Tempel, Priestertum wurden am Berg Sinai, in der Wüste und in einer radikal extraterritorialen Situation geschaffen. Dieses neue Konzept von Religion ist nicht mehr abhängig von Staat, Königtum und Territorium, es kann überall dort verwirklicht werden, wo Juden leben und das Gesetz des Bundes befolgen. In dieser Differenzierung und Emanzipation der Religion von Staat und Territorium liegt das Geheimnis des Überlebens des Judentums als einzige Nation der Antike über zwei Jahrtausende der Diaspora und Verfolgung hin-

155 Die davidische Idee des Königtums wird in die Zukunft verschoben und zu einer Figur der messianischen Erwartung gemacht.

weg, während das Alte Ägypten und alle anderen Staaten und Kulturen der Antike dem Ansturm von Christentum und Islam erlagen.

Nicht weniger deutlich kommt der Strukturwandel der Religion im Bilderverbot zum Ausdruck. Das Bilderverbot kommt an prominentester Stelle innerhalb der Bibel vor: als erstes (Dtn 5,6–10) oder zweites Gebot (Ex 20,4–6) des Dekalogs, zusammen mit einem Kommentar, der sich eindeutig auf die politische Sphäre bezieht:

> Du sollst dir kein geschnitztes Bildnis machen noch irgendein Abbild von irgendetwas, das oben im Himmel oder unten auf der Erde oder im Wasser unter der Erde ist. Du sollst dich nicht vor ihnen niederbeugen und ihnen nicht dienen; denn ich, der Herr, dein Gott, bin ein eifersüchtiger Gott, der die Schuld der Väter an den Kindern heimsucht bis ins dritte und vierte Glied derer, die mich hassen, aber Tausenden von denen, die mich lieben und meine Gebote halten, beständige Liebe erweist. (Ex 20,4–6 = Dtn 5,8–10)

Gott sieht im Anfertigen von Bildern einen Akt der Abtrünnigkeit und des Glaubensabfalls. Die Unterscheidung zwischen Freund und Feind, zwischen denen, die Gott und sein Gesetz lieben, und denen, die ihn hassen, hat eine vorwiegend politische Bedeutung. In dieser Geschichte geht es nicht nur um die Gründung einer neuen Form der *Religion*, sondern auch um eine neue Form des *Gemeinwesens*, die auf einem Vertrag oder Bund zwischen Gott und den Kindern Israels beruht. Es ist sehr wichtig zu verstehen, warum dieses Konzept der göttlichen Führung die Anfertigung von Bildern ausschließt. Die Idee des Bundes impliziert eine Vorstellung von direkter Theokratie. Genauso wie die Idee der direkten Demokratie schließt die Idee der direkten

Theokratie jegliche vermittelnden Institutionen der Repräsentation aus. Der Wille Gottes wählt Mose und Aaron als Sprachrohr, und Mose folgen in dieser Funktion eine Reihe von Propheten bis in die Zeit des Artaxerxes nach, aber er verbannt aus seinem Bund alle Repräsentationen, weil er direkt und nicht durch Repräsentation regieren will. Das Bild vergegenwärtigt Abwesendes; JHWH aber ist ein „lebendiger Gott", der „in der Mitte seines Volkes wohnt". An die Stelle der Bilder tritt in Schrift und Stimme das Wort.

Der politische Sinn des Bilderverbots wird gleich zu Beginn, bei der Bundesaufnahme am Berg Sinai, durch die Szene mit dem Goldenen Kalb deutlich, die als eine Art Urszene des Götzendienstes fungiert. Mose stieg auf den Gipfel des Berges Sinai und blieb dort 40 Tage lang.

> Als das Volk sah, dass Mose verspätet vom Berg herunterkam, versammelte sich das Volk bei Aaron und sagte zu ihm: „Auf, mach uns Götter, die vor uns hergehen sollen. Was diesen Mose betrifft, den Mann, der uns aus dem Land Ägypten heraufgeführt hat, so wissen wir nicht, was aus ihm geworden ist."
> Da sagte Aaron zu ihnen: „Nehmt die goldenen Ringe ab, die in den Ohren eurer Frauen, eurer Söhne und eurer Töchter stecken, und bringt sie zu mir."
> Und alles Volk nahm die goldenen Ringe ab, die in ihren Ohren steckten, und brachte sie zu Aaron.
> Und er nahm das Gold von ihrer Hand und formte es mit einem Stichel und machte ein goldenes Kalb. Und sie sagten: „Das sind deine Götter, Israel, die dich aus dem Land Ägypten heraufgeführt haben!" (Ex 32,1–4)

Was ist hier genau passiert? Das Volk wollte nicht zu anderen Göttern überlaufen, sondern den verschwundenen Mose, den sie tot glaubten, durch eine Repräsentation, ein Bild, ersetzen. Sie wollten das Kalb als einen Führer, der das übernimmt, was Mose für sie getan hatte, der vorangeht, Gott repräsentiert und mögliche Feinde einschüchtert. Mose hatte für sie als Sprachrohr Gottes gehandelt, nun brauchten sie einen Repräsentanten des Vermittlers und fielen in den ägyptischen Götzendienst zurück.

3. Bund

Der Begriff des Bundes, hebr. *b^e^rît*, kommt zuerst beim Propheten Hosea vor, und zwar in den Metaphern von Brautschaft und Ehe und ohne explizit politische Konnotationen. Hosea ist der erste, der den Monotheismus als eine Sache der Treue, Wahrhaftigkeit, Loyalität und Liebe begreift. Hosea wirft Israel seine Sünden vor; das tut auch der Prophet Amos, der zu gleicher Zeit im Nordreich wirkt. Aber während für Amos diese Sünden in Ungerechtigkeit und Unterdrückung bestehen, schilt Hosea das Volk für seine „Hurerei“ mit fremden Göttern. So wie die Ehe das Bild für den Bund, ist Ehe*bruch* die entscheidende Metapher für den *Bruch* des Bundes. Diesem Thema widmet über hundert Jahre später der Prophet Ezechiel zwei ganze Kapitel (Ez 16 und Ez 23). Die Metapher des Liebesbunds bleibt gleichzeitig bestimmend und bildet den Grund dafür, das Hohelied Salomonis, eine Sammlung unverkennbar weltlicher Liebeslieder, auf die Beziehung zwischen Gott und Volk umzudeuten und in den Kanon aufzunehmen. Zum Pessachfest, der jährlichen Feier des Auszugs aus Ägypten und des Bundesschlusses am Sinai, wird das Hohelied als „Festrolle“ gelesen. In der großen Bedeutung dieses Motivs kann man die weitere „Umbuchung“ einer wichtigen Rolle des altorientalischen Sakralkönigs erkennen: der „Heiligen Hochzeit".[156] Im Christentum lebt die Idee eines Liebesbunds weiter, jetzt zwischen Christus und der Kirche sowie Christus und der einzelnen Seele.

Das *Deuteronomium* bringt 100–150 Jahre nach Hosea die Idee des Gottesbundes in die Form eines politischen Vertrages und verleiht ihr damit den Status einer völkerrechtlich anerkannten Institution. Der Vertrag ist nun nicht mehr Metapher, sondern die Sache selbst. Damit nimmt die vom Staat unabhängig gewordene Religion den Staat in sich auf und schafft wieder eine – aber völlig neue – Verbindung von Politik und Religion.

Die Verfasser des *Deuteronomiums* entlehnten das Modell eines politischen Vertrages von den Assyrern. Der Treueeid, den König Asarhaddon 672 v. Chr. seine Untertanen und Vasallen seinem designierten Nachfolger, Aschurbanipal, schwören ließ, macht seinen Einfluss bis in den Wortlaut des biblischen Textes hinein spürbar.[157] Einer dieser Vasallen muss König Manasse von Juda gewesen sein, sodass man davon ausgehen kann, dass eine Abschrift des Loyalitätseides und des Vasallenvertrags im königlichen Archiv in Jerusalem aufbewahrt wurde. Bei der Anwendung dieser assyrischen Vorlage auf den Bund zwischen JHWH und dem Volk haben die biblischen Autoren sie in zweierlei Hinsicht übernommen und angepasst. Erstens schließt Gott diesen Vertrag nicht mit dem König, in seiner Eigenschaft als Vertreter des Volkes vor den Göttern, sondern direkt mit dem Volk selbst; und zweitens gelten die Treueklauseln der Beziehung nicht zwischen

156 P. Lapinkivi, „The Sumerian Sacred Marriage and Its Aftermath", 7–41; B. Pongratz-Leisten, „Sacred Marriage and the Transfer of Divine Knowledge".
157 E. Otto, „Mose und das Gesetz"; C. Koch, *Vertrag, Treueid und Bund*.

dem Volk und dem König, in seiner Eigenschaft als Vertreter der Götter vor dem Volk, sondern zwischen dem Volk und Gott. In einer revolutionären Neuerung wird damit die Stellung des Königs als Repräsentant und Vermittler aufgehoben. Durch die „Umbuchung" der König-Gott-Beziehung und der König-Volk-Beziehung auf die Beziehung zwischen Gott und seinem Volk wird die assyrische Staatsideologie in die israelitische Bundestheologie umgewandelt. Das Volk – nicht Mose, nicht die siebzig Ältesten, nicht Aaron, nicht die Leviten – übernimmt die Rolle eines souveränen Partners im Bund. Diese Unmittelbarkeit des Zugangs zu Gott ist es, die dem biblischen Konzept seine demokratische Kraft verleiht. Aus einem politischen Instrument der Unterdrückung, dem assyrischen Vasallenvertrag und Loyalitätseid, wird ein religiöses Instrument der Befreiung. Die Kernmetapher für diese Befreiung ist das Narrativ vom Auszug aus der ägyptischen Sklaverei.

4. Reinheit und Absonderung

Die Wende von der Religion des Alten Israel in der Königszeit zur Religion des Frühen Judentums entspricht einer kollektiven Konversion. Wie jede Konversion ist sie mit erheblicher Gewalt, wohlgemerkt: gegen sich selbst, die eigenen Leute, verbunden. Auf zwei Aktionen, an denen der Charakter einer religiösen Konversion besonders deutlich hervortritt, möchte ich hier hinweisen. Dabei soll die Frage der Historizität dieser Ereignisse hier keine Rolle spielen. Auf die weitere Geschichte gewirkt hat nicht die *Tat*, sondern ihre *Beschreibung* in einem kanonischen Text.

Die erste besteht in der Kultreform König Josias, von der in 2 Kön 22–23 berichtet. In seinem 18. Regierungsjahr (622 v. Chr.) gibt König Josia den Auftrag, den Tempel zu renovieren. Bei den Arbeiten wird ein Buch gefunden mit den Gesetzen des Bundes, den Jahwe am Sinai bzw. Horeb mit den aus Ägypten befreiten „Kindern Israels“ geschlossen hat und die Israel halten muss, um im Bund und damit im Gelobten Land zu verbleiben. Das Entsetzen ist groß: Dieses Buch war in Vergessenheit geraten und mit ihm die Gesetze des Bundes. Die Strafe Gottes schien unausweichlich. Man ist sich seit langem weitgehend einig, dass es sich bei diesem Buch um die Urform des 5. Buch Mose, des *Deuteronomiums* gehandelt haben muss, das offenbar mit einer entsprechenden Fundlegende herausgebracht wurde.[158] Hier steht im 12. Kapitel, mit dem viele die Urfassung des Buches beginnen lassen:

> Dies sind die Ordnungen und die Rechtsbestimmungen, die ihr halten sollt, sie zu tun in dem Land, das der HERR, der Gott deiner Väter, dir gegeben hat, es in Besitz zu nehmen, all die Tage, die ihr auf dem Erdboden lebt: Ihr sollt all die Stätten vollständig ausrotten, wo die Nationen, die ihr vertreiben werdet, ihren Göttern gedient haben auf den hohen Bergen, auf den Hügeln und unter jedem grünen Baum. Und ihr sollt ihre Altäre niederreißen und ihre Gedenksteine zerbrechen und ihre Ascherim mit Feuer verbrennen und die Bilder ihrer Götter umhauen. Und ihr sollt ihren Namen von jener Stätte ausrotten. (Dtn 12,1–3)

Joschija macht sich sofort an die Umsetzung der Gebote. Er lässt den Jerusalemer Tempel von allen Fremdkulten reinigen, die zahlreichen Höhenheiligtümer im Land zerstören, die Priesterschaften vertreiben oder umbringen. Es handelt sich um eine religiöse Kulturrevolution, die erste ihrer Art.

---

158 Vgl. K. Finsterbusch, *Deuteronomium*, 21–27.

Und der König gebot dem Hohenpriester Hilkija und dem zweitobersten Priester und den Hütern der Schwelle, dass sie aus dem Tempel des HERRN hinaustun sollten alle Geräte, die dem Baal und der Aschera und allem Heer des Himmels gemacht waren. Und er ließ sie verbrennen draußen vor Jerusalem im Tal Kidron und ihre Asche nach Bethel bringen.
Und er setzte die Götzenpriester ab, die die Könige von Juda eingesetzt hatten, um auf den Höhen zu opfern in den Städten Judas und um Jerusalem her; auch die dem Baal geopfert hatten, der Sonne und dem Mond und den Planeten und allem Heer am Himmel. Und er ließ das Bild der Aschera aus dem Hause des HERRN bringen hinaus vor Jerusalem an den Bach Kidron und verbrennen am Bach Kidron und zu Staub mahlen und den Staub auf die Gräber des einfachen Volks werfen.
Und er brach ab die Häuser der Tempelhurer, die an dem Hause JHWHs waren, in denen die Frauen Gewänder für die Aschera wirkten.
Und er ließ kommen alle Priester aus den Städten Judas und machte unrein die Höhen, wo die Priester opferten, von Geba an bis nach Beerscheba und brach ab die Höhe der Feldgeister, die vor dem Tore Joschuas, des Stadtvogts, war zur Linken, wenn man zum Tor der Stadt hineingeht. (2 Kön 23,4–8)
[...]

Auch die Höhen, die östlich von Jerusalem waren, zur Rechten am Berge des Verderbens, die Salomo, der König von Israel, gebaut hatte der Astarte, dem gräulichen Götzen von Sidon, und Kemosch, dem gräulichen Götzen von Moab, und Milkom, dem gräulichen Götzen der Ammoniter, machte der König unrein und zerbrach die

> Steinmale und hieb die Ascherabilder um und füllte ihre Stätte mit Menschenknochen.
> Auch den Altar in Bethel, die Höhe, die Jerobeam gemacht hatte, der Sohn Nebats, der Israel sündigen machte, diesen Altar brach er ab, zerschlug seine Steine und machte sie zu Staub und verbrannte das Bild der Aschera. (2 Kön 23,13–15)
> [...]
>
> Und er entfernte auch alle Heiligtümer auf den Höhen in den Städten Samariens, die die Könige von Israel gemacht hatten, um JHWH zu erzürnen, und tat mit ihnen, ganz wie er in Bethel getan hatte.
> Und er ließ alle Priester der Höhen, die dort waren, schlachten auf den Altären und verbrannte Menschengebeine darauf und kam nach Jerusalem zurück. (2 Kön 23,19–20)

Hier sehen wir zum ersten Mal Religion und Kultur in einer klaren Antithese, wie sie sich seitdem mehrfach wiederholt hat, in den byzantinischen und protestantischen Bilderstürmen der Vergangenheit und heute vor allem in Gestalt der Antithese von islamischem, jüdischem, evangelikalem Fundamentalismus und moderner säkularer Kultur. Natürlich stehen in der Hebräischen Bibel noch ganz andere Dinge und wenn auch die frühjüdische Kultur viel reicher und komplexer als die deuteronomistische Bundestheologie ist, ist es aber diese puristische Verschärfung und Priorisierung der Religion, in der das Verhältnis der neuen Bundes- und Glaubens-Religion zur Kultur am klarsten zum Ausdruck kommt.[159] Diese neue Form von Religion geht nicht in Kultur auf, sondern bildet eine außerweltlich – auf Offenbarung –

159 Vgl. hierzu Verf., *Totale Religion*.

fundierte Instanz, von der wie von einem archimedischen Punkt aus die Kultur – Staat, Recht, Kult, Kunst, Wirtschaft etc. – umgestaltet werden kann.

Ein anderer Fall der Umsetzung des Gesetzes in geschichtliches Handeln, dessen Beschreibung vermutlich nicht mehr rein literarisch verstanden werden kann, stellt die Scheidung der „Mischehen" dar, wie sie in Esra 9f. und Nehemia 9f. beschrieben wird.[160] In dieser schockierenden Szene treten die Exodus-Motive von Befreiung, Bindung und Treue mit besonderer Deutlichkeit hervor. Esra beginnt seine Schilderung dieser gewaltsamen Maßnahme mit einem Schriftzitat:

> Und nun, unser Gott, was sollen wir nach (all)dem sagen? Denn wir haben deine Gebote verlassen, die du durch deine Knechte, die Propheten, geboten hast, indem du sprachst: „Das Land, in das ihr kommt, um es in Besitz zu nehmen, ist ein beflecktes Land wegen der Befleckung der Völker der Länder, wegen ihrer Greuel, mit denen sie es vom einen Ende bis zum andern durch ihre Unreinheit erfüllt haben.
> So sollt ihr nun nicht eure Töchter ihren Söhnen geben und ihre Töchter nicht (als Frauen) für eure Söhne nehmen, und ihren Frieden und ihr Wohl sollt ihr bis in Ewigkeit nicht suchen, damit ihr stark werdet und das Gute des Landes eßt und es auf eure Söhne vererbt bis in Ewigkeit." (Esr 9,10–12 vgl. Dtn 7)

---

160 Siehe dazu C. E. Southwood, *Ethnicity and the Mixed Marriage Crisis in Ezra 9–10*. M. Smith, *Palestinian Parties and Politics That Shaped the Old Testament*, 102, sieht in dem Konflikt zwischen dem „pious layman" Nehemia und dem priesterlichen Establishment den Anfang eines Konflikts, der sich mit den Makkabäern, Essenern, Pharisäern, den frühen Christen und den Reformatoren fortsetzt.

Nehemia beschreibt, wie die aus dem Exil zurückgekehrten Juden einen neuen Bund schließen. Zunächst liest Esra am Wassertor in Jerusalem der versammelten Volksmenge aus der Tora vor, dann feiert „die Gemeinde derer, die aus dem Exil zurückkamen" sieben Tage lang das Laubhüttenfest und liest alle Tage weiter aus der Tora. Zuletzt aber ist von einem feierlichen Bund der Abgesonderten die Rede:

> Am vierundzwanzigsten Tage dieses Monats kamen die Kinder Israel zusammen mit Fasten und Säcken und Erde auf ihnen und sonderten den Samen Israels ab von allen fremden Kindern und traten hin und bekannten ihre Sünden und ihrer Väter Missetaten. Und standen auf an ihrer Stätte, und man las im Gesetzbuch JHWHs, ihres Gottes, ein Viertel des Tages; und ein Viertel bekannten sie und beteten an JHWH, ihren Gott. (Neh 9,1–3)

Dann folgt in einem Gebet zunächst eine lange und detaillierte Rekapitulation der Heilstaten Gottes, d. h. des Exodus, und ein Bekenntnis der Sünden des Volkes, das die Verheißung verspielt hatte und aus dem Land vertrieben wurde. Zuletzt heißt es:

> Und in diesem allem machen wir einen festen Bund und schreiben und lassen's unsere Fürsten, Leviten und Priester versiegeln. […]
> Und das andere Volk, Priester, Leviten, Torhüter, Sänger, Tempelknechte und alle, die sich von den Völker in den Landen abgesondert hatten zum Gesetz Gottes, samt ihren Weibern, Söhnen und Töchtern, alle, die es verstehen konnten, hielten sich zu ihren Brüdern, den Mächtigen, und kamen, daß sie schwuren und sich mit einem Eide verpflichteten, zu wandeln im Gesetz Gottes, das durch Mose, den Knecht Gottes, gegeben ist, daß sie es

> hielten und tun wollten nach allen Geboten, Rechten und Sitten JHWHs, unseres Herrschers; und daß wir den Völkern im Lande unsere Töchter nicht geben noch ihre Töchter unsern Söhnen nehmen wollten; so wollen wir das Haus unseres Gottes nicht verlassen. (Neh 10,1; 10,29–31; 10,40)

Hier wird in einer feierlichen Zeremonie der Bund der Treue zwischen JHWH und dem Volk erneut beschworen und eine im eigentlichen Sinne „mosaische Unterscheidung“ vollzogen durch die Scheidung der „Mischehen“ zwischen jüdischen Männern und kanaanäischen Frauen und durch die Verstoßung der aus dieser Verbindung hervorgegangenen Kinder, und zwar im Sinne der Absonderung und Reinigung bzw. Heiligung, wie sie in der Tora vorgeschrieben wird: ein Akt von beträchtlicher Gewaltsamkeit, der durch den expliziten Verweis auf die Schrift, das *Deuteronomium*, legitimiert wird. So wie es Josia bei seiner Kultreform um die Reinheit des Kultes geht, geht es Esra und Nehemia bei der Scheidung der Mischehen um die Reinheit des Blutes.[161]

Wie schon Josia legen auch Esra und Nehemia ihrer Reform das *Deuteronomium* zugrunde, dessen kanonischer Rang zu ihrer Zeit, um die Mitte des 5. Jh., bereits außer Zweifel steht. Das neue in dieser Phase des Zweiten Tempels ist die Schrift, die nun in den Rang einer Kodifizierung des göttlichen Willens von höchster, absoluter Autorität aufgerückt ist. Das ist etwas absolut Neues. Keine andere Religion der damaligen Zeit kennt einen Kanon heiliger Schriften, die unbedingte Befolgung, d. h. Umsetzung in Lebenswirk-

161 Vgl. T. Staubli, „Antikanaanismus“. Die „Reinheit des Blutes“ ist natürlich nicht im rassistischen Sinne zu verstehen, sondern als Abwehr religiöser Fremdeinflüsse.

lichkeit verlangen. Diese Schrift ist unter Verwendung älterer Dokumente im Exil entstanden. Sie hat die exilierten Juden zum Volk des Buches gemacht und als solches am Leben erhalten. So konnte es auch ohne Staat, Territorium, Tempel und alle anderen Außenhalte seine Identität bewahren und nach zwei oder drei Generationen nach Jerusalem zurückkehren. Dort wurden die Heimkehrer dann mit den dagebliebenen Landsleuten konfrontiert, die in Unkenntnis dieser Schrift sich den Landessitten assimiliert und mit den Landestöchtern vermählt hatten. Nun erst kam die „mosaische Unterscheidung" zum Tragen, nicht im Zeichen der Wahrheit, sondern der Treue, Reinheit und Heiligkeit.

Die religiöse Gewalt, d. h. Gewalt im Namen Gottes, die hier im Sinne einer heiligen Verpflichtung und unter großem Weinen und Wehklagen vollzogen wird, ist schriftgestützte Gewalt. Sie wird legitimiert durch Berufung auf einen heiligen, kanonischen Text, der sie hochverbindlich vorschreibt. Eine solche Schrift hat es (wenn man die Josia-Legende nicht in allen Zügen für historisch hält) vor dem Exil nicht gegeben. Wohl gab es religiöse, historische und literarische Texte, aber sie waren kaum mit dieser absoluten Autorität ausgestattet. Dafür gab es die Propheten, die Israel sagten, „was gut ist und was der Herr von dir fordert" (Mi 6,8). Die Propheten, die das Volk immer wieder zu unbedingter Treue auffordern, wirken – und das ist ganz entscheidend – in Zeiten höchster Bedrängnis und eingetretener Katastrophe. In dieser traumatischen und posttraumatischen Situation erinnern sie an den Auszug aus Ägypten und begründen ihre Forderung nach Treue mit Gottes Rettung, Erwählung und Verheißung. „Habe ich dich nicht aus Ägyptenland und von der Knechtschaft erlöst und vor dir hergesandt Mose, Aaron und Mirjam?" (Mi 6,4) Gott ist der Einzige, der einst gerettet hat und der jetzt retten kann.

In der Perserzeit und im Frühhellenismus bilden sich auf der Grundlage des entstehenden Schriftenkanons Haltungen heraus, die man in heutiger Terminologie als „fundamentalistisch" – im Sinne einer literalistischen Umsetzung als zeitlos verstandener Vorschriften alter Texte – bezeichnen könnte. Mit der im Kanon festgeschriebenen Semantik der Treue und Eifersucht kommt die polarisierende Kraft der monotheistischen Religion in ihren politischen und sozialen Folgen zum Tragen. Im Prinzip „Kanon" gehen zwei Elemente, Schrift und Offenbarung, eine vollkommen neuartige Verbindung ein.

Im altorientalischen Vertragsrecht liegen auch die Ursprünge dessen, was sich im Frühen Judentum und seinen Nachfolgern, Christentum, rabbinischem Judentum und Islam, als „Wortgottesdienst" entfaltet. Schon zu hethitischen Verträgen gehört die Anordnung, den Vertragstext in regelmäßigen Abständen zu verlesen.[162] Esra liest vom ersten bis zum letzten Tag des Laubhüttenfests dem Volk die Tora vor und lässt sie Satz für Satz von den Leviten kommentieren (Neh 8,1 und Neh 8,18). Aus der turnusmäßigen öffentlichen Verlesung des Vertragstexts entwickelt sich die synagogale Toralesung, bei der im Jahreszyklus einmal in ausgewählten Abschnitten die gesamte Tora vorgetragen wird. Der Wortgottesdienst auch der christlichen Kirchen steht in der Nachfolge einer Institution, die als Organ der

162 Siehe V. Korosec, *Hethitische Staatsverträge*, 101f.; vgl. auch die Bestimmung am Schluss des „Testaments" des hethitischen Königs Hattusilis I. (16. Jh. v. Chr.): „... und diese Tafel soll man die (sc. dem Thronfolger) monatlich immer vorlesen; so wirst du meine Worte und meine Weisheit immer wieder einprägen". E. Laroche, *Cataloge des textes hittites*, Nr. 6, zitiert nach H. Cancik/H. Mohr, „Erinnerung/Gedächtnis", 314. Für Assyrer: E. Weidner, „Hof- und Haremserlasse assyrischer Könige", 257–293.

kollektiven Erinnerung gedacht war.[163] Das Gedächtnismahl der Seder-Nacht beim Pessachfest lebt in der christlichen Eucharistie weiter.[164]

Aus dieser Transposition eines politischen Modells, des Bündnisvertrags, auf die Beziehung zwischen Gottes- und Menschenwelt entsteht etwas ganz Neues, eine neue und völlig einzigartige Form von Religion, die dann später zum Modell der modernen Weltreligionen werden wird. Mit diesem Schritt tritt Israel aus den herkömmlichen Ordnungen des religiösen und politischen Lebens heraus, und es gibt kein passenderes Symbol für diesen Auszug als den Exodus, die Erzählung vom Auszug aus Ägypten.

5. Glaube und Geschichte

„Glauben“ heißt hebräisch *he-emîn*, Hiphil, also Kausativ vom Stamm *aman*, „stützen, tragen“ (der uns in dem Wort „amen“ vertraut ist), und heißt so etwas wie „sich festmachen, sich gründen in“[165]; konstruiert mit der Präposition *b^{e}* heißt es „jemandem glauben, vertrauen“. Dafür gibt es zwei Schlüsselstellen in der Hebräischen Bibel. Die eine bezieht sich auf Abraham und steht in Gen 15,6:

---

163 K. Baltzer, Das Bundesformular, 91–95.

164 Vgl. J. Assmann, *Kult und Kunst*, 45–59.

165 Einen ähnlichen Begriff gibt es im Ägyptischen: *hn n* mit der Bedeutung „sich stützen, sich verlassen auf …“ In Texten der „Persönlichen Frömmigkeit“ finden sich öfter Wendungen wie „Ein Gott, auf den man sich verlassen kann“. Aber hier fehlen die Komponenten der Stiftung und Verheißung und es geht immer um Gott und Mensch (Individuum), nicht Gott und Volk.

> und er glaubte JHWH (*w^ehe'emīnu b^eyhwh*) und der rechnete es ihm als Gerechtigkeit an.

Gott hatte Abraham, den er aus Harran in Mesopotamien nach Kanaan gerufen hatte, verheißen, er würde mit Sarah, seinem Weib, einen Sohn zeugen und in seinen Nachkommen dereinst zu einem großen Volk werden, zahlreicher als die Sterne am Himmel. Nichts war unwahrscheinlicher als das, denn beide, Abraham (99) und Sarah (90), waren in hohem Alter. Daher war Abrahams Glaube ein Akt gegen jede Evidenz und dadurch so verdienstvoll. Abrahams Glaube bezieht sich also auf eine gewaltige und in jedem Sinne unwahrscheinliche Verheißung.

Die andere Schlüsselstelle steht im Buch Exodus 14,31:

> Und Israel sah die große „Hand" (= Tat), die JHWH an Ägypten getan hatte, und das Volk fürchtete JHWH und glaubte JHWH (*wayya'amînû b^eyhwh*) und Mose, seinem Knecht.

Auch hier geht es, wie in der Abraham-Erzählung, um Berufung und Verheißung. Wie Abraham aus Harran, führte Gott Israel aus Ägypten heraus, und wie Abraham verheißen wurde, zum Stammvater eines großen Volkes zu werden, hatte er nun den inzwischen zum Volk gewordenen Israeliten das Gelobte Land verheißen, in dem sie im Bund mit Gott wohnen sollten.[166]

---

166 Welches Gewicht diesem Akt des Glaubens beigelegt wird, wird auch deutlich in Gottes Verdikt gegen Moses und Aaron, in der Wüste sterben zu müssen und nicht in das Gelobte Land einziehen zu dürfen, weil sie Gott „nicht geglaubt" hatten (*ya^can lō'-he'emantem bî*. Num 20,12), als sie den Fels, damit er Wasser spende, mit dem Stab schlugen anstatt zu ihm zu reden.

Auch dies war eine Verheißung gegen alle Wahrscheinlichkeit. In der ersten Stelle geht es um den unerschütterlichen Glauben Abrahams, in der zweiten um den durchaus erschütterlichen Glauben des Volkes Israel, der ständig erneuert werden muss.

Diese beiden Stellen beziehen sich auf den Ursprung dessen, was die Tradition unter „Heilsgeschichte" oder *historia sacra* versteht. Das ist die Geschichte Gottes mit seinem auserwählten Volk. Sie steht im Gegensatz zur *historia profana*, der Geschichte der Völker, die nicht im exklusiven Bund mit Gott stehen, und zur *historia divina*, der Geschichte der Götter miteinander und mit den Menschen, von der die Mythen erzählen.[167] Im Unterschied zu den anderen beiden Formen von Geschichte verläuft die *historia sacra* linear: Sie hat einen Anfang und ein virtuelles Ende, das dann eintritt, wenn das Volk den Bund bricht und die Verheißung verspielt. Später entwickelt sich aus der Vorstellung des Endes die Apokalyptik, die das Weltende mit dem Weltgericht verbindet. Innerhalb der linearen *historia sacra* herrscht ein strenges Zeitregime, in dem alles menschliche Tun Folgen hat nach Maßgabe des göttlichen Zorns oder seiner Gnade. Das wird im Buch Exodus zweimal von Gott selbst an sehr prominenter Stelle erklärt:

> Denn ich, JHWH, dein Gott, bin ein eifersüchtiger Gott, der die Schuld der Väter heimsucht an den Kindern, an der dritten und vierten (Generation) von denen, die mich hassen, der aber Gnade erweist an Tausenden (von Generationen) von denen, die mich lieben und meine Gebote halten. (Ex 20,5–6 = Dtn 5,9–10)

167 Der Ausdruck „historia divina" stammt von Michael Fishbane, siehe J. Assmann, „Myth as ‚historia divina' and ‚historia sacra'", s. u., S. 160–162.

> Der da Tausenden Gnade erweist und vergibt Missetat, Frevel und Sünde;
> der aber keine (Schuld) folgenlos sein lässt und die Missetat der Väter heimsucht auf Kinder und Kindeskinder bis ins dritte und vierte Glied. (Ex 34,6–7)

Nach diesem Prinzip verfährt das „deuteronomistische Geschichtswerk“ (1 Sam–2 Kön), das die Könige Israels und Judas nach dem Maßstab ihrer loyalen oder vertragsbrüchigen Haltung zum Gesetz beurteilt. Das ist „kritische Geschichtsschreibung“ im Sinne von Nietzsche[168], deren strengen Kriterien kaum ein König in der langen Reihe der Könige von Israel und Juda genügt. Der Untergang zuerst des Nordreichs Israel durch die Assyrer und dann des Südreichs Juda durch die Babylonier erscheint so als die unausweichliche Folge der von den Königen aufgehäuften Sünden. Die Idee der Heilsgeschichte verkoppelt Glaube, Geschichte und Gesetz.

---

168 In „Vom Nutzen und Nachteil der Historie für das Leben“ rechnet Nietzsche mit der Geschichtsschreibung seiner Zeit ab und lässt nur drei Formen von Historie gelten: die monumentalische, die antiquarische und die kritische. Die monumentalische Geschichte ist die unverzichtbare Form des Vergangenheitsbezug für jene, „die selber Geschichte machen können“, die antiquarische Geschichte gehört „dem Bewahrenden und Verehrenden – dem, der mit Treue und Liebe dorthin zurückblickt, woher er kommt“, und die kritische ist dort geboten, wo es gilt, sich von einer Vergangenheit loszusagen und sie vor den Richterstuhl universaler Werte zu ziehen. Siehe dazu F. Nietzsche, „Unzeitgemässe Betrachtungen. Zweites Stück: Vom Nutzen und Nachtheil der Historie für das Leben“, 219–230.

6. Weisheit und Gottesfurcht: Die Theologisierung der Moral

Nach einer verbreiteten Überzeugung hat sich das moralische Bewusstsein der Menschen im Schoße der Religion entwickelt und ist daher einerseits von seinen jeweils spezifischen religiösen Ursprüngen geprägt, sodass es so viele verschiedene Moralvorstellungen gibt, wie es Religionen gibt auf der Erde, und andererseits ebenso wie die Religionen selbst durch Säkularisierungsprozesse gefährdet. Mit den Religionen, das ist die Sorge, schwinden auch die moralischen Normen, die die Menschen vor dem Bösen zurückhalten. So dichtete noch Voltaire: „Si Dieu n'existait pas, il faudrait l'inventer", „wenn es Gott nicht gäbe, müsste man ihn erfinden", weil nämlich ohne den Glauben an Gott die Menschen jeden Sinn für Sitte und Anstand verlieren und sich gegenseitig die Köpfe einschlagen würden. Diese Geburt der Moral aus dem Geist der Religion stellt man sich als das Resultat einer allmählichen Ethisierung der Religionen vor, die von blutigen Opfern und sonstigen mehr oder weniger grausamen, schmerzhaften, körperlichen Riten – nach Nietzsche sind ja „alle Religionen auf dem untersten Grunde Systeme von Grausamkeiten"[169] – zu geistigeren Formen des Gottesdienstes aufgestiegen sind. Das Basismodell eines solchen Aufstiegs ist die prophetische Bewegung innerhalb der israelitischen Religion, die diese im Laufe einiger Jahrhunderte durchgreifend ethisiert habe. Als Kernstück dieses Ethisierungsprozesses wiederum gilt die Opferkritik der Propheten, vor allem bei Jesaja, Amos, Micha, mit ihrer These, dass in den Augen Gottes die Gerechtigkeit, das Halten der Gebote, das Bewusstsein der eigenen Schuld und ein reuiges Herz

169 F. Nietzsche, „Zur Genealogie der Moral", 802.

hundertmal wichtiger und wertvoller seien als Hekatomben von Schlachttieren:

> Was soll mir die Menge eurer Schlachtopfer? spricht der Herr. Satt habe ich die Brandopfer von Widdern und das Fett der Mastkälber, und das Blut der Stiere und Lämmer und Böcke mag ich nicht. Wenn ihr kommt, mein Angesicht zu schauen, wer hat das von euch verlangt, daß ihr meine Vorhöfe zertretet? Bringet nicht mehr unnütze Gaben - ein Greuelopfer ist es mir. Neumond und Sabbat, Versammlung berufen - ich mag nicht Frevel und Feiertag. Eure Neumonde und eure Feste haßt meine Seele; sie sind mir zur Last geworden, ich bin's müde, sie zu ertragen. Und wenn ihr eure Hände ausbreitet, verhülle ich meine Augen vor euch; auch wenn ihr noch so viel betet, ich höre es nicht. Eure Hände sind voll Blut; waschet, reiniget euch! Tut hinweg eure bösen Taten, mir aus den Augen! Höret auf, Böses zu tun, lernet Gutes tun! Trachtet nach Recht, weiset in Schranken den Gewalttätigen, helfet der Waise zum Rechte, führet die Sache der Witwe! (Jes 1,11-17)

> Ich hasse, ich verschmähe eure Feste und mag nicht riechen eure Feiern. Denn wenn ihr mir Brandopfer darbringt - an euren Gaben habe ich kein Gefallen, und das Opfer eurer Mastkälber sehe ich nicht an. Hinweg von mir mit dem Lärm deiner Lieder! Das Spiel deiner Harfen mag ich nicht hören! Aber es ströme wie Wasser das Recht, und die Gerechtigkeit wie ein unversieglicher Bach! (Am 5,21-24)

> Womit soll ich vor den Herrn treten, mich beugen vor dem Gott der Höhe? Soll ich vor ihn treten mit Brandopfern, mit einjährigen Kälbern? Hat der Herr Wohlgefal-

> len an vieltausend Widdern, an ungezählten Bächen Öls? Soll ich meinen Erstgeborenen hingeben für meine Sünde, die Frucht meines Leibes als Sühne meiner Seele? Es ist dir gesagt, Mensch, was gut ist und was der Herr von dir fordert: nichts als Recht üben und die Güte lieben und demütig wandeln vor deinem Gott. (Mi 6,6–8)

Auch der 50. Psalm gehört in diesen Zusammenhang:

> Ich mag nicht den Stier aus deinem Hause noch Böcke aus deinen Hürden. Mein ist ja alles Getier des Waldes, das Wild auf meinen Bergen zu Tausenden. Ich kenne alle Vögel des Himmels, und was auf dem Felde sich regt, ist mir kund. Wenn mich hungerte, ich brauchte es dir nicht zu sagen; denn mein ist der Erdkreis und was ihn erfüllt. Sollte ich das Fleisch von Stieren essen und das Blut von Böcken trinken? Bringe Gott Dank als Opfer dar und bezahle so dem Höchsten deine Gelübde. Und rufe mich an am Tage der Not, so will ich dich erretten und du sollst mich preisen. (Ps 50,9–15)

Die Propheten vertreten die Überzeugung, dass ohne Gerechtigkeit der Opferkult wirkungslos bleibt, weil Gott die Opfer nicht annimmt. Zum Begriff der kultischen Reinigung gehört unabdingbar der Begriff der moralischen Rechtfertigung dazu, um den Menschen und sein Opfer vor Gott akzeptabel zu machen. Es handelt sich hier also nicht um eine Ersetzung des Opferkults durch die Gerechtigkeit, sondern um die Verklammerung beider: das eine nicht ohne das andere. Die Forderung nach Ersetzung ist dann ein zweiter, radikalerer Schritt, den sich das Christentum auf seine Fahnen geschrieben hat. Es gibt aber auch Stimmen in der Antike, die gerade dies schon dem Mose zuschreiben. Nach Strabo etwa soll Mose ein ägyptischer Priester gewesen sein, der aus Unzufriedenheit mit der ägyptischen Religion das Land verlassen habe, um mit vielen Gleichgesinnten nach Judäa auszuwandern. Seine Lehre habe in der Erkenntnis bestanden, dass „jenes Eine Wesen Gott sei, welches uns alle und Erde und Meer umfasst, welches wir Himmel und Erde und Natur der Dinge nennen."[170] Diese Gottheit könne kein Bild wiedergeben. „Man müsse vielmehr alles Bildnismachen unterlassen und die Gottheit verehren ohne Bildnis." Auch der Opfer bedürfe es nicht. Worauf es allein ankommt, um Gott wohlgefällig zu sein, sei, „tugendhaft und in Gerechtigkeit zu leben." Dabei denkt Strabo freilich nur an den Dekalog. Seiner Ansicht nach seien die Hebräer später von der reinen Lehre abgefallen und hätten abergläubische Sitten entwickelt wie Speiseverbote, Beschneidung und andere Gesetze.

Das prophetische Misstrauen gegen den Opferkult wird im Christentum noch einmal überboten durch das Misstrauen gegen die „Werkgerechtigkeit", die nicht aus der Liebe kommt, sondern aus dem ökonomischen Prinzip *do ut des*, das noch immer dem Opferkult verhaftet ist. Aus dieser innerisraelitischen Spannung zwischen der prophetischen und der priesterlichen Auffassung von Religion hat sich dann im Laufe der Jahrhunderte eine Vorstellung von Heidentum entwickelt, die davon ausgeht, dass heidnische Religionen per se amoralisch sind. Während sich der bildlose Monotheismus der Propheten das Halten der Gesetze und das Praktizieren der Gerechtigkeit als höchste Stufe von Gottesdienst auf seine Fahnen geschrieben hat, kennen die Götzendiener kein Gesetz und keine Moral.

An dieser grotesken Verunglimpfung der „heidnischen" Religionen ist immerhin soviel richtig, dass ihnen die Vor-

---

170 Strabo, *Geographica* XVI, 2:35; M. Stern, *Greek and Latin Authors on Jews and Judaism I*, 261–351, besonders 294f. (no. 35).

stellung fremd ist, die Einhaltung von Gesetzen und die Ausübung von Gerechtigkeit und Barmherzigkeit würden eine Form kultischen Handelns darstellen, die einen Gott bzw. den Göttern näherbringt oder geradezu einen Umgang mit dem Göttlichen konstituiert, analog zum Opferkult und diesem an Verdienst und Wirkung sogar noch überlegen. Nicht richtig ist allerdings die Vorstellung, die „heidnischen" Gesellschaften hätten keine Moralvorstellungen gekannt; diese hätten sich vielmehr erst im Schoße der monotheistischen Religionen entwickelt. Das ist ein grober Irrtum, wenn nicht geradezu eine bewusste Verunglimpfung; auch die Heiden und Götzendiener, wie z. B. die Babylonier und die alten Ägypter, hatten sehr hochentwickelte Moralvorstellungen; nur waren sie bei ihnen nicht in der Religion untergebracht[171], sondern in anderen, vergleichsweise profanen Bereichen des kulturellen Lebens.

Auch wenn mit dem biblischen Monotheismus Recht und Moral nicht zuallererst in die Welt gekommen sind, so macht deren Verlagerung aus der allgemeinen Kultur in die Religion, und zwar als von Gott selbst gestiftetes, zeitlos geltendes Gottesrecht, einen gewaltigen Unterschied, der das Judentum bis heute aus den Völkern und Kulturen der Welt als das Volk von Moral, Gewissen und Gerechtigkeit hervorhebt. Hierin lag ein zentrales Motiv von Hitlers Judenhass. Nietzsche hatte die biblischen Moralgebote als „Sklavenmoral" bezeichnet, die aus einem Ressentiment gegen die „Herrenmoral" der Starken und Vornehmen geboren sei.

> Die Juden sind es gewesen, die gegen die aristokratische Wertgleichung (gut = vornehm = mächtig = schön =

---

171 Mit Ausnahme der ägyptischen Idee des Totengerichts, siehe dazu o., S. 76–84.

> glücklich = gottgeliebt) mit einer furchteinflößenden Folgerichtigkeit die Umkehrung gewagt und mit den Zähnen des abgründlichsten Hasses (des Hasses der Ohnmacht) festgehalten haben, nämlich, die Elenden sind allein die Guten, die Armen, Ohnmächtigen, Niedrigen sind allein die Guten, die Leidenden, Entbehrenden, Kranken, Häßlichen sind auch die einzig Frommen, die einzig Gottseligen, für sie allein gibt es Seligkeit.[172]

Kein Geringerer als Max Weber hat in seiner Studie über das antike Judentum die Kategorie des Ressentiments mit großer Zustimmung aufgegriffen.[173] Diese Vorstellung der Entstehung unserer Moralvorstellungen beruht auf der im 19. Jh. noch herrschenden Unkenntnis altorientalischer und ägyptischer Weisheitsstexte und stellt eine krasse Fehleinschätzung dar.

Was die früheste Spruchweisheit dem Menschen einhämmert, ist seine Abhängigkeit vom Anderen und von der Gemeinschaft.[174] Die „Goldene Regel" ist in so gut wie allen Religionen und Ethiken der Welt verbreitet. Die Verteufelung der Gewalt ist nicht die Sache einer historisch späten und anthropologisch perversen Umwertung aller natürlichen Werte, sondern der Kernpunkt aller Kultur, d. h. all dessen, was den Menschen überhaupt erst zum Menschen macht, indem es ihm die Lebensbedingungen schafft, auf die er angewiesen ist. Von seiner biologischen Grundausstattung her sind diese Lebensbedingungen in erster Linie Bedingungen des Zusammenlebens. Daher gehören die Werte und Forderungen, die

---

172 F. Nietzsche, „Zur Genealogie der Moral", 779.

173 Siehe hierzu E. Fleischmann, „Max Weber", 263–286.

174 Hierzu ausführlich A. Assmann, *Menschenrechte und Menschenpflichten*, besonders 26–63.

sich aus den Grundlagen des Zusammenlebens ableiten lassen, in jene elementare Schicht der menschlichen Person, auf die sich Nietzsche mit dem Begriff des „Willens" bezieht. Kein Mensch kann (auf lange Sicht) „wollen", was ihn von den anderen absondert, in Konflikt mit der Gemeinschaft bringt, isoliert. Das ist weder „Herrenmoral" noch „Sklavenmoral", sondern ein Grundgesetz der Kultur.

In den frühen Hochkulturen sind uns die moralischen Normen in einer Tradition überliefert, die wir unter der Bezeichnung „Weisheitsliteratur" führen. Das ist keine quellensprachliche Bezeichnung. Der ägyptische Ausdruck für diese Gattung ist *sb3jj.t*, wörtlich „Erziehungslehre".[175] Was diese Texte lehren wollen, ist nicht eigentlich Weisheit, sondern gutes Verhalten, wozu Tischsitten und Benimmregeln ebenso gehören wie erhabene Axiome der Mitmenschlichkeit. Die Sphäre der Gerechtigkeit ist nur relativ, nicht absolut profan. Sie ist relativ profan, weil die Vorschriften z. B. kultischer Reinheit nicht zu den moralischen Normen zählen. Hier gibt es keine Vorschriften, wie etwa das Böcklein nicht in der Milch seiner Mutter zu kochen (Ex 23,19). Der ganze Bereich der Ritualgesetze, *caeremonialia* bei Thomas von Aquin oder *chuqqim* in der rabbinischen Überlieferung,[176] fehlt hier. Reinheitsvorschriften, Tabus usw. hat es natürlich auch in Ägypten in Fülle gegeben, aber sie gehören nicht in die allgemeine moralische Unterweisung. Das war in Israel

175 Vgl. hierzu die schöne Anthologie von H. Brunner, *Altägyptische Weisheit.*

176 T. von Aquin, *Summa Theologica* I–II, 99.4; dt. O. H. Pesch (Hrsg.), *Das Gesetz*, 181f.; A Schenker, „Die Rolle der Religion bei Maimonides und Thomas von Aquin". Zur Dreiteilung der Gesetze vgl. D. Krochmalnik, „Das Zeremoniell als Zeichensprache"; A. Funkenstein, *Theology and the Scientific Imagination from the Middle Ages to the Seventeenth Century*, 240f.; A. Schenker, a. a. O., 172f.

ursprünglich sicher nicht viel anders. In der Bibel stoßen wir auf genau denselben Typus von Lebensregeln, wie ihn die ägyptischen und mesopotamischen Weisheitslehren vertreten. Diese Lebensregeln haben nicht den Status von *miṣwot*, heiligen Verpflichtungen, die Gott selbst uns auferlegt hat, sondern mehr den von Empfehlungen, die auf langer Erfahrung, auf dem Traditionswissen von Generationen basieren. Diese relativ profane Art von Weisheit verbindet sich mit König Salomo als Symbolfigur, so wie das heilige Gottesrecht sich mit Mose als Symbolfigur verbindet. Der Unterschied zwischen Mose und Salomo symbolisiert in Israel die Grenze, die in den altorientalischen Kulturen zwischen der Sphäre des Kultischen und des Weltlichen verläuft. Für das Kultische im engeren Sinne steht freilich Aaron, nicht Mose. Mose aber steht für das Gottesrecht, diejenige Form von Gerechtigkeit, die aus dem Bund mit Gott und damit aus dem Zentrum der Religion kommt, diejenigen Gesetze, deren Befolgung den Menschen mit Gott in Verbindung – im Bund, im Bündnis – halten. Diese Gesetze werden im Deutschen, Englischen, Französischen usw. gern singularisch als „das Gesetz" zusammengefasst, als Entsprechung[177] zu dem hebräischen Wort *torah*, das aber wohl soviel wie „Weisung" heißt, sich auf die gesamten fünf Bücher Mose bezieht und neben dem Gesetz auch die Geschichte umfasst. Diese Ligatur von Gesetz und Geschichte ist aber entscheidend: Auf ihr beruht die Exklusivität des Gesetzes. Dieses Recht ist ebenso heilig wie die Geschichte; es sind die Gesetze des Gottesvolkes,

177 Bei Maimonides entspricht der scholastischen Dreiteilung die Unterscheidung zwischen *mitswot* (*moralia*), *chuqqim* (*caeremonialia*) und *mischpatim* (*iudicialia*), vgl. A. Schenker, a. a. O., und D. Krochmalnik, a. a. O., 5; vgl. G. von Rad, *Weisheit in Israel*; B. Lang, „Klugheit als Ethos und Weisheit als Beruf".

und sie fundieren die Gerechtigkeit des Gottesvolkes, keine allgemeine Ethik. In deutlichem Gegensatz zu dieser Exklusivität des mosaischen Rechts steht die Weltläufigkeit der salomonischen Weisheit. Das Buch der Sprüche enthält alle möglichen Spruchsammlungen, darunter auch eine, die insgesamt aus dem Ägyptischen übersetzt wurde.[178] Das Spruchgut der Weisheit bildete ein Wissen, das im ganzen östlichen Mittelmeerraum verbreitet war. Dem exklusiven und heiligen Charakter des Rechts, für das der Name Mose steht, und das ja auch eine Ethik fundiert, steht der weltläufige und vergleichsweise profane Charakter der Weisheit gegenüber, für die der Name Salomo steht. Auch hier muss man den Begriff des Profanen natürlich einschränken. Zwar ist Chochma (hebr. „Weisheit") keine Göttin wie die altägyptische Ma'at, aber über diesen ganzen Komplex der Weisheit ist wie eine Überschrift der Satz gesetzt: „die Furcht Gottes ist der Weisheit Anfang" (Ps 111,10; vgl. Spr 1 und Spr 9,10; Sir 1,14), und dieser Satz stellt die Weisheit auf ein religiöses Fundament. In der späteren rabbinischen Hermeneutik kommen sich Tora und Chochma denn auch sehr nahe und verschmelzen zuweilen sogar zu ein und derselben Figur. Wir reden hier aber über Ursprünge. Und da dürfte klar sein, dass die Weisheit in Israel einen ebenso weltlichen und kultfernen Ursprung hat wie in Ägypten. Halten wir also als Ergebnis unserer Überlegungen fest: Die Vorstellung, dass die „heidnischen" Religionen keine Moral gekannt hätten, trifft so nicht zu. Nur so viel ist richtig, dass die Moral nicht zur Religion im engeren Sinne gehört, zum Opferkult und seinen Reinheitsregeln. Sie gehört in den Bereich einer weltlichen,

178 D. Römheld, *Wege der Weisheit.* Zum ägyptischen Begriff der Ma'at und seiner fundierenden Bedeutung für die ägyptische Kultur vgl. J. Assmann, *Ma'at.*

oft ständischen oder höfischen Verhaltenslehre. Sie betrifft das Zusammenleben der Menschen und nicht den Umgang mit dem Göttlichen.

In der Weisheit geht es ganz allgemein um ein Wissen, das nach der biblischen Geschichte vom Sündenfall dem Menschen eigentlich vorenthalten bleiben sollte: das Wissen um Gut und Böse. Allerdings ist dieser Gegensatz im Sündenfallmythos wohl, mit Nietzsche zu reden, im „außermoralischen Sinne“ gemeint und bezieht sich, viel umfassender, auf alles, was dem Menschen förderlich und schädlich ist.[179] Mit diesem Wissen ausgestattet braucht der Mensch eigentlich die väterliche Führung Gottes nicht mehr, sondern kann (und muss) sich selbst seinen Weg durch das Dickicht der Normen und Interessen bahnen. Daher ist er *sicut Deus* geworden, urteilsfähig, frei zum Guten wie zum Bösen. Die Weisheit beruht auch hier gerade nicht auf göttlicher Weisung, sondern menschlicher Erfahrung. Diese Freiheit hat Gott nach biblischer Auffassung dann später durch die Gabe seiner Tora wenn nicht eingeschränkt, dann doch orientiert, sodass nun „dem Menschen gesagt ist, was gut ist, und was der Herr von dir fordert“ (Mi 6,8). Dadurch wird die Gottesfurcht der Weisheit vorgeordnet und zum Anfang der Weisheit erklärt. Für Ägypten bestimmt sich das Gute und das Böse ganz immanent und ohne jeden Rekurs auf göttliche Weisung aus dem Gegensatz von Gelingen und Scheitern

179 Gerhard von Rad wollte die Wendung „Gut und Böse“ als totalisierende Allformel deuten. G. von Rad, *Das Alte Testament*, 71f. u. ö. Von „Allwissenheit“ ist hier aber nicht die Rede. Allerdings lässt sich die Formel „Gut und Böse“ auch nicht auf den moralischen Bereich einschränken, vgl. R. Albertz, „Ihr werdet sein wie Gott“; O. H. Steck, *Die Paradieserzählung*; H. J. Stoebe, „Gut und Böse in der Jahwistischen Quelle des Pentateuch“;. E. Otto, „Woher weiß der Mensch um Gut und Böse?“.

bzw. Bestehen und Vergehen. Wie jeder Wert seinen Unwert, so impliziert jedes Gelingen die Möglichkeit des Scheiterns. Was die Lehren vermitteln wollen, ist die Kunst, solches Scheitern zu vermeiden. Der richtige Weg ist der Weg der Schmerzfreiheit und der Beständigkeit.[180]

7. Weltbild

Nach altägyptischer Auffassung ist die Welt *aus Gott entstanden,* nach israelitischer, jüdischer, christlicher und islamischer Auffassung ist sie *von Gott geschaffen.* Der Unterschied ist fundamental. Eine aus Gott entstandene Welt hat an der Göttlichkeit ihres Ursprungs Anteil, einer von Gott geschaffenen Welt kommt selbst keinerlei Göttlichkeit zu. Die Schöpfungsidee zieht eine klare Trennungslinie zwischen Gott und Welt. Die Welt ist Geschöpf und verdient keinerlei Anbetung. Das Bilderverbot, von dem oben schon die Rede war, unterstreicht das Verbot, die Welt anzubeten.

Das Bilderverbot setzt eine verzauberte Welt voraus und betreibt ihre Entzauberung. In einer Welt voller Götter stellen die Bilder eine Beziehung zu ihnen her, vergegenwärtigen sie. Das Bild wird verworfen, nicht etwa, weil es ohnmächtig ist, unfähig, den wahren Gott abzubilden, sondern weil es allzu mächtig ist, weil es immer schon andere Götter repräsentiert, ganz gleich, was es darstellt. Am klarsten bringt diesen Sinn des Bilderverbots vielleicht Arnold Schön-

180 Vgl. H. Brunner, *Altägyptische Erziehung,* 123–126 mit Verweis auf den Papyrus Chester Beatty IV verso, 6.3–9, wo dieser „Weg des Lebens“, den der Weise weisen will, als „der schmerzfreie Weg“ und „Schutzwehr gegen das Krokodil“ bezeichnet wird. Das Krokodil steht emblematisch für die Aggressivität des Stärkeren.

berg zum Ausdruck in einer Notiz zu seiner Oper *Moses und Aron*, in der es zentral um das Bilderverbot geht: „Ein falscher Gott ist in allem enthalten, das uns umgibt, er kann so aussehen wie alles, er entspringt allem, alles entspringt ihm; er ist wie die ganze umgebende Natur und diese ist in ihm, wie in allem enthalten. Dieser Gott ist der Ausdruck einer Naturverehrung und setzt jedes Lebewesen Gott gleich."[181] Etwas abbilden heißt es vergötzen, es zum Objekt anbetenden Begehrens zu machen. Wer sich Bilder macht, das heißt Objekte, die etwas darstellen, der tut das, um sich vor ihnen niederzuwerfen und ihnen zu dienen. Bilder sind Götter, denen man dienen muss. Paulus schreibt den Galatern: „Einst, als ihr Gott noch nicht kanntet, wart ihr Sklaven der Götter, die in Wirklichkeit keine sind" (Gal 4,8). Bilder sind Götter, aber falsche Götter. Wer sich von den Bildern lossagt, wer die Bilder zerstört, befreit sich von den falschen Göttern dieser Welt. Monotheismus bedeutet Weltentzauberung, Aufklärung im strengen Kant'schen Sinne des Ausgangs des Menschen aus seiner selbstverschuldeten Unmündigkeit. Idolatrie ist nichts anderes als selbstverschuldete Unmündigkeit, nämlich Selbstversklavung an die Mächte dieser Welt, eben *avodah zarah*, „fremder Sklavendienst".

Wie weit in der Geschichte Israels diese Schöpfungsvorstellungen zurückgehen, ist ungewiss. Sicher ist aber jedenfalls, dass die kanonische Schöpfungserzählung (in Gen 1,1–2,4) ein Werk der Priesterschrift darstellt und damit in den Zusammenhang der neuen, frühjüdischen Religion gehört. Das zentrale Motiv dieser Schöpfungsvorstellung ist die Schöpfung durch das Wort. Obwohl nach ursprünglicher biblischer Vorstellung Gott die Welt nicht aus dem Nichts erschafft, sondern aus einem formlosen, leeren, lichtlosen Zu-

181 Zitiert nach S. Strecker, *Der Gott Arnold Schönbergs*, 134.

stand (*tohuwabohu*), beginnen alle auf sechs Tage verteilten Schöpfungswerke mit einem performativen Sprechakt Gottes: „Und Gott sprach [...] und es geschah". Schöpfer und Geschöpf stehen in maximaler, kontaktloser Distanz zueinander.

Dabei bleibt es jedoch nicht. In einem zweiten Schöpfungsakt erschafft Gott aus der Masse der aus ägyptischer Sklaverei befreiten Israeliten durch die Bundesstiftung am Sinai das Volk (Ex 19–Num 11). Der letzte Akt dieser zweiten Schöpfung, die Offenbarung des mobilen Tempels mit Kultgerät, Priestertum, Amtstrachten, Festen usw., kurz: die Stiftung der Religion im kultischen Sinne, wird explizit mit der Weltschöpfung in Parallele gesetzt. Sechs Tage musste Mose vor der Wolke auf dem Berg warten, bis er in das Heiligtum hineingerufen wurde. In diesen sechs Tagen, so schlossen die mittelalterlichen Kommentatoren, schuf Gott ein Modell des Zeltheiligtums, so wie er in sechs Tagen die Welt geschaffen hatte. Am siebten Tage wurde Mose gerufen, das Werk zu betrachten.[182] Durch sieben parallele Formulierungen werden Schöpfungsbericht und Baubericht aufeinander bezogen:

182 N. Leibowitz, *Studies in Shemot* II, 471–486, siehe besonders die Aufstellung der Parallelen zwischen Schöpfungsbericht und Mischkan-Bau 479–481. Siehe auch B. Janowski, „Die Einwohnung Gottes", 22 (des Vorabdrucks), und ders., „Tempel und Schöpfung".

Gott machte […]	mach mir […]
denn in sechs Tagen […]	sechs Tage bedeckte die Wolke […]
und ruhte am siebten Tag […]	und am siebten Tag rief er Mose in die Wolke
und Himmel und Erde waren vollendet […]	und alle Arbeit am *miškān* war vollendet
und Gott sah alles was er gemacht hatte	und Mose sah das Werk
und siehe, es war sehr gut	und siehe, sie hatten es geschaffen, wie JHWH es angeordnet hatte
und Gott segnete den siebten Tag	und Mose segnete sie

Mit der Errichtung des Tabernakels, das heißt mit der Stiftung der Religion als einer institutionalisierten Gottesnähe, ist die Schöpfung vollendet.

Besonders entscheidend aber ist das neue Weltverhältnis, das die deuteronomistische Bundestheologie mit der Idee eines geoffenbarten Gottesrechts stiftet. Es ist nämlich durch eine gewisse *konstitutive Weltfremdheit* gekennzeichnet. So heißt es in Ps 119 „Ich bin ein Fremdling auf Erden. Verbirg Deine Gebote nicht vor mir" (*ger anokhi ba'aretz al-taster mimméni miṣwoteýkha*) – wirklich zuhause kann man sich nur in der Tora fühlen, in der von Gott in die Welt hinein gestifteten Rechtssphäre des Bundes und seiner Gebote. Religion und Welt treten auseinander. In diesem Weltverhältnis wird es möglich, dass Treue zur Religion zu Konflikten mit der Welt führen kann. Wo immer dieses Motiv im Alten Testament auftaucht, wird es vom Christentum aufgegriffen und ausgebaut. Hiob, der leidende Gerechte, der für die Sünden des Volks leidende Gottesknecht im zweiten Jesajabuch, die wie Schafe zur Schlachtbank getriebenen Getreuen im 44. Psalm, die drei Männer im Feuerofen des Danielbuchs, die Märtyrerlegenden der Makkabäerbücher und anderes mehr werden zu zentralen Texten auch des Christentums. Die jüdische Idee eines Bundes mit Gott auf der Grundlage geoffenbarter Gesetze lässt sich bereits als eine Art *civitas divina* verstehen, die zwar *in* dieser Welt ist, aber einem außerweltlichen Gesetz und Herrn untersteht. Der Begriff des „Reichs Gottes“ (*malkut Elohim*), der für Jesus und das Christentum zentral ist, begegnet bereits in den nachexilischen Texten des Alten Testaments. Durch den Gottesbund und das Halten seiner Gesetze bildet Israel in der profanen Welt eine Enklave von Heiligkeit und Gottesnähe.

Der Gegensatz zwischen Ägypten und Israel symbolisiert eine Wende des Weltbilds und des Weltverhältnisses: von einem Weltbild, das zwischen Gott und Welt nicht grundsätzlich unterscheidet, zu einem Weltbild, das beide Größen strikt auseinanderhält, und von einem Weltverhältnis der vollkommenen Weltbeheimatung zu einem Weltverhältnis der konstitutiven Weltfremdheit, des inneren Vorbehalts, der sich bis zu Weltflucht steigern kann. Für die Theorie der Achsenzeit handelt es sich hier um eine universelle Veränderung des menschlichen Weltverhältnisses. In Ost und West kommt es um 500 v. Chr. zu Vorstellungen von Wahrheit und Wirklichkeit, die nicht im Gegebenen, Sichtbaren und Messbaren, sondern jenseits davon gründen. Ohne solche größeren Zusammenhänge grundsätzlich bestreiten zu wollen, gilt es sich doch die ganz besonderen historischen Umstände bewusst zu halten, unter denen es im Frühen Judentum zu dieser revolutionären Konzeption gekommen ist: der doppelte Untergang (722 v. Chr. und 587 v. Chr.), die extreme Unterdrückung in der assyrischen Vasallität (im 7. Jh.) und unter der persischen, seleukidischen und römischen Fremdherrschaft.

KAPITEL III

Das Zeitalter des Glaubens

1. „Achsenzeit" und „Heilsgeschichte"

Das Frühe Judentum hat die Fundamente gelegt; ein neues Zeitalter aber, ein „Zeitalter des Glaubens" ist erst mit dem Christentum und der Christianisierung Europas angebrochen. Was ist ein „Zeitalter"? Von einem Zeitalter sprechen wir einerseits als einer retrospektiven Konstruktion vom Standpunkt eines Beobachters, z. B. „Mittelalter", und andererseits als von einer historischen Epoche, die schon von den Zeitgenossen als Anbruch einer neuen Epoche verkündet werden kann, z. B. „Aufklärung". Epochemachende Ereignisse können technische Erfindungen sein, wie z. B. die Erfindung des Ackerbaus und die neolithische Revolution, die Erfindung der Druckerpresse mit beweglichen Lettern und das Druckzeitalter, die Erfindung der Dampfmaschine und das industrielle Zeitalter, oder auch geistige Durchbrüche und Entdeckungen wie das heliozentrische System und die kopernikanische Wende, oder die Wiederentdeckung der Antike und die Renaissance. Beim Zeitalter des Glaubens handelt es sich eindeutig um einen geistigen Durchbruch.

Die Frage nach dem, was ein *Zeitalter* ausmacht, und die große Bedeutung, die materiellen Entwicklungen und geistigen Durchbrüchen dabei zukommen kann, hat mich bei meiner Auseinandersetzung mit Karl Jaspers' Theorie der Achsenzeit beschäftigt, die auf der Beobachtung basiert, dass um das 5. vorchristliche Jh. herum in Ost und West einigermaßen gleichzeitig Denker auftraten wie Konfuzius, Laotse, Buddha, Zarathustra, die biblischen Propheten und die griechischen Philosophen, die mit Metaphysik und Monotheismus einen geistigen Durchbruch bewirkten und die Epoche heraufführten, in der wir noch heute leben.[183] Die These geht nach heutigem Wissen auf Abraham-Hyacinthe Anquetil Duperron zurück, der sie in seiner Übersetzung des Zend-Avesta 1771 veröffentlichte, aber Jaspers hat sie in seinem Buch *Vom Ursprung und Ziel der Geschichte* auf den Begriff der Achsenzeit gebracht und ins allgemeine Bewusstsein gehoben. Seitdem ist sie in aller Munde. Nichts liegt näher, als auch in dem Zeitalter des Glaubens nur *einen* Aspekt der Achsenzeit zu sehen, denn die epochemachende Entdeckung, auf der es beruht, fällt genau in das entscheidende Zeitfenster des 6. und 5. Jh. v. Chr. Allerdings rechnete Jaspers Mose nicht zu den Gründungsfiguren der Achsenzeit, weil dieser in Jaspers' und allgemeiner Vorstellung viel zu früh, zwischen 1500 und 1200, lebte und wirkte und er – wie allgemein üblich – dessen (fiktive) Lebenszeit mit der Entstehungszeit der Texte verwechselte, die von ihm berichten. Auch unterschied Jaspers nicht zwischen der *Entstehungszeit* der großen Texte, die wir noch immer lesen, und andererseits deren breiter, epochemachenden *Durchsetzung*. So dauerte es noch weitere fünf, sechs Jahrhunderte, bis sich die Gründungstexte der frühjü-

---

183 D. Metzler, *Kleine Schriften zur Geschichte und Religion des Altertums und deren Nachleben* und ders., „Achsenzeit als Ereignis und Geschichte"; H. Joas, „The Axial Age Debate as Religious Discourse" sowie ders., *Was ist die Achsenzeit*; J. Assmann, *Achsenzeit*; J. P. Árnason, *Weltliche Autonomie in der Konstitution der Moderne*.

dischen Religion epochemachend auszuwirken begannen und ein neues Zeitalter, das Zeitalter des Glaubens, heraufführten. Aber das gilt praktisch auch für die anderen, mit Konfuzius, Laotse, Buddha, Zarathustra, den jüdischen Propheten und griechischen Philosophen verbundenen Gründungstexte der Achsenzeit, die erst durch die spätere Kanonisierung und Kommentierung ihre epochemachende Wirkung entfalteten. Jaspers' Begriff der Achsenzeit mit ihrem Zeitfenster zwischen 800 und 200 v. Chr. bezieht sich nur auf die *Entstehung* und nicht auf die Verbreitung und *Durchsetzung* der neuen Gedanken, die in Ost und West vielmehr in die Jahrhunderte zwischen 200 vor und 400 nach Christus fällt. In diese Zeit fällt die Entstehung des Christentums als einer jüdischen Bewegung, die die Grundgedanken der neuen Religion – Offenbarung, Verheißung, Bund und Glaube – der Welt geöffnet und alsbald (nach damaligen Begriffen) weltweit durchgesetzt hat.

Jaspers' Begriff der Achsenzeit als Beginn einer Geschichte, die „Ursprung und Ziel“ hat, trägt deutlich die Züge ihrer Herkunft aus dem Geschichtsbild des Frühen Juden- und Christentums. Er erinnert unmittelbar an die Idee der *historia sacra* oder „Heilsgeschichte“ mit ihrem *Ursprung* in der Bundesstiftung am Sinai und ihren eschatologischen Vorstellungen eines *Endes*, zunächst als Vertreibung des auserwählten Volkes aus dem Gelobten Land als Folge des Bundesbruchs und später als ein allgemeines Weltgericht über die Menschheit, deren Sündenmaß voll geworden ist (vgl. o., S. 83; 139). Die christliche Geschichte schöpft ihren Sinn aus einem Ursprung – der Offenbarung – und einem Ziel – der Erlösung – und diese Struktur hält sich (wie etwa Karl Löwith 1949 gezeigt hat) auch durch alle Säkularisierungen durch. „Dass wir aber überhaupt die Geschichte auf Sinn und Unsinn befragen, ist selbst schon geschichtlich bedingt: jüdisches und christliches Denken haben diese maßlose Frage ins Leben gerufen."[184]

In seinem Buch *Biblical Myth and Rabbinic Mythmaking*[185] trifft der Judaist Michael Fishbane eine Unterscheidung, die ich für fundamental halte: zwischen *historia divina* und *historia sacra* (vgl. o., S. 139). *Historia divina* ist die Geschichte von Gott oder Göttern. Dieses Konzept setzt voraus, dass Gott eine Geschichte „hat" – im Gegensatz zur Vorstellung eines kategorisch transzendenten und zeitlosen Gottes, ein Konzept, das in Bezug auf die Bibel sicherlich anachronistisch ist, aber zentral für die spätere christliche, islamische und einen Großteil der jüdischen Theologie. *Historia sacra* dagegen ist die Geschichte Gottes mit einem, „seinem" Volk. *Historia divina* ist die Form, über Götter zu sprechen, die in einer Götterwelt oder einem Pantheon existieren. Die *historia divina* ist die narrative Struktur der Götterwelt. Ihr logisches Gegenstück ist nicht die *historia sacra*, sondern die *historia humana*, zu definieren als die narrative Struktur der menschlichen Welt. Für den monotheistischen Gottesbegriff aber gibt es keine Götterwelt, in der die Mythen spielen könnten. Die einzige Möglichkeit für Gott, eine Geschichte zu „haben", ist die Teilhabe an der menschlichen Welt der Geschichte, die dann durch die göttliche Teilhabe zur *historia sacra* wird.

Im Folgenden werde ich den Schwerpunkt von der Theologie auf die Geschichte verlagern. Unter Geschichte, sei es *historia divina*, *historia sacra* und *historia profana* oder *hu-*

---

184 K. Löwith, *Weltgeschichte und Heilsgeschehen*, 14. Unter dem Titel *Meaning in History The Theological Implications of the Philosophy of History*, war das Buch auf Englisch im gleichen Jahr wie Karl Jaspers' *Vom Ursprung und Ziel der Geschichte* erschienen.
185 M. Fishbane, *Biblical Myth and Rabbinic Mythmaking*.

mana, verstehe ich nicht die Vergangenheit als solche, sondern die erzählerische *Darstellung* der Vergangenheit. Meine These ist, dass so etwas wie die narrative Darstellung der Vergangenheit alles andere als normal und selbstverständlich ist. Sie setzt eine allgemeine kulturelle Option für Veränderung gegenüber Identität und Kontinuität voraus. Die Vergangenheit muss, um zum Gegenstand einer solchen Darstellung zu werden, in sich selbst eine Art von narrativer Struktur besitzen. Es muss etwas zu erzählen geben, um eine Darstellung von irgendeiner Bedeutung und von Interesse zu provozieren. Der Begriff der Narration impliziert Veränderung und Transformation. Die typische Struktur eines Ereignisses ist die Transformation einer Situation $\bar{A}$ in ihr Gegenteil A oder, wie die narratologische Formel lautet, der Weg von „Lack“ zu „Lack liquidated“.[186] Es ist diese Ereignisstruktur, die die Vergangenheit erzählbar macht. Wenden wir dieses Konzept der narrativen Struktur auf die *historia divina* an, so stoßen wir auf eine Fülle von Mythen, die von solchen Ereignissen erzählen, die einen Zustand $\bar{A}$ bzw. „noch nicht A“ in einen Zustand A verwandeln. Die Götter oder Ahnengeister haben alle Veränderungen bewirkt, die die gegenwärtige Wirklichkeit ausmachen.

Die Vergangenheit jedoch, in der diese Handlungen stattfanden, ist von einer ganz bestimmten Art. Es ist eine „absolute Vergangenheit“, die in immer gleichem Abstand zu einer sich fortbewegenden Gegenwart verbleibt. Mircea Eliade charakterisierte dieses Konzept einer mythischen Vergangenheit mit der lateinischen Formel „in illo tempore“. Die mythische Zeit gehört zu einer anderen Zeitlichkeit als die historische Zeit. Ereignisse in der historischen Zeit teilen dieselbe

186 Funktionen 8a und 19 in V. Propp, *Morphology of the Folktale*; vgl. A. Dundes, *The Morphology of North American Indian Tales.*

Zeitlichkeit mit der Gegenwart, was bedeutet, dass der Abstand zwischen dem historischen Ereignis und einem gegebenen Moment in der Gegenwart in Form von Jahren und Monaten gemessen werden kann. Die mythische Zeit hingegen lässt diese Form der Lokalisierung und Distanzierung nicht zu. Sie konstituiert eine eigene Zeitlichkeit. Ihre „Vergänglichkeit“ ist von einer Art, die durch rituelle, dramatische oder rhapsodische Darbietung re-präsentiert oder „vergegenwärtigt“ werden kann. Bei der *historia divina* geht es, um das noch einmal zusammenzufassen, um Ereignisse in der absoluten Vergangenheit, „in illo tempore“, und sowohl bei der *historia sacra* als auch bei der *historia profana* oder *humana* geht es um Ereignisse in der *historischen* Vergangenheit mit einem genauen Datum in der Chronologie. Die Geschichte als erzählende Darstellung der Vergangenheit spiegelt die narrative Struktur der menschlichen Welt (in Bezug auf Ereignisse und Transformationen) in der gleichen Weise wider, wie die erzählende Darstellung der absoluten Vergangenheit oder *historia divina* die narrative Struktur der göttlichen Welt widerspiegelt.

Das Zeitalter des Glaubens, das für Europa mit der Christianisierung anbrach, wird jetzt im Rückblick in seinen Konturen umso greifbarer, als sein Ende im Zuge von Aufklärung, Säkularisierung und Moderne absehbar zu werden beginnt. In der Romantik wuchs eine Art Abschiedsstimmung, in der die Umrisse und die Bedeutung des Verlorenen ins Bewusstsein traten.[187]

Viel klarer noch wird aber das Bild, wenn man, wie es hier versucht wird, *vor* seine Anfänge *zurück*geht. Die Menschheit hat nicht immer im Zeitalter des Glaubens gelebt. Seine Anfänge liegen, wie wir das im Israel-Kapitel ge-

---

187 K. H. Bohrer, *Der Abschied.*

sehen haben, in der prophetischen Bewegung Israels und der Bundestheologie des Frühen Judentums, auch wenn es zum Anbruch eines weltbestimmenden *Zeitalters* erst mit der Christianisierung und Islamisierung der Alten Welt kam. Was wir heute landläufig unter „Religion“ verstehen, bezieht sich auf die damals entstandene Form und Begrifflichkeit einer Beziehung zwischen Gott, Mensch und Welt.

2. Glauben

Wir müssen zwei Begriffe von Glauben unterscheiden, einen allgemeinen, unscharfen, und einen speziellen, engen. Im allgemeinen Sinne verwenden wir „glauben“, wenn es um unhinterfragte Voraussetzungen und ungeprüfte Annahmen geht. Glauben steht dann im Gegensatz zu Wissen. „Ich glaube, dass es morgen regnet wird“, sagt der Bauer und betrachtet prüfend den Himmel. „Ich weiß, dass es morgen regnen wird“, sagt der Meteorologe, und betrachtet seine Daten. Dieser Gegensatz zwischen glauben und wissen gilt aber nur für den weiten Sinn von glauben. Mit Bezug auf den *engen* Sinn von „glauben“ ist diese Gegenüberstellung sinnlos, so viele Bücher über „Glauben und Wissen“ auch geschrieben wurden.[188] „Ich glaube, dass Jesus Gottes Sohn ist“, sagt der gläubige Christ, und kein professioneller Theologe kann ihn korrigieren und sagen „ich *weiß*, dass Jesus Gottes Sohn ist“. Die beiden Sätze besagen dasselbe, glauben und wissen sind in diesem Bezug synonym. Auch der Widerspruch des Atheisten „ich weiß, dass Jesus *nicht* Gottes Sohn ist“ ist sinnlos.

188 G. W. F. Hegel, *Glauben und Wissen*; J. Habermas, *Glauben und Wissen* und ders., *Auch eine Geschichte der Philosophie I*; V. Gerhardt, *Glaube und Wissen*.

„Auch der Unglaube ist ein Glaube", sagt der Schriftsteller Arnold Stadler.[189] „Glauben" bezieht sich hier auf eine Gewissheit, die durch keine professionelle Nachprüfung bestätigt oder widerlegt werden kann, und auf eine Wahrheit, die man nicht erfahren oder erforschen, sondern nur bezeugen kann. Diesen Begriff von Glauben im engeren Sinne gibt es nur im Zeitalter des Glaubens.

„Glaubten die Griechen an ihre Mythen?", fragte der französische Althistoriker Paul Veyne 1987[190] und unterschied dabei viele verschiedene Formen des Glaubens, von denen *keine* den hier gemeinten Glauben im engeren Sinne betrifft. Die alten Griechen lebten vor und außerhalb des Zeitalters des Glaubens und konnten daher gar nicht „an" ihre Mythen (*à leur mythes*) im prägnanten Sinne glauben. Niemand wäre für einen Mythos gestorben, so wie die Juden in den Makkabäerkriegen für ihr Gesetz und die Christen in der Christenverfolgung für ihren Glauben in den Tod gegangen sind.

Der Alten Welt war dieser Begriff von „glauben" fremd und fremd war er auch den meisten Sprachen, in die im Zuge der christlichen Mission die Bibel übersetzt wurde. Zur Entstehung dieses Begriffs kommt es, wie oben gezeigt wurde, erst im 6. Jh. v. Chr., und zwar im Rahmen jener ganz neuen Form von Religion, die sich von allem unabhängig gemacht hat, worauf vordem, in Israel und der übrigen Alten Welt, eine Religion angewiesen war. Den alten und

---

189 J. H. Tück (Hrsg.), „Auch der Unglaube ist nur ein Glaube".

190 P. Veyne, *Les Grecs, ont-ils cru à leurs mythes,* dt. *Glaubten die Griechen an ihre Mythen?* Veyne vertritt darin eine Relativitätstheorie der Wahrheit, die immer nur im Plural als historisch bedingte Konstrukte der Einbildungskraft existiert. Diesen Standpunkt vertrete ich hier nicht und unterscheide nur zwischen Wahrheiten, die man wissen, und solchen, die man bezeugen kann.

heidnischen Religionen gilt die Welt als göttlich, von Gott oder Göttern beseelt. Es geht nicht darum, an diese Mächte zu glauben, sondern mit ihnen kommunizieren, ihnen opfern, sie kultisch anbeten und anflehen zu können. Dafür mussten sie erstens personale und narrative Konturen, Name, Gestalt, Geschlecht und Charakter gewinnen und zweitens eine aus der profanen Welt abgesonderte Sakralsphäre erhalten, in der diese Kommunikation stattfinden kann. Die Einrichtung und Organisation einer solchen Sakralsphäre bildete die Hauptaufgabe der frühen Staaten und Kulturen. Dabei geht es vor allem um dreierlei:

- die begriffliche und bildliche Artikulation der Götterwelt,
- die monumentale Ausgestaltung eines architektonischen Rahmens und
- die Schaffung einer Liturgie, in der die Rollen, Handlungen und Rezitationen des Kults festgelegt sind.

Ohne Staat, Territorium, Tempel, Priesterschaft, Festkalender und Ritualordnung kann eine frühe, „heidnische" Religion nicht leben. Wie im 2. Kapitel gezeigt, wird die epochemachende Entdeckung, auf der das Zeitalter des Glaubens beruht, einer Gruppe verdankt, die ihre Sakralsphäre mit Staat, Tempel, Liturgie, Priesterschaft verloren und es doch mit ganz neuen Mitteln geschafft hat, an ihrem Gott festzuhalten und ihre Religion auf die Grundlage einer ganz anderen, *schriftlich* artikulierten Sakralsphäre zu stellen, in der es nun zentral um die Überbrückung des Abstands zwischen dem Gegebenen, sinnlich Erfahrbaren und dem von einer transzendenten, außerweltlichen Instanz Vorgegebenen und Verheißenen geht.

Dieser Abstand wird von Seiten der Gottheit durch *Offenbarung* und von Seiten der Menschen durch *Glauben* überbrückt. Dieser neue Begriff des Glaubens gehört völlig unablösbar in eine Begriffsfamilie hinein, die sich darstellen lässt als eine Ellipse um zwei Brennpunkte, nämlich Offenbarung und Bund. Zu Offenbarung gehören Berufung, Verheißung und Schrift, zu Bund gehören Gesetz, Treue/Glaube und Zugehörigkeit/Identität.

„Offenbarung" ist kein biblischer Begriff und trifft auch die Sache nicht völlig. Hier wird nichts Zukünftiges enthüllt, kein Schleier von dem verborgenen Weltende abgezogen, wie es das griechische Wort *apokálypsis*, lateinisch *revelatio*, ausdrückt, das wir mit Offenbarung übersetzen. Hier wird vielmehr etwas *gestiftet*, der Bund oder Vertrag, den Gott in einem gewaltigen Eingriff von außen mit den von ihm durch Mose aus der ägyptischen Sklaverei herausgeführten Kindern Israels schließt. Diesem von außen kommenden Stiftungsakt Gottes entspricht von Seiten der Menschen Glaube, hebräisch *emunah*, griechisch *pistis*, was zunächst so viel wie Bündnistreue heißt. Glaube und Bund gehören untrennbar zusammen. Dieser neue Begriff des Glaubens entsteht erst mit dem ebenso neuen Begriff eines Bundes zwischen einem Gott und einer Gruppe, den Juden, den Christen und Muslime übernommen haben. Nichts macht diese Wende so deutlich wie der Bedeutungswandel des lateinischen Wortes *religio*[191].

191 S. o., S. 46f.

3. Gedächtnis

Auf *Gedächtnis* kommt bei dieser revolutionierenden Neuerung alles an, denn diese Stiftung geschieht ein für alle Mal, und die in den Bund und die Heilsgeschichte berufenen Menschen müssen alles tun, um ihre Pflichten und die Verheißung nicht zu vergessen. Dafür werden zwei Medien in die Stiftung einbezogen: Schrift und Liturgie. Gott schreibt die 10 Gebote selbst auf steinerne Tafeln, alles Übrige wird Mose ständig angehalten, in ein Buch zu schreiben. Stiftung und Tora gehören zusammen. Der Zusammenhang zwischen Schrift, Glaube und Gedächtnis wird in den Büchern *Deuteronomium* und *Josua* immer wieder eingeschärft.[192] Aber in den Kapiteln *Exodus* 12 und 13 wird auch die *Liturgie* festgelegt, mit der die Nacht vor dem Auszug jährlich gefeiert werden und die Ereignisse der Rettung aus ägyptischer Sklaverei für immer im Gedächtnis der Juden verankert bleiben sollen. Buch und Liturgie bilden auch im Christentum die Medien, um Bund und Glauben für immer zu befestigen, und der Mythos vom Auszug aus Ägypten spielt als Urszene der Erlösung auch in den christlichen Liturgien der Osternacht eine große Rolle.

Das Christentum, das die neue Religionsform des Glaubens der Welt geöffnet und diese dadurch auf Dauer verwandelt hat, beruht auf der Neustiftung des Bundes oder vielmehr der Stiftung eines *neuen Bundes* und führt einen neuen Begriff des Glaubens ein, der nicht mehr mit Dativ, sondern mit der Präposition „an" konstruiert wird, griechisch *pisteuein eis* oder *epi*, lateinisch *credere in*. Diese Konstruktion ist den klassischen Sprachen unbekannt und

192 J. Assmann, *Das Kulturelle Gedächtnis*, 215–228; J. Schaper, *Media and Monotheism*, 148–159.

eine christliche Neuerung.[193] Jesus glaubt man nicht nur, sondern man glaubt *an* ihn, nämlich dass er der Sohn Gottes ist und die Vollmacht hat, einen neuen Bund zu stiften, der auf anderen Verpflichtungen und anderen Verheißungen beruht. Aber dieser neue Bund steht fest auf dem Boden des alten Bundes und in der Tradition des Judentums.

In den Erzählungen des Abschiedsmahls, das Jesus am abendlichen Anbruch des Tages feiert, an dem er gefangengenommen, verhört, verurteilt, gefoltert, gekreuzigt und begraben werden wird, geht es um die Stiftung des neuen Bundes. Hier finden sich fast alle Elemente der ersten Stiftung wieder. Jesus feiert dieses Mahl ausdrücklich als ein „Passah", griechisch pas-cha, hebräisch Pessach. Das wird in allen vier Evangelien betont. In dessen Verlauf wird mit Brot und Wein der Ritus des „neuen Bundes" – *kainē diathēkē* – gestiftet, den die Jünger und alle von ihnen und ihren Nachfolgern gegründeten Gemeinden zu Jesu Gedächtnis – *eis tēn emēn anamnēsin* – feiern sollen. Diese Stiftung bildet bis heute den Kern des christlichen Gottesdiensts und wird nicht nur einmal zur Passionszeit, sondern *jeden Sonntag* nachvollzogen. *Jemandem* glauben bedeutet, glauben was er *sagt*. *An* jemanden glauben bedeutet, glauben, was er *ist*.

---

193 J. Assmann, *Kult und Kunst*, 96f.; H. de Lubac, *Credo*, 14f.

4. Wahrheit

Im Wahrheitsbegriff liegt der entscheidende Unterschied. Der mythische Wahrheitsbegriff ist tolerant, er lässt auch andere Wahrheiten gelten. Die Sonne mag im Vierspänner über den Himmel fahren, wie die Griechen meinten, oder zu Schiff, wie sich die Ägypter das vorstellten, die sie aber auch darstellten, wie sie mit großen Flügeln über den Himmel fliegt. Darüber wird nie gestritten. Ein Bild ist so gut wie das andere für die Bewegung der Sonne. Nach der Wende aber wird heftig gestritten.[194] Der Wahrheitsbegriff des neuen Zeitalters ist exklusiv und zweiwertig. Tertium non datur. Er gründet entweder auf Offenbarung wie in Israel oder logischer Deduktion wie in Athen. Die Wahrheit wird in Israel zu einer Sache des Glaubens, in Athen zu einer Sache methodisch begründeter Erkenntnis - oder in Asien zu einer Sache individueller Erleuchtung.

Der neue Wahrheitsbegriff war den alten, nun als „heidnisch" ausgegrenzten Religionen unbekannt und stellte daher im Raum des Religiösen eine epochale Neuerung dar. Erst wo es die Vorstellung einer *wahren* Religion, eines *wahren* Gottes und einer *wahren* Form seiner Erkenntnis und Verehrung gibt, entsteht die Möglichkeit einer Unterschei-

---

194 Zum Beispiel über die Frage, ob der Heilige Geist zusammen mit dem Sohn aus dem Vater, oder aus Vater und Sohn gemeinsam hervorging, die berühmte Frage des „filioque", über die sich Ost- und Westkirche bis heute nicht einigen können. *Qui ex Patre Filioque procedit*, „der aus dem Vater und dem Sohn hervorgeht", heißt es vom Heiligen Geist im Credo der Messe. Für die Ostkirche bedeutet das eine Nachordnung des Heiligen Geistes hinter Christus. Daher hat sie den römischen Zusatz „filioque" nicht aufgenommen und lässt den Heiligen Geist gleichrangig mit dem Sohn aus dem Vater hervorgehen (s. u., S. 195f.).

dung zwischen Orthodoxie und Häresie, Rechtgläubigen und Ketzern, Toleranz und Intoleranz. Die alten Religionen waren nicht „tolerant", weil sie das Problem nicht kannten, für das Toleranz die Lösung darstellt. Was die Einführung dieses exklusiven Wahrheitsbegriffs und der mit ihm verbundenen Unterscheidungen für das Verhältnis von Religion und Kultur bedeutet, liegt auf der Hand. Von jetzt an muss sich jede Kultur vor dem Richterstuhl der Orthodoxie (in Form kirchlicher Zensur) verantworten.

Das Christentum basiert auf dem Glauben, dass Jesus von Nazareth der Messias und Sohn Gottes ist. Das Judentum beruht auf dem Glauben, dass JHWH mit Israel im Bunde steht. In beiden Fällen *geht es um den Glauben an eine Wahrheit, die nicht von dieser Welt ist*, die nicht erforscht, erkannt und normal gewusst, sondern nur bezeugt werden kann.[195]

Die Juden werden in die Zeugenschaft der Einzigkeit Gottes berufen. So heißt es bei (Deutero-)Jesaja:

> Ihr seid meine Zeugen (*atäm ᶜedai*, γένεσθέ μοι μάρτυρες)
> spricht der Herr,
> und (ihr seid) mein Knecht, den ich erwählt habe,
> damit ihr wisst und glaubt und erkennt,
> dass ich es bin. Vor mir war kein Gott
> und so wird auch kein anderer nach mir sein. (Jes 43,10)

Bei Jesus geht es um das Reich Gottes, das nicht von dieser Welt ist. „Bist du der König der Juden?", fragt im Johannes-Evangelium Pilatus Jesus (Joh 18,33–38). Der antwortet: „Mein Reich ist nicht von dieser Welt. Ich bin dazu geboren und dazu in die Welt gekommen, daß ich *für die Wahrheit Zeugnis* gebe." An Jesus glauben heißt, sich dem Reich Got-

195 Vgl. J. Assmann, *Kult und Kunst*, 72–76.

tes anzuschließen, das mit ihm Gegenwart wird. „Wer aus der Wahrheit ist, hört meine Stimme". Pilatus, der nur Wahrheiten kennt, die man sehen, erkennen, erforschen kann, merkt, dass hier von einer ganz anderen Art von Wahrheit die Rede ist und fragt: „Was ist Wahrheit?" Glaube bezieht sich auf Wahrheit, die nicht von dieser Welt ist. Sie ist den Menschen durch Offenbarung und Propheten vermittelt und wird von ihnen in heiligen Schriften kodifiziert und in Liturgien begangen, um sie über die Generationen festzuhalten und nicht aus den Augen zu verlieren.

Mit der Ausbreitung des Christentums beginnt das Zeitalter des Glaubens, der den Hiat zwischen „dieser Welt" und dem Nicht-Hier und Nicht-Jetzt überwindet und für uns den Inbegriff von Religion darstellt, den wir auch überall dort voraussetzen, wo es diesen Hiat noch nicht gab. Ganz selbstverständlich erscheinen uns Buchtitel wie *Der Glaube der Hellenen* (Wilamowitz) oder *Altägyptischer Götterglaube* (Hermann Kees). Glaubten die Griechen an Zeus, die Ägypter an den Sonnengott, so wie die Christen an Christus glauben? Nein: Zeus hatte mit den Griechen, Re mit den Ägyptern keinen Bund geschlossen, ihnen keine Verheißungen gemacht und keine Gebote auferlegt. Die Menschen *glaubten* nicht an ihre Götter, sie wirkten ja in der Welt und standen in Gestalt ihrer Bilder vor Augen, sondern sie *dienten* ihnen mit aufwendigen Opferkulten. Die Herrschaft, die diese Götter ausübten, Zeus in Olympia, Athene in Athen, Assur in Ninive, Amun in Theben, Jupiter in Rom, war durchaus von dieser Welt. Der Begriff des Glaubens, wie ihn die Juden entwickelten und die Christen verschärften und verbreiteten, war etwas völlig Neues, Epochemachendes. Er setzt einiges voraus, was vorher nicht oder allenfalls in Ansätzen vorhanden war:

- die Unterscheidung zwischen „dieser" und einer anderen Welt
- die Idee der *Stiftung* eines Bundes, den Gott aus der anderen Welt heraus mit einer Gruppe in dieser Welt schließt und der verbunden ist:
  - mit Verheißungen, die den Menschen des Bundes zuteilwerden, und
  - mit Geboten und Lebensregeln, die erfüllt werden müssen, um im Bund zu bleiben und der Verheißungen teilhaftig zu werden.

Der Glaube ist nötig, um den Abstand zwischen dieser und der anderen Welt zu überwinden und dem Bund treu zu bleiben. Im Hebräischen ist Glaube und Treue dasselbe, *emunah* bedeutet beides. Im Christentum hat sich der Begriff des Glaubens verschärft, was durch die neuen Konstruktionen mit *eis, epi, in, an* ausgedrückt wird, aber auch hier bleiben die Begriffe Bund und Treue lebendig.[196]

Religion im Zeitalter des Glaubens setzt die Emanzipation vom Staat voraus. Das war die große Errungenschaft des Frühen Judentums. Die neue Religion hat alles das, wofür vordem der Staat zuständig war: die Organisation einer Sakralsphäre mit Tempel, Kult, Priestertum, in die schriftliche, als Gottes Wort verstandene Kodifikation der Stiftung hineingenommen und kann theoretisch auf der Basis ihrer heiligen Schriften auch ohne Staat auskommen. Darauf bezog sich Heine mit seiner Formel von der Tora als „portativem Vaterland".[197] Niemand hat das Grund-Prinzip dieser Religionsform im Zeitalter des Glaubens prägnanter auf den Punkt gebracht als Martin Luther mit seiner Formel *sola scriptura, sola*

196 J. Assmann, *Exodus*, 11f.,111–15, 279f. u. ö.

197 Heine, „Geständnisse", 316; F. Crüsemann, „Das ‚portative Vaterland'"; J. Assmann, *Exodus*, 223–235.

fide „allein durch die Schrift, allein durch den Glauben".[198] *Scriptura* und *fides* bilden den Kern dieser Religion, eine wie übermächtige und üppige Sakralsphäre auch immer sich im Laufe der Jahrhunderte um diesen Kern herum entwickelt haben mag. Martin Luther und die anderen Reformatoren haben ihn wieder freigelegt. Die Emanzipation der Religion vom Staat und damit die Sprengung der ägyptischen Einheit von Herrschaft und Heil lässt naturgemäß einen entscheidend geschwächten Staat zurück, so wie er in Dtn 17 festgelegt wird (o., S. 122f.). Darin mag einer der Gründe liegen für Carl Schmitts ausgeprägten Antisemitismus. Die protestantischen Bewegungen, in denen der Geist des Deuteronomismus wieder auflebte, haben mit ihrem Aufruf zu zivilem Ungehorsam gegen Staaten, die vom Evangelium abweichen, die Allmacht des Staates eingeschränkt. Die ihres Heils-Aspekts entkleideten und in diesem Sinne entzauberten Staaten können ihre Macht nur sichern, wenn sie die verlorene *Einheit* durch eine starke *Allianz* mit der emanzipierten Religion ersetzen.

Die neuen Glaubensreligionen können missionieren, zu ihnen kann man aus anderen Traditionen konvertieren – all das war vor dem Zeitalter des Glaubens undenkbar. Sie vermitteln neue Formen von Zugehörigkeit und Identität, denn die Ideen von Stiftung und Bund, auf denen sie beruhen, gelten immer einem Volk, einer Gemeinde, einer Großgruppe. Wie neu und revolutionär das alles ist, erkennt man weniger, wenn man von heute auf die Anfänge zurückblickt, sondern

---

198 Auch wenn diese Formel bei ihm in einem ganz anderen Zusammenhang steht und als Drittes die „Gnade", *gratia*, einschließt, passt sie so hervorragend auf diese neue, auf Schrift und Glauben beruhende Religionsform, dass es mir vielleicht verziehen wird, wenn ich sie als Signatur der Religion im Zeitalter des Glaubens in Anspruch nehme.

eher, wenn man von einer Kultur und Religion *vor* dem Zeitalter des Glaubens, z. B. dem Alten Ägypten, aus auf die Anfänge vorausblickt. In dieser Perspektive zeigt sich, *wie* und aus *welchen besonderen historischen Umständen heraus* sich im Frühen Judentum des Exils und des Zweiten Tempels die neue Religionsform entwickelt und *wann* sie in Gestalt des Christentums sich des Römischen Reichs bemächtigt und ein neues Zeitalter heraufgeführt hat. Gerade das Alte Ägypten als Standpunkt dieser Perspektive zu wählen ist nicht zufällig und willkürlich, sondern hat seine Berechtigung darin, dass die neue Religion ihren gründenden Stiftungsakt als Auszug aus Ägypten darstellt.

KAPITEL IV

Europa

1. Abendländischer Dualismus

Vom monistischen Kosmotheismus zum dualistischen Monotheismus. Geschichte der Grenze

Das Gründungsnarrativ des Frühen Judentums zieht eine Grenze zwischen sich und den „Völkern". Im Alten Testament hat aber die Unterscheidung zwischen Israel und den Völkern, aus deren Kreis sich JHWH Israel erwählt hat, keine polemischen Implikationen. Der Plural des hebräischen Worts *goy*, „Volk", *goyîm*, heißt zugleich „Heiden". Aber die *goyîm* sind nicht „Ungläubige", sondern „Andersgläubige", und dass sie an anderes glauben, ist völlig in Ordnung, da sie ja nicht in den Bund berufen sind.[199] Die Grenze zwischen Israel und den Völkern wird in einem gemeinsamen Raum gezogen, der Gottes Aufsicht und Fürsorge untersteht. Auch für Vertrauen und Verständigung mit den „Völkern" gibt es bei aller selbstausgrenzenden Wirkung des Gesetzes daher eine gewisse Grundlage. So findet sich z. B. in der Bi-

199 Eine Ausnahme gibt es allerdings bei der grundsätzlich unproblematischen Beziehung zwischen Israel und den Völkern: die Kanaaniter, d. h. die Urbevölkerung des Gelobten Landes, das Israel nach dem Auszug aus Ägypten in Besitz nehmen soll. Von diesen Völkern, hinter denen sich offenbar nichts anderes verbirgt als die noch nicht zur neuen Religion des Bundes konvertierten Hebräer, sehe ich hier erst einmal ab.

bel die Unterscheidung zweier Begriffe von Gottesfurcht. Der eine lautet *yir'at JHWH*, „die Furcht des Herrn". Das ist die Gottesfurcht, von der es in Ps 111,10 und Spr 9,10 heißt, dass sie der Weisheit Anfang sei: *Timor Domini principium sapientiae* – wie es über den Eingängen zahlloser Gymnasien steht. Das bezieht sich auf die bundesinterne, offenbarungsbasierte Form von Moral, die durch das Gesetz vorgeschrieben ist. Der andere Begriff von Gottesfurcht lautet *yir'at Elohîm, timor Dei*, und dieser Begriff wird auch auf Nicht-Israeliten angewendet. So heißt es von den ägyptischen Hebammen der Hebräer, dass sie sich dem Befehl des Pharaos, alle männlichen Babys in den Nil zu werfen, widersetzten, weil sie Gott fürchteten,[200] und von den Amalekitern, die die ägyptische Nachhut beim Marsch durch die Wüste überfielen, umgekehrt, dass sie keine „Gottesfurcht" hatten (Dtn 25,17f.), die sie aber – das ist hier impliziert – haben müssten, weil *yir'at Elohim* für alle Menschen gilt. Deshalb war ihr Handeln so überaus verwerflich. Als Abraham beim König von Gerar weilt, einem Kanaanäer, gibt er Sarah als seine Schwester aus, weil er fälschlich annimmt, dass es in diesem Lande keine „Gottesfurcht" gibt und er daher um seiner Frau willen umgebracht werden könnte (Gen 20,11). Abraham setzte bei Ausländern keine Gottesfurcht voraus und wird Lügen gestraft.

Das andere Konzept einer Vertrauensgrundlage außerhalb des Bundes ist der universale Bund, den Gott mit Noah schließt, dem Überlebenden der Sintflut und daher dem Repräsentanten der gesamten Menschheit. Darin verpflichtet sich Gott, nie wieder das Leben auf der Erde durch eine Flut zu vernichten, und er verpflichtet die Menschen auf zwei Gebote:

200 Ex 2,15–22, siehe J. Assmann, *Exodus*, 139f.

> Allein esset das Fleisch nicht mit seinem Blut, in dem sein Leben ist!
> Auch will ich euer eigen Blut, das ist das Leben eines jeden unter euch, rächen und will es von allen Tieren fordern und will des Menschen Leben fordern von einem jeden Menschen. Wer Menschenblut vergießt, dessen Blut soll auch durch Menschen vergossen werden; denn Gott hat den Menschen zu seinem Bilde gemacht. (Gen 9,4–6)[201]

In der Begründung des Tötungsverbots klingt das Motiv der universalen Menschenwürde an: Gott hat den Menschen sich zum Bilde geschaffen, und als ein Bild Gottes ist der Mensch heilig und unantastbar. Es kommt also darauf an, im anderen Menschen das Bild Gottes zu erkennen und zu achten. In dieser Form ist das noachidische Gebot auch heute noch die beste Grundlage eines Weltethos. Der Sinn des Noah-Bundes ist die kategorische Verwerfung der Gewalt, sowohl auf Seiten Gottes als auch der Menschen, aller Menschen. Für die Bibel gibt es also durchaus Moral außerhalb der eigenen Religion.

Auch die alten, „heidnischen" Religionen zogen eine Grenze zwischen sich und den anderen, aber diese Grenze war überschreitbar, denn die Gottheiten der anderen galten als mit den eigenen korrelierbar, ja geradezu übersetzbar und identifizierbar. Dass die Anderen eine andere Religion besaßen und andere Götter verehrten, bildete kein Element der Abgrenzung, sondern ganz im Gegenteil der Verständigung. Nur auf dieser Grundlage konnte man ihnen vertrauen

---

201 Die frühjüdische Exegese baut diese zwei Gebote auf sechs oder sieben aus und entwickelt daraus die Konzeption eines universalen Naturrechts, siehe z. B. S. Riecker, „Altes Testament und allgemeingültige Ethik".

und mit ihnen Verträge schließen. Dieses Vertrauen klingt auch in dem allgemeinen Begriff der „Gottesfurcht" (*jr'at Elohim*) an. Der ursprünglichen, „heidnischen" allgemeinen Übersetzbarkeit der Götter lag jedoch ein ganz anderes Prinzip zugrunde: die kosmische Immanenz der verschiedenen Gottheiten. Sie alle wirkten in der Welt, die allen gemeinsam war. Der entscheidende Punkt der neuen Religion war die Aufkündigung dieser Kontinuität von Gott und Welt. Der außerweltliche Gott hat keinen gemeinsamen Nenner mit den inner- und überweltlichen Göttern der anderen.[202]

Im Christentum und Islam aber bekommt die Unterscheidung zwischen innen und außen, Mitgliedern und Nichtmitgliedern des Bundes eine andere Bedeutung, da diese Religionen ja allen Menschen die Chance der Mitgliedschaft eröffnen und daher keine Andersgläubigkeit anerkennen. Jetzt werden die Andersgläubigen zu Ungläubigen, die es für den Bund zu gewinnen, oder im Grenzfall auch zu vertreiben oder zu vernichten gilt. Jetzt erst nimmt die Grenze, die der Bund mit Gott zieht, einen anderen, unter Umständen polemischen, intoleranten, aggressiven Charakter an, wie er in dem Wort „Heiden" mitschwingt.

Die Grenze, die das Frühe Judentum zwischen sich und den anderen zieht, hat den Charakter der Selbstausgrenzung im Zeichen der „Heiligung" durch strikte Befolgung des Gesetzes und die dadurch ermöglichte „Wohngemeinschaft" mit Gott im Gelobten Land. Auf keinen Fall hat sie den Charakter einer Unterscheidung zwischen Freund und Feind.[203]

---

202 Das Prinzip der Übersetzbarkeit und ihrer kosmischen Basis habe ich in *Moses der Ägypter*, 73–82, als das Besondere der „heidnischen" Religionen dargestellt.

203 Die Unterscheidung, die JHWH im ersten bzw. ersten und zweiten Gebot trifft, zwischen „denen, die mich hassen" und denen, „die

Die Grenze schafft innerhalb der säkularen Welt einen Raum der Gottesnähe auf der Basis der Tora, die es mit ihren Geboten den Juden ermöglicht, im Bund mit Gott zu leben. Darin möchte ich den jüdischen Ursprung einer Zwei-Welten-Theorie erblicken, die Jesus dann mit seiner Lehre vom Gottesreich (*basileia theou*), das mit ihm schon angebrochen sei, radikalisiert. Damit verbindet sich die Forderung der Auswanderung aus „dieser Welt" durch Befolgung nicht der Gebote, sondern seines Beispiels. Das von Jesus verkündete Gottesreich ist „nicht von dieser Welt", und wer ihm folgt, wendet sich von dieser Welt ab. Augustinus hat dieses dualistische Prinzip auf die Formel der *civitas divina* und *civitas terrena* gebracht.

Eine ganz andere Grenze zieht der persische Dualismus, der ohne Zweifel nicht ohne Einfluss auf den exklusiven biblischen Monotheismus geblieben ist. Wir dürfen nicht vergessen, dass die persischen Könige, die Israel aus Babylon befreiten, es ihrem eigenen Großreich als Provinz einverleibten und bis zum Untergang des Perserreichs durch Alexander regierten, Anhänger des Zoroastrismus waren. Der Zoroastrismus deutet die Welt als Schauplatz des Kampfes zwischen Ohrmazd und Ahriman, den Mächten des Lichts und den Dämonen der Finsternis, dem Prinzip des Guten und dem Prinzip des Bösen. Nachdem Ohrmazd die Menschen geschaffen hat, sind sie zu Ahriman abgefallen. Zarathustra wurde dazu berufen, sie zur Verehrung des Ohrmazd zurückzuführen. Ihm offenbarte Ohrmazd die Gesetze der wahren und guten Religion. Die avestischen Schriften, in denen diese Offenbarungen niedergelegt sind, sind voll schärfster

---

mich lieben und meine Gebote halten" bezieht sich nur auf die Mitglieder des Bundes, denen diese Gebote gegeben wurden, und nicht auf die „Völker".

Polemik gegen die Anhänger des Ahriman, des Bösen und Falschen. Eine andere im Persien der Spätantike entstandene Religion, die einen radikalen Dualismus vertrat und sich schnell weltweit verbreitete, ist der Manichaeismus, dem Augustinus vor seiner Bekehrung zum Christentum angehört hatte. Dieser ursprünglich altiranische Dualismus zieht in die Unterscheidung zwischen innen und außen, geistlich und weltlich, die Bedeutung von Gut und Böse ein.

Wirklich brisant wird diese Unterscheidung zwischen Mitgliedern und Anderen, Gläubigen und Ungläubigen, im Horizont der Vorstellungen von Weltende und Weltgericht.[204] In den christlichen Darstellungen des Weltgerichts, allen voran Michelangelos Wandgemälde in der Sixtinischen Kapelle, sieht man Jesus als Weltenrichter diese Unterscheidung verkörpern, indem er die Guten zur Rechten ins Paradies einlädt und die Bösen zur Linken in die Hölle schickt. Beim Weltgericht am jüngsten Tag spricht und vollstreckt Gott das Urteil, aber schon vorher, im Gang der irdischen Geschichte, kommt es darauf an, sich auf die Seite des Guten, des Lichts und des Glaubens zu stellen und für Gott gegen die Vertreter des Bösen, der Finsternis und des Unglaubens vorzugehen. In den zoroastrischen Schriften ist die Vorstellung vom Endkampf zwischen Ohrmazd und Ahriman zentral, im Koran begegnet man dem Motiv des Weltgerichts und der Abrechnung mit den Gottesfeinden in fast jeder Sure, im Neuen Testament ist es prominent vertreten in Mt 25 und der *Offenbarung Johannis*, die jüdische zwischentestamentliche und auch die apokryphe christliche Literatur ist voll von apokalyptischen Schriften. Die Unterscheidung, die mit dem Zeitalter des Glaubens in die Welt kam, erfuhr im Hellenismus und in der Spätantike durch

204 Siehe meinen Aufsatz „Gotteszorn und Apokalypse".

die Vorstellungen von Weltende und Weltgericht eine enorme Verschärfung, die uns noch heute in zunehmendem Maße zu schaffen macht, und die Zukunft nicht nur der Religion wird davon abhängen, in welchem Maße es gelingt, das apokalyptische Denken, das alle fundamentalistischen Bewegungen befeuert, einzudämmen.

Roms heilsgeschichtliche Mission

Vielleicht die intensivste Verbindung zwischen Europa und dem Alten Orient bestand in der Lehre von den vier Weltreichen und der *translatio imperii*. Diese Lehre ist dem Abendland durch das Buch *Daniel* vermittelt worden. Zweimal ist darin von einer Abfolge von vier Weltreichen die Rede. Nebukadnezar träumt seinen Traum von dem Koloss aus vier Metallen - Gold, Silber, Bronze, Eisen -, den ihm Daniel auf die Abfolge von vier Weltreichen deutet, von denen das letzte das schlimmste ist, auf dessen Untergang dann ein ewiges Friedensreich folgt (Dan 2), und Daniel selbst träumt von vier Tieren, die sich auf dieselben Reiche beziehen und von denen wieder das letzte das schlimmste ist (Dan 7). Das Buch Daniel stellt die Lehre von den vier Weltreichen in das Licht einer Apokalypse. In der Abfolge der sich immer weiter verschlechternden Reiche erfüllt sich die der Welt gegebene Zeit, am Ende erscheint auf den Wolken des Himmels der „Menschensohn", und „seine Macht ist ewig und vergeht nicht und seine Macht hat kein Ende" (Dan 7,13-14). Am Ende der vier Weltreiche endet die Geschichte und es beginnt das messianische Reich, das kein Ende mehr kennt. Das Danielbuch entstand in der Zeit der Makkabäerkriege um 165 v. Chr.; ihm galt das Seleukidenreich als das letzte und schlimmste und ihm gingen die Reiche der Assyrer, Babylonier und Perser voraus.

Das christliche Europa hat die Lehre der vier Weltreiche – und damit den Gedanken der Abkünftigkeit seiner politischen Ordnung aus dem Orient, von den Assyrern, Babyloniern, Persern und Makedonen – übernommen, aber die Perspektive maßgeblich verändert. Das letzte Reich vor dem Weltende mit Weltgericht und ewigem Frieden wurde nun als das Römische Reich gedeutet und diese Deutung beherrschte das abendländische Geschichtsdenken bis in die Neuzeit. Das Römische Reich erscheint nun in dieser Deutung nicht mehr als das schlimmste der vier Weltreiche vor dem Weltgericht und der Errichtung des ewigen Gottesreichs, sondern als die Macht, die das Ende der Zeiten verzögert oder zurückhält. Daher kann Tertullian sagen, dass „wir für das Bleiben der Welt beten (*pro statu saeculi*), für den Frieden der Dinge und für die Verzögerung des Endes (*pro mora finis*)“.[205] Im Hinblick auf diese Lehre versuchte das Abendland mithilfe der Konstruktion des „Heiligen Römischen Reiches deutscher Nation“ das Römische Reich so lang wie irgend möglich am Leben zu erhalten. Für Augustinus verkörperte das Römische Reich noch die *civitas terrena*, der die Kirche als *civitas divina* gegenüberstand. Im mittelalterlichen Begriff des „Heiligen Römischen Reiches“ wird das Reich zur *civitas divina* innerhalb der Außenwelt als *civitas terrena*.[206]

Im 2. Brief an die Thessalonicher spricht Paulus von „dem, was“ bzw. „der zurückhält“, und zwar den Widersa-

205 Tertullian, *Apologeticum* XXXIX,2.

206 A. Assmann, *Zeit und Tradition*, 111f. Die zwei *civitates* sind die augustinischen *civitates divina* und *civitates terrena*. Im Gegensatz zu Augustin realisiert das christliche Rom für Otto von Freising, Bischof und Onkel Kaiser Barbarossas, die *civitas divina*. Seine *Chronica sive Historia de duabus civitatibus* entstand 1143–1146.

cher, „der sich überhebt über alles, was Gott heißt oder ein Gegenstand der Verehrung ist, sodass er sich in den Tempel Gottes setzt und sich ausweist, dass er Gott sei" und der dem Weltende unmittelbar vorausgeht:

> Und jetzt wißt ihr, was zurückhält (to katéchon), damit er (der „Mann der Gesetzlosigkeit", der Antichrist) zu seiner Zeit geoffenbart wird.
> Denn schon ist das Geheimnis der Gesetzlosigkeit wirksam; nur (offenbart es sich nicht), bis der, welcher jetzt zurückhält (ho katéchōn), aus dem Weg ist. (2 Thess 2,6–7)[207]

Diese Tradition gipfelt in der Theorie von Carl Schmitt, nach der 2 Thess 2 die einzig mögliche Grundlage für eine christliche Doktrin der Staatsmacht darstellt:

> Diesem christlichen Reich ist es wesentlich, daß es kein ewiges Reich ist, sondern sein eigenes Ende und das Ende des gegenwärtigen Äon im Auge behält und trotzdem einer geschichtlichen Macht fähig ist. Der entscheidende geschichtsmächtige Begriff seiner Kontinuität ist der des Aufhalters, des Kat-echon. „Reich" bedeutet hier die geschichtliche Macht, die das Erscheinen des Antichrist und das Ende des gegenwärtigen Äon aufzuhalten vermag, eine Kraft, qui tenet, gemäß den Worten des Apostels Paulus im 2. Thessalonicherbrief, Kapitel 2. [...] Ich glaube nicht, daß für einen ursprünglich christlichen Glauben ein anderes Geschichtsbild als das des Katechon überhaupt möglich ist. Der Glaube, daß ein Aufhalter das Ende der Welt zurückhält, schlägt die einzige

---

207 K. Koch, *Europa, Rom und der Kaiser vor dem Hintergrund von zwei Jahrtausenden*, 57–59. Die paulinischen Briefe an die Thessalonicher gelten als die frühesten Texte des Neuen Testaments.

> Brücke, die von der eschatologischen Lähmung alles menschlichen Geschehens zu einer so großartigen Geschichtsmächtigkeit wie der des christlichen Kaisertums der germanischen Könige führt.[208]

Schmitt stand ganz auf der Seite dieses Katechon, so wie er ihn verstand.[209] Für ihn war es die Aufgabe nicht nur des Römischen, sondern jeden Reichs, das Ende der Welt zurückzuhalten. Das galt für ihn wohl auch für das „Dritte Reich", das unbestreitbar schlimmste Reich, das die Welt bis dahin gesehen hatte.

Zwei Welten – zwei Reiche – „zwei Schwerter"; dual sovereignty

Das Christentum entsteht als eine jüdische Bewegung in einer Zeit, die das Weltende unmittelbar bevorstehend glaubte. Getragen von einem Willen zum Jetzt sah sie in Jesus den Messias. Der aber lehrte, dass die neue Welt, das Gottesreich, mit ihm schon gekommen ist und nicht *anstelle*, sondern *neben* dem weltlichen Reich gedacht werden muss. So kommt es zu der christlichen Zwei-Welten-Lehre, die Augustinus auf die Formel von der *civitas divina* und *civitas terrena* gebracht hat. Man soll diese Welt bestehen lassen, aber in die andere Welt auswandern. *Incipit exire qui incipit amare*: Der fängt an auszuwandern, der anfängt zu lieben. *Exeuntum pedes sunt affectus cordis*: Die Füße der Auswandernden sind die Empfindungen des Herzens.[210] Man soll sich in die-

---

208 C. Schmitt, *Der Nomos der Erde im Völkerrecht des Jus Publicum Europaeum*, 29.
209 Vgl. hierzu mit weiteren Literaturhinweisen R. Gross, *Carl Schmitt und die Juden*, 284–309.
210 Augustinus, *Enarrationes in Psalmos*, zu Ps 64(65).

ser Welt nicht zuhause fühlen. Auch vielen antiken philosophischen Schulen ging es darum, den Menschen dieser Welt zu entfremden zugunsten einer metaphysischen Beheimatung. Von ähnlichen geistigen Auswanderungsbewegungen war die ganze Welt der Spätantike erfasst: Gnosis, Manichaeismus, die christlichen Wüstenväter in Ägypten. Hugo von Sankt Victor bringt das christliche Lebensgefühl auf den Punkt: „wahrhaft vollkommen ist der Mensch, dem die ganze Welt ein Exil ist."[211]

Dieser Dualismus wird weltbestimmend und weltverändernd in dem Maße, wie er politisch zum Tragen kommt, wie es mit dem Aufstieg des Christentums zur Staatsreligion des Römischen Reiches geschieht. Das lässt sich im Rahmen dieses Abschnitts nur in karikaturhafter Verkürzung andeuten. Wie kann eine im Grunde weltablehnende Religion wie das Christentum staatstragend werden? Dieses Problem wird in Rom im Sinne einer Gewaltenteilung gelöst, die Papst Gelasius I. im 5. Jh. in das Bild seiner Zwei-Schwerter-Theorie gebracht hat. Der Papst führt das geistliche, der Kaiser das weltliche Schwert, aber wie das eine *von* der Kirche, so wird das andere *für* die Kirche geführt. Damit wird der Kaiser dem Papst untergeordnet, was zu den zahlreichen Spannungen geführt hat, von denen die mittelalterliche Geschichte geprägt ist. Für dieses Problem einer christlichen „politischen Theologie" gibt es theoretisch drei Lösungen:

---

211 „Delicatus ille est adhuc cui patria dulcis est; fortis autem iam, cui omne solum patria est; perfectus vero, cui mundus totus exilium est". Hugo von St. Viktor (ca. 1097–1141), *Didascalicon de studio legendi* (1125), 3. Buch, Kap. 20: „Von zartem Gemüt ist, wer seine Heimat süß findet, stark dagegen jener, dem jeder Boden Heimat ist, doch nur der ist vollkommen, dem die ganze Welt ein Exil ist."

- *Dualismus*: die kategorische Unterscheidung und institutionelle Trennung von religiöser und politischer Ordnung und Führerschaft; zum Beispiel der Dualismus von Staat und Kirche im Abendland[212], oder der Dualismus von Kshatriya und Brahmanen im klassischen Indien.[213]
- *Theokratie*: die Unterordnung bis Abschaffung politischer Führerschaft zugunsten reiner Gottesherrschaft; das klassische Beispiel hierfür ist das antike Judentum (der Begriff Theokratie wurde von Josephus Flavius für die jüdische Lösung geprägt)[214]; die Grenzen zwischen „identitärer" und „repräsentativer" Theokratie sind allerdings fließend[215], und damit auch die Grenzen zwischen „Theokratie" und „Repräsentation".
- *Repräsentation*: die Korrelation göttlicher und politischer Herrschaft in Form der Analogie und die daraus folgende Vereinigung politischer und religiöser Führerschaft in der Hand des irdischen Repräsentanten. Ein Beispiel hierfür wäre der abendländische und insbesondere der byzantinische Cäsaropapismus[216], aber auch im weiteren Sinne alles, was etwa von Erik Peterson unter Politischer Theologie verstanden wird, also nicht die *Beziehung zwischen*, sondern die *Einheit von* Herrschaft und Heil.[217]

---

212 Vgl. hierzu R. Faber, „Der kaiserlich-päpstliche Dualismus im Mittelalter".

213 R. Needham, „Dual Sovereignty".

214 Vgl. die Beiträge von B. Lang und H. Cancik in J. Taubes (Hrsg.), *Theokratie*.

215 Zu dieser Unterscheidung siehe J. Assmann, „Politik zwischen Ritual und Dogma".

216 Siehe dazu G. Dragon, *Empereur et prêtre*.

217 Vgl. zu Erik Petersons Begriff von Politischer Theologie R. Hartmann, „Die Entstehung des Monotheismus-Aufsatzes".

Für die dualistische Lösung fand Papst Gelasius I. das Bild der zwei Schwerter. Dieser Anspruch des Vorrangs der geistlichen vor der weltlichen Herrschaft klingt in dem *unam sanctam catholicam et apostolicam ecclesiam* des apostolischen Credos an. Die Kirche ist „allgemein", d. h. allen internen Richtungen und Spaltungen übergeordnet, und sie ist „apostolisch", d. h. geht in gerader Linie auf die Apostel und deren Beauftragung durch Jesus Christus zurück. Im Hohen Mittelalter, als die beiden Gewalten sich diesen Vorrang streitig machten, greift Papst Bonifaz VIII. in seiner Bulle *Unam sanctam* aus dem Jahre 1302 die über 800 Jahre früher von Papst Gelasius I. eingeführte Unterscheidung zwischen dem geistlichen und dem weltlichen Schwert auf. Er betont die Trennung von geistlicher und weltlicher Macht und bringt sie im Sinne der Unterordnung der weltlichen unter die geistliche noch einmal auf den Punkt.[218] So wie der Staat die Allianz mit der Kirche suchte, suchte die Kirche die Allianz mit dem Staat. Dabei gab sie einige Errungenschaften der frühjüdischen Emanzipation auf. Im Englischen gibt es das Wort *weaponization*, „zur Waffe machen". Ebendies geschah, als die Kirche als „geistliches Schwert" die Allianz mit dem „weltlichen Schwert", dem Staat, einging. Darin mag man einen Geburtsfehler des europäischen Staatschristentums sehen.

218 Vgl. J. Assmann, *Kult und Kunst*, 99.

2. Europa als Projekt

Die folgenden Abschnitte beschränken sich auf einen Aspekt Europas[219]: seinen Charakter als Projekt, der sich im Sinne der von Claude Lévi Strauss eingeführten Unterscheidung von „kalten" und „heißen" Gesellschaften als Signatur einer „heißen Kultur" versteht. Während kalte Gesellschaften „eine besondere Weisheit erworben oder bewahrt zu haben scheinen, die sie veranlaßt, jeder Veränderung ihrer Struktur, die ein Eindringen der Geschichte ermöglichen würde, verzweifelt Widerstand zu leisten" und danach streben, „mittels der Institutionen, die sie sich geben, auf eine quasi automatische Weise die Auswirkungen auszulöschen, die die geschichtlichen Faktoren auf ihr Gleichgewicht und ihre Kontinuität haben könnten", sind heiße Gesellschaften „durch ein gieriges Bedürfnis nach Veränderung gekennzeichnet und haben ihre Geschichte (leur devenir historique) verinnerlicht, um sie zum Motor ihrer Entwicklung zu machen."[220] In seinem Charakter als Projekt entspricht Europa der Charakteristik einer *société chaude*.

Die Geschichte, die das christliche Europa – wie das Christenvolk überhaupt – verinnerlicht hat, um sie zum Motor seiner Entwicklung zu machen, ist im Zeitalter des Glaubens die Heilsgeschichte, *historia sacra*, die mit Abraham und Mose beginnt, mit Christus ihre entscheidende Erneuerung erfährt und auf die Erlösung zuläuft. In dieser Geschichte bleibt

---

219 Für eine wesentlich ausführlichere und umfassendere Behandlung des Themas verweise ich auf das großartige Buch von J. Wertheimer, *Europa*.

220 C. Lévi-Strauss, *Das wilde Denken*, 270. Vgl. ders., *Strukturale Anthropologie*, 39.

Ägypten als der Ausgangspunkt präsent, vgl. etwa in Salomon Francks Text der Bach-Kantate BWV 70:

> Wann kömmt der Tag, an dem wir ziehen
> aus dem Ägypten dieser Welt?

Eine ganz andere Bedeutung gewinnt Ägypten – und damit auch der Weg Europas – mit der Wiederentdeckung des griechischen Ägyptenbildes im Humanismus der Renaissance. Heute erscheint uns Europa mehr denn je auf dem Weg, und zwar zu einer politischen Form als „Union" unter Bewahrung seiner nationalen und kulturellen Vielfalt, aber in der gemeinsamen Verpflichtung auf einen Kanon von Werten und Zielen.

Die Klosterbewegung und die Christianisierung Europas: Das erste dezidiert europäische Projekt

Die Christianisierung Europas war das erste europäische Projekt im Zeichen der Einheit und Einigung. Das Christentum ist die kulturelle Bindekraft, die die auf dem Erdteil Europa wohnenden Völker und Stämme kulturell geeinigt hat. Das ging von zwei Zentren aus: Byzanz und Rom. Byzanz erschloss als „zweites Rom" den Osten über Kiew und Moskau (dem „dritten Rom"), Rom den Westen über ein im äußersten Westen gelegenes Zentrum. Schon im 4. und 5. Jh. begann von Irland aus die iro-schottische Mission, die das Europa der Klöster schuf und bis zum 7. Jh. auf dem Festland 300 Klöster gründete. Glücklicherweise bedeutete die Christianisierung nicht nur die Zerstörung, sondern auch die Rettung des antiken Erbes. Das ging besonders von der Peripherie aus. Die irischen Klöster fungierten als Skriptorien, ein Kloster wie Glendalough beschäftigte zeitweise 3.000 Schreiber-Mönche, die nicht nur Bibel und Kirchenväter, sondern auch große Teile der antiken Literatur kopierten. Ähnlich wirkten im Osten die byzantinischen Mönche und sogar noch weiter östlich die islamischen Gelehrten, die sich um die griechische Wissenschaft, vor allem Medizin, Astronomie und Philosophie kümmerten.

Sehr bezeichnend ist in unserem Zusammenhang, dass auch die Klosterbewegung, die Europa christianisiert und damit erstmals als einen Raum gemeinsamer Sprache (des Lateinischen), Religion und Kultur geschaffen hat, von Ägypten ausging. Hier entstanden schon im 4. Jh. die ersten christlichen Klöster, nachdem die „Wüstenväter", die Eremiten, vorangegangen waren. Das ägyptische Eremitentum stand in engstem Zusammenhang mit der Forderung Christi, der Welt zu entsagen und Besitz und Familie aufzugeben, wenn man ihm nachfolgen wolle. Jesus nachzufolgen bedeutete, aus allem Weltlichen auszusteigen und in das von ihm verkündete Gottesreich einzugehen, das nicht von dieser Welt ist, aber mit Jesus in diese Welt gekommen ist. Die ägyptischen Aussteiger gingen allerdings zuallermeist nicht in die Wüste, sondern wählten als Wohnstatt – sehr zum Leidwesen der Ägyptologen – die am Wüstenrand gelegenen altägyptischen Grabanlagen, in deren Wandbildern sie vielfältigste Zerstörungen vornahmen, um die heidnischen „Dämonen" unschädlich zu machen. Aus diesen Anfängen entwickelte sich schnell die Form des Zusammenlebens, gr. *koinobion*, hinter schützenden Klostermauern. Der bedeutendste Klostergründer war Pachom (Pachomios), dessen Ordensregeln zum Vorbild der westlichen Ordensregeln wurden, nachdem Johannes Cassianus (um 360–435 n. Chr.) das ägyptische Klosterwesen dem Westen vermittelt hatte. Ohne die ägyptischen Klöster und ihre wichtigsten Gründer Pachom und Schenute sind die frühen Klostergründungen im Osten und Westen des Römischen Reiches wie die des

Martin von Tours oder des Basilius von Cäsarea (beide 4. Jh.) nicht denkbar.[221]

Die Universitätsbewegung und die Scholastik

Die Klosterbewegung, die Europa in den drei Jahrhunderten zwischen 400 und 700 n. Chr. zu großen Teilen christianisiert hatte, fand einige Jahrhunderte später ihre Fortsetzung in der Universitätsbewegung. Der Wikipedia-Artikel „Liste der mittelalterlichen Universitäten“ zählt nicht weniger als 90 Universitäten auf, die in Europa zwischen dem 9. Jh. und dem Jahr 1500 gegründet wurden.[222] Angesichts dieser Dynamik kann man auch hier von einem europäischen Projekt sprechen. War das Ziel der Klosterbewegung die Christianisierung Europas, so ging es jetzt um die geistige Bildung Europas durch die Verbreitung einheitlicher Wissensvorräte, Standards und Methoden, die seit dem 18. Jh. unter dem Begriff „Scholastik“ zusammengefasst werden. Auch diese Bewegung stand unter der Ägide der Kirche, aber die Grundlage waren nun nicht mehr die Schriften der Kirchenväter und die kirchlichen Dogmen, sondern die Schriften des Aristoteles, die im Laufe des 12. und 13. Jh. aus dem Griechischen und Arabischen ins Lateinische übersetzt wurden.

Der Kunsthistoriker Erwin Panofsky (1892–1968), ein Vertreter der kulturwissenschaftlichen Methode Aby Warburgs, die es sich zur Aufgabe gemacht hatte, in den kulturellen Ausdrucksformen einer Epoche wie Kunst, Philosophie, Theologie, sozialen und wirtschaftlichen Verhältnissen, religiösen

---

221 Zum frühen Christentum in Ägypten siehe E. Brunner-Traut, *Die Kopten*.

222 Mit Verweis auf W. Rüegg (Hrsg.), *Geschichte der Universität in Europa* I.

Bewegungen usw. Gemeinsamkeiten auszumachen, postulierte in einem 1948 gehaltenen und 1951 in Buchform erschienenen Vortrag über „Gotische Architektur und Scholastik“ eine Reihe frappanter Übereinstimmungen in der Entstehung und Entwicklung gotischer Bauformen und scholastischen Denkens. Beide entwickelten sich in exakt dem gleichen Zeitraum zwischen dem 12. und dem 14. Jh. und der gleichen Region in einem 150 km breiten Umkreis von Paris. Solche Gemeinsamkeiten sah Panofsky z. B. in der strengen deszendenten Durchgliederung eines Gebäudes wie einer scholastischen Summa, im Postulat der Vollständigkeit und in der Forderung, dass jedes Einzelteil als Teil eines Ganzen erscheinen müsse. Nach dem Modell einer scholastischen Summa müsse jedes Bauteil in logisch vom Gesamten abgeleitete Teile und diese wiederum in abhängige Teile untergliedert sein.[223] Panofkys These stieß auf Widerstand in der Kunstwissenschaft, die ihm vorwarf, die in die Augen fallenden Zusammenhänge zwischen der Systematik gotischer Architektur und logischer Systematik scholastischen Denkens auf allzu konkrete Kausalitäten wie vor allem die Behauptung gemeinsamer akademischer Ausbildung von Architekten und Philosophen zurückzuführen.

Eine einleuchtendere Deutung der von Panofsky postulierten Zusammenhänge lieferte der französische Soziologe und Ethnologe Pierre Bourdieu in seinem Nachwort zur französischen Ausgabe von Panofskys Schrift.[224] Bourdieu griff

223 Das gleiche Prinzip der logischen Durchgliederung machte Ivan Illich auch in der Manuskriptkultur der Zeit aus, die das Prinzip der *scriptio continua*, der ohne Worttrennung und Absätze durchlaufenden Beschriftung, aufgab und die logisch gegliederte, oft zweifarbige *pagina* erfand, siehe I. Illich, *In the Vineyard of the Text*.

224 P. Bourdieu, „Der Habitus als Vermittlung zwischen Struktur und Praxis“.

den scholastischen Begriff des *Habitus* auf, der seinerseits auf den aristotelischen Begriff *Hexis* im Sinne einer im Handeln erworbenen Eigenschaft bzw. Tugend zurückgeht. *Habitus* versteht Bourdieu als ein Denken und Praxis gemeinsam zugrunde liegendes kollektives und epochenspezifisches Schema, das in die Un- oder Vorbewusstheit einer selbstverständlich gewordenen Gewohnheit abgesunken ist. In diesem Sinne eines epochenspezifischen Denk- und Handlungsstils werden die von Panofsky herausgestellten Übereinstimmungen plausibel. Auch die Scholastik und die eng mit ihr zusammenhängende Universitätsbewegung lassen sich als ein europäisches, auf transnationale Einheit und Verständigung angelegtes Projekt verstehen.

In der gleichen Zeit und ausgehend von der gleichen Gegend, der Île de France, nimmt die Musikkultur in den Klöstern und Kathedralen ab ca. 1200 einen beispiellosen Aufschwung, der in den folgenden 250 Jahren kulminiert und einmalige, unübertreffliche Kunstwerke der Vokalpolyphonie hervorbringt, gleichzeitig mit dem vergleichbaren Aufschwung der Kirchenbaukunst, die in den gotischen Kathedralen gipfelt. Die Anfänge liegen in Notre Dame de Paris. Hier entstehen die frühesten mehrstimmigen liturgischen Gesänge von Leonin (1135–1201) und Perotin (1160–1225), und hier entsteht ab ca. 1320 die *ars nova*, deren Hauptvertreter Guillaume de Machaut um 1350 die früheste mehrstimmige Messe komponiert. Von England (John Dunstable) ausgehend entwickelt sich im 14. Jh. die Tradition der franco-flämischen Vokalpolyphonie, die im 15. Jh. in den Messen von Josquin des Prez und Guillaume Dufay kulminiert. Damit hebt die Musik ab, schwingt sich zum ersten Mal (da sie ja im Gegensatz zu den anderen Künsten keine „klassische“ Antike als Vorbild vor Augen hat) in den Rang der großen Künste auf und beschreitet einen Sonderweg, der die europäische Musik unter allen musikalischen Traditionen der Welt als einzigartig hervorhebt und auf dem sie inzwischen weltweit zum Vorbild komponierter Musik geworden ist, im Gegensatz zu nichtschriftlich tradierter und improvisierter Musik. Ermöglicht wurde dieser Sonderweg mit der Erfindung der Notenschrift durch Guido von Arezzo um 1020 und der Mensuralnotation, die auch die Länge der Töne wiedergibt, wodurch es möglich wurde, mehrstimmig zu komponieren. Endgültig vollzogen aber wurde er mit dem Übergang von der improvisierten zur komponierten Mehrstimmigkeit und vom musikalisch unausgebildeten Gesang von Gemeinde und Klerikern zu professionellen Sängern und Instrumentalisten. Es gibt wohl kaum eine kulturelle Erscheinungsform, die so eindeutig europäisch ist und zugleich so weltweite Verbreitung und Geltung gefunden hat wie die schriftliche Musikkultur Europas.

In dieser Hinsicht erweist sich Notre Dame de Paris, die Kathedrale, die im April 2019 von einer schweren Brandkatastrophe heimgesucht wurde und seitdem mit großem Aufwand renoviert und rekonstruiert wird, als Zentrum dreier großer, zusammenhängender europäischer Bewegungen: der gotischen Architektur, der Scholastik und der *ars nova*, der mehrstimmigen Komposition. Gibt es über die nationale Bedeutung, die dieses Bauwerk für Frankreich hat, ein sinnfälligeres wahrhaft europäisches Symbol? Für ihre Wiederherstellung im originalen Zustand ist jeder Aufwand gerechtfertigt.

3. Renaissance als europäisches Projekt

Zwei Schismen

So wie die Christianisierung Europa vom 4.–12. Jh. geeinigt hat, so hat das „große morgenländische Schisma" von 1054 Europa in Ost (griechisch-orthodox) und West (römisch-katholisch) gespalten. Das Christentum, im 1. Jt. das wichtigste Mittel zur Schaffung Europas als eines religiös, politisch und kulturell geeinigten Raumes, wurde im 2. Jt. zur Ursache von Spannungen und Spaltungen dieser Einheit, deren angestrebte oder gelungene Überwindungen als europäische Projekte gelten können. Nachdem sich im Laufe des 1. Jt. Westen und Osten auseinandergelebt hatten, im Osten niemand Latein und im Westen niemand mehr Griechisch sprach, das römische Kaisertum nach Konstantinopel verlegt worden war und der inzwischen zum Papst aufgestiegene Bischof von Rom, als gäbe es den römischen Kaiser im Osten nicht mehr, den Frankenkönig Karl den Großen zum römischen Kaiser gekrönt hatte, wurde 1054 auch auf theologischer Ebene die Trennung offiziell vollzogen. Die beiden Hauptstreitpunkte, über die bis heute keine Einigung erzielt werden konnte, waren der Primat des Papstes und der Zusatz „filioque" zum Credo in der Messe. Der erste Streitpunkt leuchtet sofort ein und bedarf keiner Erläuterung. Der zweite dagegen ist dem Laien nicht unmittelbar verständlich. Es geht um den Heiligen Geist und seine Stellung in der Trinität, die im Osten bedeutender als im Westen gesehen wird. Im ursprünglichen griechischen Text des nicaeo-constantinopolitanischen Glaubensbekenntnisses heißt es „... und an den Heiligen Geist, der Herr ist und lebendig macht, der aus dem Vater hervorgeht." Der lateinische Text fügte den Sohn hinzu „der aus dem Vater *und dem Sohn* (filioque) hervorgeht". Der Unterschied mutet spitzfindig an, ist aber weitreichend, denn der aus dem Vater (allein) hervorgehende Geist (*pneuma*) ist Gottes lebenspendender Hauch (hebr. *ruach*), von dem im Alten Testament so oft die Rede ist und der nicht nur die Propheten inspiriert, sondern auch den Sohn hervorgebracht hat, während der von Vater und Sohn gemeinsam ausgehende *spiritus* eine die Zweiheit von Vater und Sohn verbindende und zur Dreinigkeit vollendende Größe ist, der im Alten Testament nichts entspricht und die Vater und Sohn nachgestellt ist.

1438/39 wurde in Florenz und Ferrara ein Konzil abgehalten, um im Angesicht der osmanischen Bedrohung die christliche Kirche wieder zu vereinigen – ein echtes europäisches Projekt. Eine griechisch-orthodoxe Delegation unter Leitung Josephs II., Patriarch von Konstantinopel, war dazu angereist. Der betagte Patriarch war bei diesem Konzil am 14. Juni 1439 in Florenz gestorben und sein Grabmal trägt eine Inschrift, in der er sich explizit als Europäer bekennt:

> Bischof der Kirche war ich und ein Weiser Europas. Hier liege ich, Joseph, groß an Glauben. Das Eine wünschte ich, von wunderbarer Liebe entflammt, *eine* Gottesverehrung und *ein* Glaube für Europa.[225]

Im Angesicht der osmanischen Bedrohung kommt es zu diesem ersten neuzeitlichen Moment bewussten Europäertums. Leider wurde nichts aus der angestrebten Wiedervereini-

---

225 Siehe hierzu B. Hallensleben, „Unionsgespräche zwischen West- und Ostkirchen in der frühen Neuzeit", erscheint in einem von M. Delgado und V. Leppin herausgegebenen Band *Religionsgespräche*. Ich danke Frau Prof. Barbara Hallensleben sehr herzlich für die Einsichtnahme in ihr Ms. und die Übersendung ihrer photographischen Aufnahmen des Grabmals.

gung. Zu groß waren auf längere Sicht die trennenden Punkte. Die Spaltung blieb und wirkt bis heute nach.

Das „abendländische Schisma" dagegen ließ sich auf dem Konzil von Konstanz 1414–1418 beilegen. Seit 1309 residierten die Päpste in Avignon. 1376 zog Gregor XI. nach Rom zurück. Sein Nachfolger wurde 1378 Urban VI., eine Gruppe oppositioneller (französischer) Kardinäle wählte Clemens VII. zum Gegenpapst, der weiterhin in Avignon residierte. Das Konzil von Pisa 1409 setzte beide Nachfolger ab, Benedikt XIII. und Gregor XII., und ernannte Alexander V. zum Papst. Da die beiden anderen aber ihre Ansprüche aufrechterhielten, gab es auf dem Konstanzer Konzil drei rivalisierende Päpste: Benedikt XIII. (Avignon), Gregor XII. (Rom) und Johannes XXIII., der Nachfolger Alexanders V. (Pisa). Kaiser Sigismund gelang es, alle drei Päpste vom Konzil absetzen und einhellig Martin V. zum neuen Papst wählen zu lassen.

Dieses Schisma war behoben, aber ein anderes, wesentlich folgenreicheres, hatte auf diesem Konzil bereits ein Vorspiel. Den böhmischen Reformator Johan Hus hatte man unter Zusicherung freien Geleits nach Konstanz geladen, um auf dem Konzil seine Thesen zu verteidigen, und, als er sie nicht widerrief, in flagrantem Wortbruch 1416 zusammen mit dem Reformator Hieronymus von Prag als Ketzer verbrannt. Das Konzil verurteilte überdies auch noch den 1384 verstorbenen englischen Reformator John Wycliff posthum als Ketzer und verfügte die Exhumierung und öffentliche Verbrennung seiner Gebeine. Hundert Jahre später veröffentlichte Martin Luther seine 95 Thesen und verteidigte 1521 auf dem Reichstag zu Worms seine Position. Nun hatten sich aber genug Fürsten und Geistliche dieser Position angeschlossen, um das weltliche Schwert des Reichsbanns und das geistliche Schwert der Exkommunikation stumpf werden zu lassen.

Beide Schismen, das „große morgenländische Schisma" von 1054 und die Reformation, haben die politische und geistige Landkarte Europas bis heute geprägt. Anders aber als das morgenländische Schisma hat die Reformation die politische und besonders die geistige, kulturelle Landkarte Europas aufs Intensivste erneuert. Grund dafür ist neben der Reformation selbst gerade auch die Gegenreformation, die auf die ikonoklastische Austerität der Protestanten mit ästhetischer Überwältigung und unerhörter theatralischer Prachtentfaltung antwortete. Seitdem bestimmen diese beiden Strömungen in fruchtbarster Wechselwirkung die Künste, ganz besonders in Deutschland, dem einzigen Gebiet, in dem die beiden Konfessionen zu ungefähr gleichen Teilen verteilt im selben politischen Rahmen nebeneinander wohnen.

Im späten 16. und frühen 17. Jh. begann sich die friedliche Koexistenz von Katholiken und Protestanten im selben Herrschaftsgebiet als unmöglich zu erweisen. Die Massaker in England und die Kriege in Frankreich und Deutschland wird man nicht als „europäisches Projekt" einstufen, im Gegenteil. Ein echtes europäisches Projekt ist dagegen der Friede von Münster und Osnabrück 1648. Bis auf England, Polen und Russland waren alle europäischen Mächte bei dem Doppelkongress in Münster und Osnabrück vertreten. Mit seiner Formel „Perpetua Amnestia et Oblivio" erreichte dieser Kongress eine Versöhnung der streitenden Parteien und eine Koexistenz der Konfessionen in Europa und schuf die Grundlagen einer europäischen Friedensordnung, die Teil der Verfassung des Heiligen Römischen Reichs deutscher Nation wurde und bis zu dessen Auflösung im Jahr 1806 in Kraft blieb. Seitdem gibt es in Europa die katholischen Länder des Südens – Italien, Spanien, Frankreich, Österreich, Ungarn, Kroatien, dazu Polen, Belgien und Irland – und die protestantischen Länder des Nordens – Schweden, Norwegen,

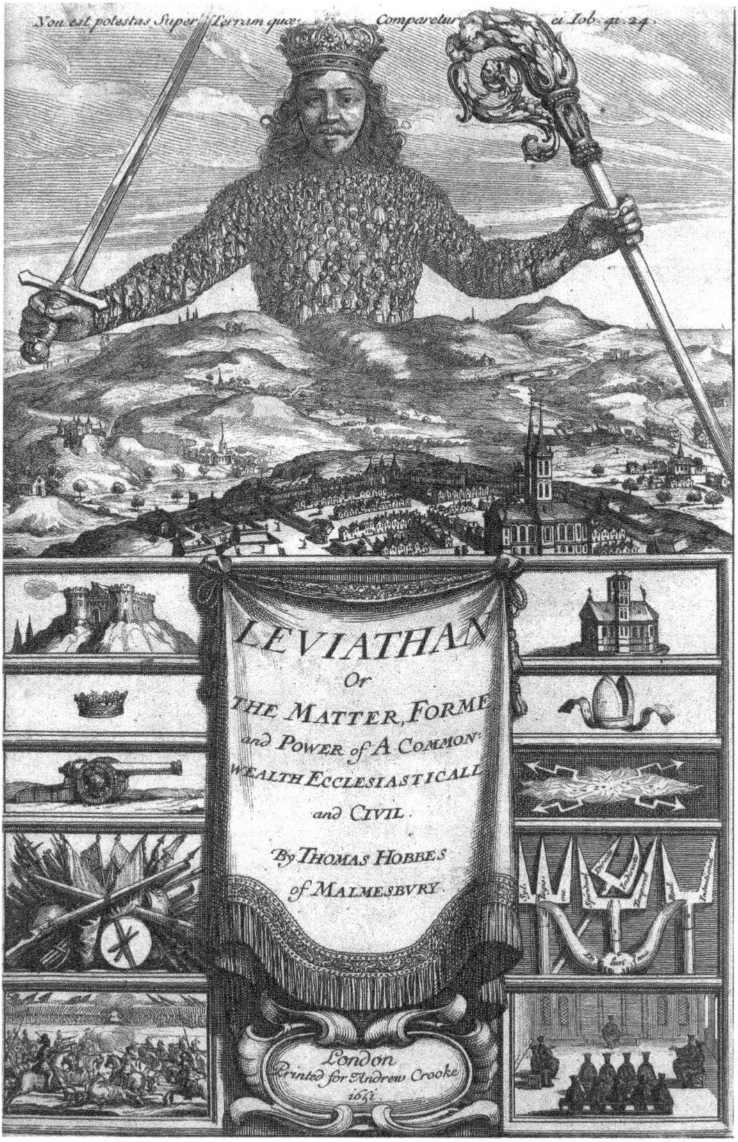

Abb. 5: *Leviathan, or the Matter, Forme and Power of a Commonwealth, Ecclesiasticall and Civil.* Titelkupfer von Abraham Bosse (1651) zu Thomas Hobbes

Finnland, Dänemark, die Niederlande, Großbritannien. Deutschland ist das einzige Land mit einer ausgewogenen Verteilung der beiden Konfessionen.

Die Konfessionskriege waren kein europäisches Projekt, aber ein europäisches Trauma, das Europa nachhaltig prägte und den Grund legte zu absolutistischen Regierungsformen, die sich von der Zwei-Schwerter-Theorie lösten und, wie es das berühmte Titelkupfer von Thomas Hobbes' *Leviathan* (1661) darstellt, Bischofsstab und Schwert in die Hände des Herrschers legten.[226] Der Herrscher aber bezieht bei Hobbes seine Legitimation nicht, wie es die traditionelle politische Theologie forderte, aus göttlicher Gnade, Berufung und Beauftragung, sondern aus einem fiktiven Gesellschaftsvertrag, der den Naturzustand eines Kampfes aller gegen alle beendete und alle Gewalt in der Gestalt des Herrschers monopolisierte. Der Absolutismus in seinen spanischen, französischen und sonstigen Ausprägungen hielt jedoch am Gottesgnadentum fest.

Die „heidnische" Ungeschiedenheit von Religion, Kultur und Staat ergibt sich aus der Immanenz des Göttlichen, die das Kennzeichen des Heidentums darstellt. Das Göttliche manifestiert sich nicht nur im Kosmos, sondern auch im Herrscher.[227] In der politischen Theologie des Abend- und Morgenlands hat das Heidentum am längsten und kraftvolls-

226 T. Hobbes, *Leviathan, or the Matter, Forme and Power of a Commonwealth Ecclesiasticall and Civil*; siehe H. Bredekamp, *Thomas Hobbes*; R. Brandt, „Das Titelblatt des Leviathan".

227 So verwendet, wie M. Mulsow, „Morhof und die Politische Theologie", gezeigt hat, D. G. Morhof (1639–1691) den Begriff *theologia politica* in seiner *Theologia politica gentium* (1662). Auch Erik Peterson scheint unter „Politischer Theologie" diese heidnische Form verstanden zu haben, wenn er meinte, dass das Christentum mit seiner Trinitätslehre jede politische Theologie erledigt habe. Ge-

ten überdauert und immer wieder neue Auferstehungen gefeiert, im vatikanischen Kirchenstaat, im byzantinischen und französischen Cäsaropapismus, im islamischen Kalifat, überall dort, wo Priester politische Gewalt und Herrscher religiöse Heilskompetenz ausgeübt haben.[228] Dabei spielt es keine Rolle, ob die entdifferenzierende, totalisierende Gleichschaltung im Namen des Politischen geschieht, wie im Faschismus und Marxismus-Leninismus, oder im Namen Gottes, wie im Fundamentalismus, der sich in dieser Hinsicht, so paradox es klingt, als ein Rückfall ins Heidentum erweist.

Humanismus

Wenn es je ein genuin europäisches Projekt gab, dann ist es der Humanismus, denn dieses Projekt lebt - was es, soviel ich sehe, nur in Europa gibt - aus einer doppelten Wurzel, der jüdisch-christlichen und der griechisch-römischen Überlieferung. Aus diesem zwiefachen Ursprung ergibt sich eine besondere Grundspannung. Dazu schreibt Julia Kristeva:

> Als ständiger Prozeß einer Neubegründung entwickelt sich der Humanismus nur durch Brüche weiter, die zugleich auch Erneuerungen bedeuten (der biblische Ausdruck hiddouch bedeutet Anfang-Erneuerung-Wiederbelebung; enkainosis und anakainosis; novatio und renovatio). Sich eingehend mit dem griechisch-jüdisch-christlichen Erbe vertraut machen, es einer gründlichen Prüfung unterziehen, die Tradition umwerten (Nietzsche): Nur so wird es möglich sein, gegen die Ignoranz

meint ist, dass sich die Trinität in Herrschaftsformen nicht abbilden lässt.

228 Hierzu bahnbrechend: A. al-Azmeh/J. M. Bak (Hrsg.), *Monotheistic Kingship*, 4.

> und die Zensur anzukämpfen und so auch das friedliche Miteinander der unterschiedlichen kulturellen Gedächtnisse, die sich im Laufe der Geschichte herausgebildet haben, zu erleichtern.[229]

Das „jüdisch-christliche Erbe“ war immer präsent. Das „griechische Erbe“ aber hatte erst die griechische Delegation mit Georgios Gemistos Plethon zum Konzil von Florenz und Ferrara 1438/39 ins Abendland zurückgebracht. Auf dieser zweifachen Grundlage entstand mit Renaissance und Reformation das Europa der Gelehrten und Künstler, die humanistische Idee einer *res publica litteraria*, wie sie um 1500 mit dem Buchdruck aufkam und Dichter und Gelehrte praktisch aller europäischen Länder miteinander ins Gespräch brachte, erst in der Lingua franca des Lateinischen, die alle beherrschten, dann zunehmend mit Übersetzungen in die jeweiligen Landessprachen. Man schrieb sich Briefe, besuchte sich, kannte sich, quer durch ganz Europa, und das galt ebenso für die Künstler, vor allem die Musiker. Damit entstand im Medium der Schrift jenes „Geisterreich“, von dem Hannah Arendt in ihrer Laudatio auf Karl Jaspers 1958 sprach, in dem die Autoren vergangener Zeiten „noch einmal als sprechende – aus dem Totenreich her sprechende – Personen auftreten, die, weil sie dem Zeitlichen entronnen sind, zu immerwährenden Raumgenossen im Geistigen werden“ konnten.[230] Jaspers und Arendt bezogen das auf die großen

229 J. Kristeva, „Zehn Prinzipien für den Humanismus des 21. Jahrhunderts“, 244. Ob *ḥiddûš* altbiblisch ist, weiß ich nicht. *Anakainosis*, „Erneuerung“, ist paulinisch, z. B. Röm 12,2: „gleicht euch dieser Welt nicht an, sondern lasst euch verwandeln durch die Erneuerung eures Geistes“.

230 Siehe H. Arendt, „Laudatio auf Karl Jaspers zum Friedenspreis des Deutschen Buchhandels 1958“, 5f.

Denker und Dichter der Achsenzeit, aber in wesentlich präziserem Sinne lässt sich die Vorstellung eines die Jahrtausende übergreifenden „Geisterreichs" auf die Renaissance beziehen, die die großen Texte der Antike aus den Klosterarchiven herausholte und diskursiv reanimierte. Dieses Geistergespräch begann um die Mitte des 14. Jh. mit Petrarcas Briefen an die von ihm verehrten Autoren der Antike wie Cicero, Seneca, Varro, Quintilian, Livius, Asinius Pollio, Horaz, Vergil, Homer. Angefangen mit Petrarca begründeten die Humanisten Europa als ein intellektuelles Netzwerk einen Raum des Geistes und des Gesprächs, der sich in der Antike verankerte, weit im Raum ausgriff und in die Zukunft wirkte.

Mit der Wiederentdeckung und Wiederbelebung der griechisch-römischen Antike kehrte auch das Alte Ägypten in das abendländische Bewusstsein zurück, aus dem es allerdings auch nie ganz verschwunden war, einerseits durch die vielen schon von den Römern nach Europa verschleppten Obelisken und andere Monumente und andererseits durch alchemistische Praktiken und Manuskripte, die diesen Zweig der altägyptischen Kultur durch das ganze arabische, byzantinische und westliche Mittelalter hindurch präsent hielten. Im 15. Jh. aber lösten vor allem zwei große Texte eine neue Ägyptenfaszination aus, die Epoche machten und deren Erschließung einer geistigen Revolution gleichkam, durch die sich nun auch die Kultur aus ihrer Umklammerung durch Kirche und Staat befreite und beiden als eine dritte, eigenständige Größe gegenübertrat. Die entscheidenden neuentdeckten Texte waren einmal das *Corpus Hermeticum*, eine Sammlung spätantiker mystisch-philosophischer Traktate, die aus Byzanz nach Florenz gekommen war[231], und zum an-

231 Das *Corpus Hermeticum* ist eine Sammlung von 17 Traktaten in griechischer Sprache, meist in der Form von Lehrgesprächen, aber

deren zwei Bücher des ägyptischen Autors Horapollon über Hieroglyphen, die ein Kaufmann in einem griechischen Kloster entdeckt und nach Florenz gebracht hatte.[232] Diese beiden Fundkomplexe ergänzten sich: Der eine, so dachte man, enthielt die geheime Weisheit, der andere den Schlüssel der Hieroglyphen, die zu ihrer verschlüsselten Überlieferung erfunden wurden. Das 16. Jh. stand ganz im Zeichen des Versuchs, diese neuen Funde ins christliche Weltbild einzuarbeiten. Hermes Trismegistos, der angebliche Verfasser der hermetischen Traktate, galt zusammen mit Moses und Zoroaster als Vertreter einer gemeinsamen Ur-Theologie, die sich letztlich auf Noah und Adam zurückführte, und auch Plato und Aristoteles, so nahm man an, haben noch aus dieser Quelle geschöpft.

Die Hieroglyphen machten aus drei Gründen Sensation: Erstens glaubte man hier eine Schrift vor sich zu haben, die sich ganz unabhängig von irgendeiner Sprache unmittelbar auf Dinge und Begriffe bezog. Zweitens dachte man, dass in den Hieroglyphen das ganze Wissen über die Welt und die Dinge gespeichert sei. Und drittens stellte man sich ihre Funktionsweise im Sinne einer Datenkompression oder

---

auch Briefen und Predigten aus dem 2. und 3. Jh. n. Chr., die ein Amalgam aus spätägyptischer Theologie und neuplatonischer Philosophie darstellen. A. D. Nock (Hrsg.), *Corpus Hermeticum*; J. Holzhausen/C. Colpe (Hrsg.), *Das Corpus Hermeticum Deutsch*; M. M. Miller, *Die Traktate des Corpus Hermeticum*. Zur Geschichte des Hermetismus siehe F. Ebeling, *Das Geheimnis des Hermes Trismegistos*.

232 H. J. Thissen, *Des Niloten Horapollon Hieroglyphenbuch*; H. Weingärtner, *Horapollo*. Die neueste Ausgabe von C. F. Brunon, *Horapollon, Hiéroglyphes*, hat den unschätzbaren Vorteil, auch die Illustrationen der wichtigsten frühneuzeitlichen Ausgaben einzubeziehen.

Kompaktkommunikation vor, die ganze Diskurse in einem Bild zusammenfassen könnten.

Im Gegensatz zur abstrakten und konventionellen Alphabetschrift schien sich mit der Hieroglyphenschrift die Möglichkeit einer Kommunikation mit den Göttern und eines direkten Zugriffs auf die Natur zu eröffnen:

> Von dieser Art waren die [...] Hieroglyphen oder „Heiligen Charaktere" bei den Ägyptern, bei denen anstelle der einzelnen bezeichnenden Zeichen (*designanda*) bestimmte Bilder aus den Dingen der Natur oder aus anderen Teilen genommen wurden. Solche Schriften und Sprachen kamen in Gebrauch, da durch sie die Ägypter Unterredungen mit den Göttern zum Zwecke der Ausführung wunderbarer Dinge anstrebten. Danach sind durch Teut oder einen anderen die Buchstaben erfunden worden der Art, wie wir sie noch heute in anderer Absicht verwenden. Dadurch ist der größte Schaden am Gedächtnis, an der göttlichen Wissenschaft und an der Magie entstanden.[233]

Sir Thomas Browne schrieb in der ersten Hälfte des 17. Jh.:

> Denn weil sie ein Alphabet von Dingen und nicht von Wörtern benutzten, konnten sie durch deren Bilder und Zeichnungen ihre verborgenen Inhalte in der Schrift und Sprache der Natur ausdrücken. Ein Alphabet der Dinge und nicht der Worte, das war in der Tat die erfolgreichste Überwindung der babylonischen Sprachverwirrung.[234]

---

233 G. Bruno, *De Magia* (*Opera latina* III, 411f.), zitiert nach E. von Samsonow, *Giordano Bruno*, 127f.; vgl. F. Yates, *Giordano Bruno and the Hermetic Tradition*, 263.

234 T. Browne, *Pseudodoxia Epidemica* III, 148, zitiert nach L. Dieckmann, *Hieroglyphics*, 113.

Von Hermes Trismegistos als einem Weisen der frühesten Urzeit sprechen schon frühe Kirchenväter wie Tertullian, Arnobius und Augustinus. Laktanz führt in seinen Schriften *Divinae Institutiones*, *De Ira Dei* und *Epitome* hermetische Gedanken in Dutzenden von z. T. ausführlichen Zitaten an. Ihm dient Hermes Trismegistos als Zeuge einer Ur-Wahrheit, die dann im Platonismus und Christentum zum Durchbruch kommt.[235] So geht es ihm um die hermetische Weisheit nicht als solche, sondern nur insoweit sie mit christlichen Lehren übereinstimmt und zum Beweis ihres Alters und ihrer universalen Gültigkeit dient wie z. B.:

> Er (Trismegistus) schrieb Bücher – viele, in der Tat, die sich auf das Wissen der göttlichen Dinge beziehen – in denen er für die Majestät des Höchsten und Einzigen Gottes eintritt, und er nennt ihn mit denselben Namen, die auch wir verwenden: Herr und Vater. Damit nicht einer seinen Namen erfrage, sagt er, dass er namenlos ist, da er der besonderen Bezeichnung durch einen Namen nicht bedarf, weil er nur Einer ist, gewissermaßen. Das sind seine Worte: „Gott ist Einer; der Eine aber braucht keinen Namen; er ist der namenlose Seiende." Daher hat Gott keinen Namen, weil er der Einzige ist und weil es keine Notwendigkeit für eine besondere Bezeichnung gibt außer, wenn im Fall einer Vielheit eine Distinktion gemacht werden muss, um ein jedes Individuum durch seine spezifische Kennzeichnung und Benennung zu bezeichnen. Für Gott aber, weil er immer der Eine ist, ist Gott die rechte Bezeichnung.[236]

---

235 A. Löw, *Hermes Trismegistos als Zeuge der Wahrheit.*
236 Lactantius, *Divinae Institutiones* I, 6.

Diese Stelle steht in § 20 des ursprünglich auf Griechisch verfassten, lateinisch überlieferten Traktats *Asclepius* oder *Teleios logos* und lautet in moderner Übersetzung: „Der Schöpfer ist namenlos oder trägt jeden Namen, weil er ja einer und alles ist, sodass man entweder alles mit seinem Namen oder ihn selbst mit den Namen von allem benennen muss."[237] Das ist im Klartext die Proklamation der All-Einen Gottheit, *Unus et Omnia*, Ἕν καὶ Πᾶν (*Hen kai pan*).

Im gleichen Sinne greift auch Nikolaus von Kues diese Stelle als Beweis für die universale Wahrheit der christlichen Lehre auf:

> Es ist ja einleuchtend, dass kein Name eigentlich dem Größten angemessen sein kann, da es das schlechthin Größte ist, zu dem nichts in Gegensatz tritt. Alle Namen sind nämlich aufgrund einer gewissen Besonderheit in der verstandesmäßigen Erfassung den Dingen zugelegt, auf der die Unterscheidung des einen vom anderen beruht. Wo jedoch alles eines ist, da kann es keinen besonderen Namen geben. Hermes Trismegistus sagt darum mit Recht: „Da Gott die Gesamtheit der Dinge ist (*universitas rerum*), so gibt es keinen ihm eigenen Namen, müsste doch Gott sonst mit jeglichem Namen benannt werden oder alles mit seinem Namen." Er umgreift ja in seiner Einfachheit die Gesamtheit aller Dinge.[238]

Neben Hermes Trismegistos galt auch Zoroaster den Humanisten der Renaissance als ein Weiser der grauen Vorzeit, der Gedanken vertrat, die das Christentum vorwegnahmen. Was das *Corpus Hermeticum* für Hermes Trismegistos, das sind die chaldäischen Orakel für Zoroaster. Der byzanti-

---

237 Ps. Apul. Ascl. cap. 20 = Asclepius, *Corpus Hermeticum* II, 320f.
238 N. Cusanus, *De docta ignorantia*, 96–99.

nische Gelehrte Plethon hatte neuplatonische Texte wie die chaldäischen Orakel auf Zoroaster zurückgeführt und diesen, gestützt auf antike Zeugnisse (vor allem Plutarch), auf 5000 Jahre vor dem Trojanischen Krieg datiert. Plethon kann als der früheste Vertreter der Lehre einer *Theologia* oder *Philosophia Prisca* gelten.[239] Er erhob den von ihm vertretenen Platonismus in den Rang einer Urphilosophie und sah sich selbst geradezu als Stifter einer neuen Religion, die als Wiedereinsetzung einer ursprünglichen und allen Völkern gemeinsamen Wahrheit die Unterschiede zwischen Heiden und Christen aufheben sollte.[240] Die neue Religion, die Plethon vertritt, präsentiert sich als Wiedereinsetzung des Urältesten. Diese radikale Ausgangsposition ist dann in ihrer späteren Ausarbeitung im Rahmen der Florentiner Renaissance sehr stark abgemildert worden.

Marsilio Ficinos (1433–1499) Konzept der „prisca theologia" versteht sich bereits nicht mehr als eine neue Religion, sondern als eine Urreligion und zugleich Urphilosophie, die den auf Zoroaster und Hermes Trismegistos zurückgeführten Platonismus ins Christentum einbindet, das er als eine in allen alten Religionen vorbereitete und angekündigte Urreligion versteht. Dahinter steht eine Diffusionstheorie der Wahrheit auf der Basis der biblischen Genealogie, der zufolge alle religiöse Überlieferung auf Noah zurückgeht und sich dann von Noahs Söhnen und Enkeln aus über die Erde verbreitet hat. Dabei erscheinen bald Hermes Trismegistos, bald Zoroaster als die ersten einer Kette von Weisen und Theologen, die außerhalb der biblischen Überlieferung das adamische bzw. noachidische Urwissen bewahrt und erweitert haben.[241]

239 M. Stausberg, *Faszination Zarathustra*, 35–82.

240 M. Stausberg, a. a. O., 75f.

241 Das Vorbild dieser Konzeption scheint eine Stelle in Diodors *Bi-*

Alle religiösen, normativen und kulturellen Traditionen (*sapientia*) haben einen gemeinsamen Ursprung in Gott und wurden von weisen Männern der Urzeit kodifiziert. Pico della Mirandola, Agostino Steuco, Johannes Reuchlin, Francesco Patrizi und andere entwickelten das Konzept der Urtheologie oder Ewigen Philosophie (*philosophia perennis*) weiter. In allen Fällen, auch bei Ficino, Pico, Reuchlin und anderen, steht der Rückgriff auf Zoroaster und Hermes, Platonismus und Kabbala als das vermeintlich Uralte im Dienst eines ausgeprägt pazifizierenden Toleranzmodells. In der Einheit des Ursprungs wurde die Überwindung gegenwärtiger Zwietracht erblickt.

Die Humanisten ergänzten das Modell der *translatio imperii* um das Motiv der *translatio studii*. Nach dem Vorbild des *einen* Weltreichs, das von Osten ausgehend schließlich zu den Römern kommt, spricht man jetzt von der *einen* Kultur – *sapientia, theologia, philosophia* –, die aus dem Os-

---

bliotheca Historica (I 94.1–2) abzugeben, wo dieser von den sechs großen Gesetzgebern spricht, die sich auf (einen) Gott als die Quelle ihrer Gesetze berufen haben. Der erste dieser Gesetzgeber, der ägyptische Reichsgründer, den Diodor bald Menas oder Menes, bald Mnevis nennt, „behauptete, daß Hermes ihm die Gesetze gegeben habe". So berief sich in Kreta Minos auf Zeus und Lykurg bei den Spartanern auf Apollon, Zoroaster bei den „Arianern" (*arianoi*) auf *Agathos Daimon* (Ahura Mazda), Zalmoxis bei den Getern auf Hestia und Moses bei den Juden auf *Iao* (Jahwe). Aus dieser Stelle gewinnt Ficino das Modell seiner „alten Theologie", indem er den Begriff der „Gesetzgebung" im Sinne von „Religionsstiftung" auslegt. Die Diodor-Stelle wird dann im 18. Jh. in vollkommen anderer Deutung zu einem zentralen Referenztext der radikalen Aufklärung. Von den „sechs Gesetzgebern" ist es dann nur ein Schritt zu den „drei Betrügern". Bei Ficino wird diese Stelle vollkommen anders verstanden, eher im Sinne von Diodor, der damit auch keine denunziatorische Absicht zu verbinden scheint.

Abb. 6: „Philosophia“. Holzschnitt von Konrad Celtis (1502) mit Dürers Monogramm

ten nach Europa gewandert ist. Aleida Assmann hat diesen Prozess nicht als Entwicklung, sondern als Verlagerung beschrieben:

> Die Quelle der Legitimität teilte sich dabei in zwei Bereiche auf: politische Herrschaft (translatio imperii) und kulturelle Blüte (translatio studii). Durch Anschluß an das Alte sollte dem Neuen Macht und Geltung verliehen werden. Diese Reihe besteht aus unterschiedlichen Machtzentren, die nacheinander die Fackel eines einzigen universalen Kulturlichts halten; eine gleichzeitige Blüte mehrerer Kulturen ist ebenso undenkbar wie unabhängige Neuentfaltungen. Das bedeutet, daß sich jede neue Kultur als Fortsetzung und Reinkarnation der einen Kultur versteht. Diese von Ort zu Ort fortgesetzte Geschichte der Kultur im Singular ist keine Sache der Entwicklung sondern des Transports. Die identische Kultur wandert und ändert dabei von mal zu mal ihre Adresse, wobei die Route von Osten nach Weste von vornherein festgelegt ist. Kontinuität ist also auch hier nicht anders denkbar als in der Struktur einer Kettenbildung oder direkten linearen Abfolge.[242]

Diese Idee der *einen* Kultur ist erst im 18. Jh. abgelöst worden von Anquetil Duperrons Konzept der gleichzeitigen Entstehung gleichgerichteter Kulturen in Ost und West (das K. Jaspers als „Achsenzeit" bekannt machte[243]) und vor allem Johann Gottfried Herders Konzept der unabhängigen kulturschaffenden Kreativität der Völker.[244] Zu Unrecht gilt Herder damit als Wegbereiter des Nationalismus, vielmehr hat er mit seinem Ansatz die Kulturwissenschaften begründet, denen es zentral um die irreduzible Vielheit und Gleichwertig-

---

242 A. Assmann, *Zeit und Tradition*, 112.
243 J. Assmann, *Achsenzeit*.
244 A. Assmann, „Herder zwischen Nationalkulturen und Menschheitsgedächtnis".

keit der Kulturen geht, die es unbeschadet universaler Werte und Ideen immer nur im Plural gibt.

Doch zurück zum Humanismus des 16. Jh. Bei Francesco Patrizis (1529–1597) Projekt einer *Nova De Universis Philosophia* nimmt die verbreitete Vorstellung einer allgemeinen Verschlechterung der menschlichen Welt (das Gegenstück zum Ende des 18. Jh. aufkommenden Fortschrittglauben) die sprachgeschichtliche Form einer Verfallsgeschichte der Ursprache an. Die Ursprache, d. h. die beim Turmbau zu Babel verloren gegangene Sprache Adams, funktionierte, mit einem Begriff Aleida Assmanns, nach dem Prinzip der „unmittelbaren Signifikation", d. h. einer unmittelbaren und natürlichen Teilhabe der Zeichen am Wesen des Bezeichneten, während die späteren Sprachen nach dem Prinzip der mittelbaren Signifikation funktionieren, d. h. über einen Kode, der die Beziehung zwischen Zeichen und Bezeichnetem konventionell festlegt.[245] Im Zusammenhang dieser „Suche nach der vollkommenen Sprache"[246] spielt Ägypten aufgrund der Diskussion um die Hieroglyphen als „natürliche Zeichen" eine zentrale Rolle.[247] Da Aristoteles als der Hauptvertreter einer Sprach- und Zeichentheorie im Sinne der mittelbaren Signifikation galt, versteht man auch die starke antiaristotelische Polemik, die Patrizi und andere mit ihrem Projekt einer auf der unmittelbaren Signifikation basierenden platonischen Semiotik verbanden.[248]

---

245 Siehe A. Assmann *Die Legitimität der Fiktion*. Siehe auch dies., „Die Weisheit Adams".

246 Siehe hierzu das gleichnamige Buch von U. Eco, *La Ricerca della lingua perfetta*.

247 Siehe z. B. L. Dieckmann, *Hieroglyphics*; M. V. David, *Le débat sur les écritures et l'hiéroglyphic aux XVIIe et XVIIIe siècle*.

248 Diese Zusammenhänge können hier nur angedeutet werden.

Das 17. Jh. brachte eine gewisse Ernüchterung. Die Idee einer Heiden und Christen gemeinsamen Urtheologie wurde als Häresie auf den Index gesetzt. Das *Corpus Hermeticum* wurde als spätantiker Text entlarvt und sogar für eine christliche Fälschung erklärt (was entschieden zu weit ging).[249] Dafür entfaltete jetzt aber die Idee der „Religio duplex" eine große Faszinationskraft.[250] Der Begriff „Religio duplex" scheint auf Theodor Ludwig Lau (1670–1740) zurückzugehen, der sich damit in seiner Schrift *Meditationes, Theses, Dubia philosophico-theologica*[251] auf die Unterscheidung zwischen vernünftiger (*religio rationis*) und geoffenbarter Religion (*religio revelationis*) bezieht: „These XII: Religio duplex: Rationis & Revelationis."[252] Der englische Theologe John Spencer meinte hierin den Grund gefunden zu haben, warum Gott die Israeliten nach Ägypten führte, um sie dort sich zum Volk entwickeln zu lassen, und warum er ihnen in Gestalt des Mose einen am Königshof erzogenen, also in alle Geheimnisse der Hieroglyphen eingeweihten Führer gab. Dort sollten sie das Prinzip der doppelten Religion lernen und nach diesem Prinzip sollte auch die Religion, die Er durch Mose ihnen geben wollte, aufgebaut sein. Wie

---

Vgl. dazu ausführlicher A. Assmann/J. Assmann (Hrsg.), *Hieroglyphen*.

249 I. Casaubon, *De rebus sacris et ecclesiasticis exercitationes XVI*, 70ff. Vgl. A. Grafton, *Defenders of the Text*, 145–161.

250 J. Assmann, *Religio duplex*.

251 T. L. Lau, *Meditationes, Theses, Dubia philosophico-theologica*. Über Lau vgl. M. Mulsow, *Moderne aus dem Untergrund*, 432–438 (siehe auch den Index, 505), und E. Feil, *Religio* IV, 129–133.

252 Der Universalgelehrte Jacob Friedrich Reimmann sprach in seinem Buch *Idea Systematis Antiquitatis Literariae Specialioris sive Aegyptiacae Adumbrati* (1718) von „philosophia duplex" nämlich „exoterisch und esoterisch", siehe J. Assmann, *Religio duplex*, 20.

die Hieroglyphen sollten auch die Ritualgesetze einen geheimen Sinn kodieren, der sich ihnen erst im Laufe der Zeiten enthüllen würde. Ralph Cudworth, ein Zeitgenosse, der zur gleichen Zeit in Cambridge wirkte, vertrat die These, dass alle Völker, alle Menschen, auch die Heiden und Atheisten, im Grunde Monotheisten sind und dass die polytheistischen Religionen der Griechen, Babylonier, Ägypter usw. alle doppelbödig waren und hinter der volkstümlichen polytheistischen Fassade in ihren Mysterien den Einen Gott verehrten.[253] Die ursprünglichste dieser Kulturen sei die altägyptische; von ihr hätten alle Völker der Alten Welt die Struktur der „Religio duplex" übernommen. Dieses in vielen anderen gelehrten Werken des 17. und frühen 18. Jh. verbreitete Bild Ägyptens kam aber erst im 18. Jh. voll zum Tragen, als der englische Bischof und Gelehrte William Warburton eine politische Deutung dieser Struktur entwickelte.[254]

Die alten Ägypter, und mit ihnen alle anderen Kulturen des antiken Heidentums, so Warburton, waren von Gott ja nicht wie die Israeliten einer Offenbarung gewürdigt worden. Sie mussten sich daher aus eigener Kraft eine Religion und Staatsverfassung verschaffen. Für die Religion waren sie auf die Natur angewiesen und gelangten durch das Studium der kosmischen und irdischen Prozesse zu genau der Theologie, die Cudworth als die Geheimtheologie der Ägypter ermittelt hatte: die Lehre der All-Einen alles umfassenden, alles hervorbringenden und erhaltenden Gottheit Natur, die bei den Ägyptern Isis hieß. Mit dieser Religion war aber kein Staat zu machen. Die All-Eine Natur kannte weder politische Grenzen und Identitäten, noch unterschied

253 R. Cudworth, *The True Intellectual System of the Universe*, siehe J. Assmann, *Moses der Ägypter*, 118–130.
254 W. Warburton, *The Divine Legation of Moses Demonstrated.*

sie zwischen Gut und Böse. Ein Staat brauchte persönliche, lohnende und strafende Götter, die über die Gesetze wachten, die das Volk lieben und fürchten konnte und die Staat und Gemeinschaft schützten und repräsentierten. Also musste man diese Götter erfinden und schuf sich ein Pantheon vergöttlichter Gesetzgeber und Könige. Die wahre Religion der Natur aber musste im Verborgenen praktiziert werden, damit die Staatsreligion nicht als Fiktion entlarvt würde.

Dieses Modell hatte aus zwei Gründen einen durchschlagenden Erfolg. Einmal als Struktur mit seiner Gliederung in innen und außen, Öffentlichkeit und Geheimnis, Exoterik und Esoterik, zum anderen aber auch wegen der inhaltlichen Besetzung dieser Räume mit Staat, Kirche und Volkskatholizismus, Anglikanismus oder protestantischer Orthodoxie im Außenbereich und einem aufgeklärten Deismus im inneren Raum. Das 18. Jh. war das Jahrhundert der Geheimgesellschaften, der Freimaurer, Rosenkreuzer, Illuminaten usw., die in ganz Europa zu Hunderten entstanden, und die in diesem ägyptischen Modell wie in einem Spiegel ihre eigene Situation wiedererkannten als Träger einer Weisheit, die sie unter den Bedingungen staatlicher und kirchlicher Zensur nur im Untergrund, im Schutzraum des Logengeheimnisses betreiben konnten. Zweitens und damit in engstem Verbund war das 18. Jh. das Jahrhundert der Aufklärung; ihre Leitbegriffe, Vernunft und Natur, gerieten nun in Gegensatz zur Offenbarung, und die Religion der Natur und Vernunft glaubte man in der ägyptischen Geheimreligion entdeckt zu haben. Die Gottheit dieser Geheimreligion war Isis, die als „Mutter Natur“ in Gestalt der vielbrüstigen Diana von Ephesos verehrt wurde, und von deren verschleierten Bild zu Sais Plutarch berichtete, es habe die Inschrift getragen „Ich bin alles, was ist, war und sein wird; meinen

Schleier hat kein Sterblicher aufgedeckt".[255] *Hen kai pan*, Ein-und-Alles oder die All-Einheit war die Devise dieser Mysterien: kein Unterschied zwischen Gott und Welt, Gott ist die Welt, *deus sive natura*.

Johann Gottfried Herder hat sich in seinen Schriften mehrfach leidenschaftlich gegen die Allianz von Geheimnis und Aufklärung ausgesprochen und der Idee einer idealen Freimaurerei, die Lessing in seinem Dialog *Ernst und Falk* (1778) vorgetragen hatte,[256] die *République des lettres* der Humanisten entgegengestellt. Diese Republik ist keine Geheimgesellschaft, im Gegenteil:

> Sie ist gesammelt, sie ist sichtbar. Faust oder Gutenberg war, wie soll ich sagen? ihr Meister vom Stuhl, oder vielmehr ihr erster dienender Bruder. Ich treffe in ihr alles an, was mich über jede Trennung der bürgerlichen Gesellschaft erhebt, und mich zum Umgange nicht mit *sol-*

255 „Egō eimi pan to gegonos kai on kai esomenon" (Plutarch, *De Iside et Osiride* 9 [354C]). Dieselbe Inschrift überliefert auch Proklos in seinem *Timaios*-Kommentar, und zwar mit drei sehr entscheidenden Änderungen. Statt „kein Sterblicher" heißt es bei ihm „niemand", was die Götter einschließt. Statt *peplos* (ein wollenes Obergewand) heißt es *chitōn* (ein feinleinenes Untergewand), was dem Akt des „Lüftens" *(apokalyptō)* eine sexuelle Konnotation verleiht. Diese Konnotation wird durch den bei Plutarch fehlenden Zusatz verstärkt, der da lautet: „die Frucht meines Leibes ist die Sonne". Der Satz hat also, so ähnlich er klingt, bei Proklos eine ganz andere Bedeutung; er bezieht sich nicht auf eine erkenntnistheoretische Aporie – die schlechthinnige Entzogenheit der Wahrheit –, sondern auf die Parthenogenese der Sonne aus dem Leib einer mütterlichen Ur- und Allgottheit. Proklos hat den Satz also gewiss nicht von Plutarch abgeschrieben, sondern benutzt unabhängig von ihm eine andere Quelle.

256 G. E. Lessing, *Ernst und Falk*.

> *chen* und *solchen* Menschen, sondern mit *Menschen überhaupt*, nicht nur einführt, sondern auch bildet.[257]

Herder wendet sich mit aller Entschiedenheit gegen Idee und Form der Geheimgesellschaft.

> Kein wahres Licht läßt sich verbergen, wenn man es auch verbergen wollte; und das reinste Licht sucht man nicht eben in den Grüften [...]. Alle solche Symbole mögen einst gut und notwendig gewesen sein; sie sind aber, wie mich dünkt, nicht mehr für unsere Zeiten. Für unsere Zeiten ist gerade das Gegenteil ihrer Methode nötig, *reine, helle, offenbare Wahrheit.*[258]

An die Stelle der Allianz von Aufklärung und Geheimnis setzt Herder den unversöhnlichen Antagonismus: Aufklärung bedeutet das Ende des Geheimnisses. Ähnlich schreibt er in seinem Gespräch „Glaukon und Nicias“:

> O wie freuet mich, statt des trüglichen Scheins aller geheimen Wissenschaften, bei welchem man wie Aeneas im Totenreich irret, das klare Licht der Mittagssonne, der allgemeinen, öffentlichen, untrüglichen Wahrheit! Jeder tritt vor derselben mit seiner Meinung heraus; gut oder böse, haltbar oder trüglich, sie wird überlegt, geprüft, bestätigt oder verworfen [...]. Liebt also eine ge-

257 J. G. Herder, „Briefe zur Beförderung der Humanität“, 132–141; G. E. Lessing, *Ernst und Falk*, 61–73. Herder geht auch in seiner ausführlichen Geschichte der Freimaurerei auf Lessings *Ernst und Falk* ein: „Historische Zweifel“. In dieser Abhandlung setzt sich Herder zunächst kritisch mit Lessings Ableitung des Begriffs „freemasonry“, von *masoney*, „Tafelrunde“, auseinander und entwirft dann seine eigene Rekonstruktion der Geschichte der Freimaurerei

258 J. G. Herder, „Briefe zur Beförderung der Humanität“, 141; Hervorhebung im Original.

> heime Gesellschaft Wahrheit: so trete sie mit ihren geheimen Wissenschaften, ihren gnostischen Evangelien ans Licht und lasse die alte Mönchsschrift von der Sonne bescheinen.[259]

Das „große Geschäft" aber, um das es geht, ist bei Lessing und Herder dasselbe: der „große, edle Bau der Humanität".

259 Zitiert nach G. E. Lessing, *Ernst und Falk*, 118, Anm. 11.

KAPITEL V

Aufklärung und Moderne. Die Emanzipation der Kultur

Der Orientalist und Schriftsteller Navid Kermani hat unlängst Europa als die „Welt des Geistes (Musik, Literatur, Philosophie, Malerei)“ definiert, deren grundsätzlicher Offenheit und Vielfalt zwei Strömungen entgegenstehen. Die eine positioniert sich zu bestimmten politischen Sachverhalten, allen voran der Aufnahme von Flüchtlingen, die andere will „das Abendland mit dem Christentum verheiraten“ und nicht wahrhaben, dass Europa „sich mit der Aufklärung bewusst von seinen [religiösen] Wurzeln abgesetzt“ hat.[260] Damit bringt Kermani die Kultur in Stellung gegen Politik und Religion.

Der „Ausgang des Menschen aus seiner selbstverschuldeten Unmündigkeit“, als welchen Immanuel Kant die Aufklärung definierte, bedeutete eine neue Form des Auszugs aus Ägypten. Jetzt ging es um den Auszug aus der *historia sacra* und damit aus dem Zeitalter des Glaubens. Nun trat endgültig die Kultur als unabhängige dritte Kraft der Religion und dem Staat gegenüber. Damit entsteht auf europäischem Boden das dritte und eigentlich europäische Paradigma in der Beziehungsgeschichte von Religion und Kultur. Mit der Säkularisierung verschwindet das Heilige aber nicht aus der Welt, es verlagert sich. Auf vier solcher Verlagerungen möchte ich abschließend noch kurz eingehen: die Sakralisierung

260 N. Kermani, „Europa als offener kultureller Raum“, 112f.

der Nation in Gestalt von Nationalismus und Zivilreligion, die Sakralisierung der Kunst in Gestalt der Kunstreligion, die Sakralisierung des Individuums in Gestalt der Menschenrechte und die Sakralisierung der Natur in Gestalt des Pantheismus. Auf diesen letztgenannten Prozess möchte ich zunächst eingehen, weil das Alte Ägypten darin eine prominente Rolle spielt, hängt er doch mit der geistigen Wiederentdeckung Ägyptens in der Renaissance zusammen.

Vorausschicken möchte ich aber zunächst eine allgemeine Bemerkung zur Bedeutung epochemachender Wenden wie die vom monistischen Kosmotheismus zum dualistischen Monotheismus bzw. vom vormetaphysischen zum metaphysischen Zeitalter. Die Frage ist, ob die Errungenschaften des neuen, z. B. des metaphysischen Zeitalters eine radikale Ablösung des alten, vormetaphysischen Zeitalters darstellen oder nicht vielmehr eine Bereicherung und Diversifizierung, d. h.: Verschwindet mit dem Neuen das Alte oder dauert es daneben bzw. darunter fort und erzeugt dadurch eine besondere kulturelle Spannung? Diese Frage möchte ich im Sinne der zweiten Lösung entscheiden. Mit der Achsenzeit, also der Heraufkunft des metaphysischen Weltbilds und Weltverhältnisses, ist das mythische, immanentistische Weltbild und Weltverhältnis nicht spurlos verschwunden und abgelöst worden, sondern hat im kulturellen Speichergedächtnis des Westens, vor allem in griechischen und lateinischen Texten weitergelebt, und in dem Maße, wie seit dem 15. Jh. diese Texte entdeckt, bekannt, gelesen und kommentiert wurden, das abendländische Weltverhältnis bereichert und kompliziert. Durchs Mittelalter ist Europa mit Bibel, Augustinus, Aristoteles sehr gut hindurchgekommen. Dann kam vor allem mit den Flüchtlingen aus dem von den Türken bedrängten und 1453 eroberten Konstantinopel und vielen anderen neuentdeckten Texten die Wiedererinnerung an den Kosmotheismus hinzu: das *Corpus Hermeticum* mit dem monistischen Weltbild und der göttlichen All-Einheit und die *Hieroglyphica* des Horapollon mit dem Befund einer Schrift, die unabhängig von einer Sprache unmittelbar Dinge und Begriffe zu bezeichnen schien und als Medium universaler Kommunikation, eine Überwindung der babylonischen Sprachverwirrung begrüßt wurde.

Beide, der theologische und der zeichentheoretische oder „grammatologische" Ansatz, konvergieren in einem natürlichen, d. h. kosmotheistischen Welt- und Gottesbild und lösten lange vor der Entzifferung der Hieroglyphen durch François Champollion 1822 eine intensive Beschäftigung mit dem Alten Ägypten aus. Pierre-Adam d'Origny hat in seinem zweibändigen Werk über das Alte Ägypten die ägyptische Religion als „Spinozismus ante Spinozam" beschrieben und damit Spinozas Gleichsetzung von Gott und Natur ein historisches Fundament gegeben:

> Wenn es genügte, sich eine Chimäre von Gottheit zu machen um nicht für einen Atheisten zu gelten, dann waren die Ägypter, die die Natur im Allgemeinen und sogar im Besonderen verehrten in ihren sieben unsterblichen Göttern und einer großen Menge irdischen Götter und Tiere auf keine Weise Atheisten; wenn man dagegen die als solche ansehen müsste, die wie Spinoza nur die Natur oder die in allen Wesen vorhandene Naturkraft als Gott anerkennten, dann gehörten die Ägypter allemal dazu.[261]

261 „S'il suffisait de s'être fait une chimère de divinité pour n'être point Athée, les Egyptiens qui adoraient la nature en general & même en detail dans leur sept dieux immortels, & dans un grand nombre de dieux terrestres et animaux, n'etoient point Athées: si au contraire l'ont doit regarder comme tels ceux qui, ainsi Spinoza, ne reconnoissent pour dieux que la nature ou la vertu de la nature

Jetzt ging es nicht mehr nur um eine umstrittene moderne Philosophie, sondern um die älteste in der schriftlichen Überlieferung greifbare Religion. Die Ägyptologie hat diese prä-champollionischen Ägyptenphantasien nicht weiter ernst genommen, aber ich habe praktisch mein ganzes ägyptologisches Lebenswerk der Aufgabe gewidmet, die Plausibilität dieses Ägyptenbildes aus den damals unbekannten oder unlesbaren ägyptischen Quellen zu erweisen, seit mir vor 60 Jahren in einem Hymnus des 13. oder 12. Jh. v. Chr.[262] entscheidende Züge dieses hermetisch-neuplatonischen Gottesbildes begegneten.

1. Umbuchungen des Heiligen

In der Moderne, die man heute gern mit der „Sattelzeit" (1770–1830)[263] beginnen lässt, verlagert sich mit dem Geltungsschwund der Religion, genauer: dem Ende des „Zeitalters des Glaubens", das Heilige auf andere Gebiete.

Auf vier möchte ich abschließend eingehen: die Natur, die Nation, die Kunst und die Person.

Pantheismus

Ich beginne mit dem Pantheismus. Darunter versteht man die Nichtunterscheidung von Gott und Welt, alles ist Gott, Gott ist alles. *Deus sive Natura*, wie Spinoza sagt. Diese

---

répandue dans tous les êtres, les Égyptiens en general l'étoient certainement." P. A. d'Origny, *L'Égypte ancienne* II, 195, zitiert nach D. Syndram, *Ägypten-Faszinationen*, 322 Nr. 179.

262 Papyrus Berlin 3049, siehe J. Assmann/A. Kucharek, *Ägyptische Götterliteratur*, 350–362, 870–875.

263 R. Koselleck, „Einleitung", XV.

Idee „zündet“ in Deutschland[264] mit hundertjähriger Verspätung, und der Auslöser ist ein Gespräch zwischen Gotthold Ephraim Lessing und Friedrich Heinrich Jacobi. Der hatte Lessing 1780 besucht und ihm Goethes Gedicht Prometheus („Bedecke deinen Himmel, Zeus“) zu lesen gegeben, das damals noch nicht im Druck erschienen war. Lessing war begeistert. „Die orthodoxen Begriffe der Gottheit sind nicht mehr für mich“, soll er ausgerufen haben, „Ich kann sie nicht geniessen. Hen kai Pan! Ich weiß nichts anders. Dahin geht auch dies Gedicht; und ich muß bekennen, es gefällt mir sehr.“ Jacobi daraufhin: „Da wären Sie ja mit Spinoza ziemlich einverstanden.“ Lessing: „Wenn ich mich nach jemand nennen soll, so weiss ich keinen andern“.[265]

Die Kunde von Lessings „Hen kai pan!“[266] und seinem Bekenntnis zu Spinoza verbreitete sich wie ein Lauffeuer. Moses Mendelssohn, Lessings jüdischer Freund, verlangte Aufklärung von Jacobi (denn Lessing selbst war inzwischen gestorben), und Jacobi antwortete ihm in Form eines Buches, das 1785 erschien, allgemein Furore machte und den sogenannten „Pantheismus-Streit“ auslöste.[267] Dies Buch hat Jacobi auch seinem Freund J. G. Herder nach Weimar geschickt, dieser hat es seinem Freund Goethe geliehen und beide haben im Winter 1785/86 im Hause der Frau von Stein

---

264 Der Pantheismus ist natürlich keine exklusiv deutsche Affäre, aber er hat in Deutschland besonders tiefe Wurzeln geschlagen und Verbreitung gefunden.

265 F. Mauthner, *Jacobis Spinoza-Büchlein nebst Replik und Duplik*, 65f.

266 Zu dieser Formel und ihrer Varianten im *Corpus Hermeticum*, die Lessing vermutlich durch das Werk des englischen Neuplatonikers R. Cudworth, *The True Intellectual System of the Universe*, kennengelernt hat, siehe J. Assmann, *Religio duplex*, 15–17, 79–81 u. ö.

267 Siehe K. Müller, *Streit um Gott*, 177–184.

zu dritt eine Reihe von Gesprächen darüber geführt. Herder hat sein Gedächtnisprotokoll dieser Gespräche 1787 veröffentlicht in seiner Schrift *Gott. Einige Gespräche über Spinozas System*. Gleichzeitig veröffentlichte der Philosoph Carl Leonhard Reinhold, ein führender Kantianer und Vertreter des deutschen Idealismus, sein Buch über *die Hebräischen Mysterien oder die älteste religiöse Freimaurerei*.[268] Darin führte er den biblischen Monotheismus auf die ägyptischen Mysterien zurück, deren zentrales Credo er in der Inschrift auf dem verschleierten Bild der Isis zu Sais erblickt, das er als ein pantheistisches Manifest deutet: „Ich bin alles, was da war, ist und sein wird. Kein Sterblicher hat meinen Schleier gelüftet." Schiller, Freund und Fakultätskollege in Jena, machte in seinem Essay „Die Sendung Moses" (1790)[269] diese These in ganz Europa bekannt. Als Heinrich Heine 1834 seinen Essay „Über Religion und Philosophie in Deutschland" veröffentlichte, stellte er den Pantheismus als die herrschende philosophische Richtung heraus – „der Pantheismus ist die verborgene Religion Deutschlands" – und er charakterisiert dieses neue Bild mit der Formel „Gott ist identisch mit der Welt", also mit der radikalen Aufhebung der Transzendenz, die das europäische Weltbild seit der jüdischen und griechischen Antike bestimmt hatte. Praktisch läuft das auf eine geistige Rückkehr nach Ägypten hinaus.

Kann man hier von einer Religion reden? Zunächst handelt es sich um einen intellektuellen und literarischen Diskurs. Wo bleiben hier Glaube, Offenbarung, Verheißung, Kult? Als Offenbarung gilt die Welt in Gestalt von Kosmos

---

268 C. L. Reinhold, *Die Hebräischen Mysterien oder die älteste religiöse Freymaurerey*.

269 Abgedruckt in C. L. Reinhold, a. a. O., 129–156.

und Natur, wenn auch verschleiert, *natura naturans*. Hören wir dazu Goethe:

> Was kann der Mensch im Leben mehr gewinnen
> Als dass sich Gott-Natur ihm offenbare?[270]

Berühmter noch ist Fausts Antwort auf Gretchens Frage. Gefragt, ob er an Gott glaube, verweist er auf das vor Augen Liegende: den Himmel, die Erde, die Sterne. Religion ist für Faust nichts anderes als eine erkennende und empfindende Weise des In-der-Welt-seins, denn auch Gott ist in der Welt:

> Wölbt sich der Himmel nicht dadroben?
> Liegt die Erde nicht hierunten fest?
> Und steigen freundlich blickend ewige Sterne nicht herauf?
> (Goethe, Faust I)

> Der Allumfasser, der Allererhalter,
> faßt und erhält er nicht
> mich, dich, sich selbst?
> (Goethe, Faust I)

Religion ist keine Sache des Glaubens, sondern der göttlichen Evidenz und der menschlichen Resonanz. Diese Form von Religion, die das Göttliche nicht außerweltlich, sondern innerweltlich denkt, ist reinster Kosmotheismus.

Damit ist hier das Zeitalter des Glaubens zu seinem Ende gekommen. Von Glauben im strengen Sinne von Bund und Treue kann hier keine Rede sein, wir haben es hier mit einem genauen Gegenmodell zur biblischen Bundesreligion zu tun. Und wie steht es mit dem Kult? Das Stichwort hat Reinhold geliefert, als er von „Mysterien“ sprach. Auch dies hat Schiller in seiner Ballade vom Verschleierten Bild zu Sais popula-

270 J. W. von Goethe, „Bei der Betrachtung von Schillers Schädel“.

risiert.[271] Das kultische Gegenstück zur idealistisch-pantheistischen Philosophie von Spinoza bis Hegel ist das Illuminatentum, dem Reinhold als einer seiner prominentesten Vertreter angehörte. Bis 1783 gehörte er zur Loge „Zur Wahren Eintracht“ in Wien, deren Mysterienforschungen Mozart zur *Zauberflöte* inspirierten.[272] Diese und viele andere illuminatisch orientierte Logen verstanden sich als Nachfolger der Isis-Mysten. Mozart und Schikaneder brachten die Mysterien der Isis auf die Bühne. Auch dies ist eine Form von Kult.

Als das zentrale Credo des ägyptischen Pantheismus galt die von Plutarch und Proklos überlieferte Inschrift auf dem „Verschleierten Bild zu Sais“.[273] Isis spricht in der Deutung der Zeit als Mutter Natur, *natura naturans*, und indem sie sich mit allem, was ist, gleichsetzt, reißt sie die Grenze zwischen Gott und Welt ein. Beethoven schrieb sich die pantheistischen Kernsätze der ägyptischen Mysterien aus Schillers Essay ab, ließ das Blatt unter Glas rahmen und stellte es auf seinen Schreibtisch. Dort hatte er es vor Augen, während er an der Missa Solemnis arbeitete.[274]

Kunstreligion

Beethoven kann nun auch als der prominenteste Exponent der Kunstreligion gelten. Das ist die Religion derer, denen die Kunst heilig ist. Das sind seit dem späten 18. Jh. nicht wenige, und ihr Begriff von Heiligkeit steht nicht hinter

---

271 J. Assmann, *Das verschleierte Bild zu Sais.*

272 Siehe dazu J. Assmann, *Die Zauberflöte.*

273 S. o., S. 84; 105; 215f. Anm. 255.

274 F. Grigat, *Beethovens Glaubensbekenntnis.* Papieruntersuchungen des Blattes ergeben das Jahr 1819, in dem Beethoven mit der Arbeit an der *Missa* begann. Siehe auch J. Assmann, *Kult und Kunst*, 140–147.

dem der traditionellen Religion zurück. Den Begriff „Kunstreligion“ hat der evangelische Theologe Friedrich Schleiermacher 1799 in seinen *Reden über die Religion* aufgebracht. Seit Schleiermacher die Religion als „Gefühl für das Unendliche“ definierte, war klar, dass die traditionellen Kirchen der romantischen Religiosität nicht genügen konnten, und keine Kunst konnte der Sehnsucht nach Unendlichkeit einen überzeugenderen Ausdruck verleihen als die Musik.[275] Hatten früher Religion und Kult die Künste hervorgebracht, dann kehrt sich das Verhältnis in der Kunstreligion der Romantik um: Die Kunst evoziert und beflügelt die religiösen Gefühle in einer Intensität, die die Kirche nicht mehr aufbringen kann. Die Kunst will nicht länger im Dienst des Kults stehen, sondern selbst heilig sein.[276] Mit seiner *Missa Solemnis* und der 9. Symphonie hat Beethoven in den frühen 20er-Jahren des 19. Jh. zwei Werke geschaffen, die den Begriff Kunstreligion in paradigmatischer Weise verkörpern. Beide sind Schwesterwerke der jetzt im Bannkreis vor allem Beethovenscher Musik entstehenden bürgerlichen Kunstreligion. Beide sind gleichzeitig entstanden, die Messe in D-Dur und die Symphonie in d-Moll.[277] Beide wurden gleichzeitig aufgeführt in einem Konzert im Kärntnertortheater am 7. Mai 1824, die *Missa* allerdings nur mit den Teilen *Kyrie, Credo* und *Agnus Dei*, die überdies als „Hymnen“ überschrieben waren, da die Aufführung liturgischer Musik außerhalb des Gottesdiensts in Wien verboten war. Die 9. Symphonie ist ein „weltliches“ Werk, das mit dem überraschenden Umschlag ins oratorische Genre im vierten Satz eine sakrale

275 G. Scholtz, *Schleiermachers Musikphilosophie*, speziell 20–25.
276 Vgl. H. Detering, „Was ist Kunstreligion?“, 11–27.
277 So wie 12–14 Jahre vorher die C-Dur Messe op. 86 und die c-Moll Symphonie op. 67.

Aura entfaltet und in Deutschland und einigen anderen Ländern[278] inzwischen mit dem Jahreswechsel eine geradezu liturgische Verbindung eingegangen ist. Die *Missa Solemnis* dagegen ist ein „geistliches" Werk – und was gäbe es Sakraleres als den altgeheiligten Text des *Ordinarium Missae*? –, das durch die Verlegung in den weltlichen Konzertsaal eine gewisse Weltlichkeit annimmt.[279] Das Phänomen Kunstreligion hat also zwei Aspekte. Einmal geht es um die Sakralisierung weltlicher Kunst, das andere Mal um die Autonomisierung sakraler Kunst.

Nationalismus als Ethnotheismus

Eine ganz andere Religion, die in Deutschland noch tiefere Wurzeln schlug, noch stärkere Verbreitung fand und bis heute virulent ist, ist der Nationalismus. Er macht die Nation zum Inbegriff des Heiligen[280] und ist das genaue Gegenteil des Pantheismus. Ist dieser konsequent universalistisch, humanistisch, kosmopolitisch und pazifistisch, dann ist der Nationalismus völkisch, antihumanistisch und militant. Er entsteht denn auch in Deutschland in Kriegszeiten, der Zeit der Napoleonkriege und der französischen Besatzung großer Teile Deutschlands, und gewinnt sein besonderes Profil durch sein Doppelziel Befreiung und Einigung.

Auch der Nationalismus manifestiert sich wie der Pantheismus zunächst vor allem als Diskurs, angefangen mit Heinrich von Kleists Drama *Die Hermannsschlacht*, Ernst Moritz Arndts

278 Nicht aber in Österreich. Dort ist, worauf mich Angelika Lohwasser als Österreicherin hinweist, der Donauwalzer das Musikstück, das zum Jahresbeginn auf allen Sendern läuft.

279 J. Assmann, *Kult und Kunst*, 127–135, 237f.

280 Siehe hierzu die differenzierte Beschreibung von A. Assmann, *Die Wiedererfindung der Nation*, 158–168.

Schriften und Johann Gottlieb Fichtes *Reden an die deutsche Nation*, und führt über die konservative katholische Romantik, Joseph Görres und Georg Friedrich Daumer zu Ludwig Klages und Alfred Bäumler. Der völkische Diskurs ist manifest xenophob, rassistisch, antisemitisch und geistfeindlich. In seinem Anti-Intellektualismus reagiert er auf den Rationalismus der Aufklärung des 18. Jh. und in seinem völkischen Antisemitismus auf den Kosmopolitismus der Aufklärung. Alle diese Ingredienzien sind noch immer virulent.[281]

Fragen wir auch hier nach dem religiösen Charakter dieser Richtung. Ursprung und Vorbild jeder Sakralisierung der Nation ist das auserwählte Volk. „Ihr sollt mir sein ein heiliges Volk" – mit diesen Worten beruft JHWH die aus Ägypten befreiten Israeliten in seinen Bund. Max Weber hat festgestellt, dass die Idee des auserwählten Volkes „irgendwie bei jeder Nationbildung im Spiel ist."[282]

Erinnern wir uns: In den frühen Staaten herrscht in Form des Sakralkönigtums die Einheit von Religion und Staat. Mit der deuteronomistischen Bewegung des Frühen Judentums emanzipiert sich die Religion vom Staat, indem sie mit dem Bundesgedanken den Staat in sich aufnimmt. Verfassung und Gesetz werden zu Gottes Willen und Stiftung erklärt. Diese theokratische Verschmelzung wird im Christentum durch die konstantinische Wende rückgängig gemacht, die eine *Allianz von Staat und Religion* schmiedet. Die weitere Geschichte des christlichen Abendlands wird von dieser Allianz bestimmt, wobei die Religion mit der Theorie der zwei Schwerter (von Gelasius I. bis Bonifazius VIII.) eine Führungsrolle bean-

---

281 In Polen sind „Pazifismus" und „Kosmopolitismus" Schimpfworte, die den so Denunzierten die Stellung kosten können.

282 M. Weber, *Wirtschaft und Gesellschaft*, 239. Siehe besonders A. D. Smith, *Chosen Peoples*.

spruch. (Im byzantinischen, gallikanischen und anglikanischen Cäsaropapismus beansprucht der *Staat* die Führungsrolle, aber die Allianz als solche wird nicht angetastet.) Der romantische Nationalismus verschiebt den Begriff der Heiligkeit sowohl vom Staat als auch von der Religion auf das *Volk*.

Zunächst muss man wenigstens theoretisch zwischen Patriotismus und Nationalismus unterscheiden, auch wenn das in der Wirklichkeit oft zusammengeht. Der Patriotismus setzt den eigenen Staat über alles – „Deutschland, Deutschland über alles", „I pledge Allegiance to the flag of the United States" usw. –, hier gilt der *Staat* mit seinen Symbolen als das Heiligste.[283] Aleida Assmann nennt diesen Typus einer Sakralisierung des Nationalstaats im Anschluss an Francis Fukuyama „Bekenntnisnation".[284] Das Bekenntnis gilt dem Staat, nicht dem Volk. Dem völkischen Nationalismus dagegen gilt das eigene *Volk* als das Heiligste, das er in seiner extremsten Form vergottet. Man kann ihn daher auch als „Ethnotheismus" bezeichnen. „Verehrt euch selbst in diesem Bild", sagt Aron mit Bezug auf das Goldene Kalb zu den Israeliten in Arnold Schönbergs Oper *Moses und Aron* und trifft damit den Kern der spezifischen Idolatrie des Nationalsozialismus.[285] Was sich derzeit in Europa populistisch als Nationalismus manifestiert, ist explizit staatsfeindlich. Der Staat wird als „System" verstanden und mit Vorstellungen

---

283 Vgl. A. Assmann, *Die Wiedererfindung der Nation*, 158–165.

284 A. Assmann, a. a. O., 107f.; Fukuyamas Begriff ist „creedal national identity".

285 Der Kult der Nation findet daher auch weniger an staatlichen Nationaldenkmälern wie dem Brandenburger Tor oder dem Monumento Vittorio Emanuele in Rom statt als an Kriegs- und Kriegerdenkmälern und ist vor allem Totenkult. In Gestalt des Arc de Triomphe in Paris fällt beides zusammen: Nationaldenkmal und Grab des Unbekannten Soldaten.

von volksferner Elite assoziiert.[286] Einer Demokratie kann diese Bewegung sehr gefährlich werden, weil sie den demokratischen Grundsatz „Alle Macht geht vom Volke aus“ umdeutet in „Alle Macht geht von der Mehrheit (bzw. der Bewegung) aus“, und wehe dem Staat, in dem diese Richtung die Mehrheit gewinnt, wehe denen, die dieser Mehrheit nicht angehören und ihre Anerkennung als Volksgenossen verlieren. Aber das sind extreme Formen von Nationalismus. Kehren wir zum romantischen Nationalismus zurück.

Die große Verheißung des romantischen Nationalismus heißt Unsterblichkeit, die die Nation denen verheißt, die für sie sterben. Zumindest im nationalen Gedächtnis sollen die fürs Vaterland Gefallenen auf ewig weiterleben. Die Sakralisierung der Nation hängt mit dem Republikanismus der Französischen Revolution und mit der Wende von Monarchie und Diktatur zu Demokratie zusammen. Wenn alle Macht vom Volke ausgeht, geht etwas vom Gottesgnadentum der Monarchie auf das Volk über. Das Volk, nicht der Staat, ist als Träger von Macht und Gewalt heilig. Entscheidend

286 Am klarsten manifestierte sich die Staatsfeindlichkeit des Populismus bei dem vom damaligen Präsidenten Donald Trump selbst entfesselten Sturm auf das Kapitol am 6. Januar 2021, in dem die während seiner vierjährigen Präsidentschaft ständig an den Tag gelegte Verachtung für die Verfassung und die Institutionen des demokratischen Staates gipfelte. Die Demonstration von AfD-Anhängern vor dem Reichstag und die Aktionen der von der AfD in den Reichstag eingeschleusten Störer im August 2020 zeugten bei allen Unterschieden der Größenordnung von gleichen Intentionen. Demgegenüber agiert der Nationalismus autoritärer Regime wie z. B. vormals der DDR und heute vor allem von Belarus und in der Türkei volksfeindlich. „In der DDR“, schreibt Aleida Assmann, „rückte nicht die Nation und ihre Geschichte, sondern der Staat selbst in die Dimension des Heiligen und wurde damit zur identitätsstiftenden Instanz“, A. Assmann, a. a. O., 160.

für diese mythische Aufladung der Nation mit Heiligkeit ist die Idee einer Mission, einer geschichtlichen Aufgabe. Wenn Renan Recht hat mit seiner Definition der Nation als eines permanenten Plebiszits[287], dann müssen das Nationalbewusstsein, der politische Wille und das Zusammengehörigkeitsgefühl des Volkes unausgesetzt wachgehalten werden. Eben dies leistet politische Mythomotorik.[288] Sie erzeugt die „Efferveszenz" (Durkheim), die eine Gesellschaft braucht, um sich als Nation zu fühlen und zu handeln. Erwählung ist immer mit einer Mission, einem besonderen Sendungsbewusstsein verbunden: Ein „heiliges Volk" (*goj qodesch*) und Vorbild für die Völker zu sein (Israel), die Ungläubigen zu unterwerfen (Islam), den Glauben zu verbreiten (Byzanz und Moskau als zweites und drittes Rom), ein Bollwerk des Christentums zu bilden (Polen[289]). Die EU hat kein „Volk", sondern umfasst viele Völker bzw. Nationen; dementsprechend geht ihr die „völkische" Dynamik ab (im Gegenteil wird sie zum Feindbild nationalpopulistischer Bewegungen in Europa). Sie ist auch kein Staat im vollen Sinne und ist mit der Verabschiedung einer Verfassung gescheitert. So bietet sie wenig Ansatzpunkte für eine Sakralisierung. Das gilt aber nicht für die Prinzipien, zu deren Umsetzung sie im

287 E. Renan, *Qu'est-ce qu'une nation*.

288 Siehe hierzu J. Assmann, *Das kulturelle Gedächtnis*, 78–86 sowie „Frühe Formen politischer Mythomotorik". Den Begriff „Mythomotorik" habe ich von A. D. Smith, *The Ethnic Origins of Nations*, übernommen. Smith spricht mit Verweis auf Vorgänger von „mythomoteur".

289 Dies ist spezifisch der polnische Erwählungsmythos, siehe A. Heynoldt, „Die Bedeutung des Sarmatismus für das Nationalbewusstsein und die Kultur des polnischen Adels zwischen dem 16. und dem 18. Jahrhundert". Der Sarmatismus äußerste sich auch in orientalisierender Tracht, durch die die Polen den Türken zum Verwechseln ähnlich wurden.

Sinne einer Mission angetreten ist: Frieden, Demokratie, Rechtsstaatlichkeit und Menschenrechte.[290]

Es ist ja sehr aufschlussreich, dass alle drei Religionen, der Pantheismus, der Nationalismus und die Kunstreligion, in Deutschland ungefähr zur selben Zeit auftraten, in den Jahrzehnten um 1800, die Reinhart Koselleck als „Sattelzeit" bezeichnet hat. Alle drei reagieren sie auf das Verblassen der traditionellen Offenbarungsreligionen in der Aufklärung des 18. Jh. und ihrem Rationalismus. Aber nicht nur die Heraufkunft der neuen Religionen wie Nationalismus, Kunstreligion, Pantheismus, sondern auch das Interesse vor allem der katholischen Romantik am mittelalterlichen Christentum und seiner Kultur lässt sich als Reaktion auf den religionskritischen Rationalismus der Aufklärung verstehen. Der Dichter Novalis sah in dieser Rückwendung zum Christentum sogar ein europäisches Projekt der Einheit und Einigung. In seinem Aufsatz „Die Christenheit oder Europa" spricht er von dem „großen gemeinschaftlichen Interesse", die „Eine Christenheit" und den „menschlich gestalteten Erdteil" zu einer europäischen Gemeinschaft zu verbinden.[291] Nach dem Zweiten Weltkrieg versuchte besonders die konservative CDU in Deutschland die Idee des „christlichen Abendlands" stark zu machen für eine Überwindung der Gräben, die der Nationalsozialismus aufgerissen hatte. Heute sind es rechtsextremistische und anti-europäische Kreise in Deutschland, die sich in ihrem Widerstand gegen die Aufnahme von Geflüch-

290 Vgl. hierzu A. Assmann, *Der europäische Traum.*

291 Novalis, *Werke, Tagebücher und Briefe Friedrich von Hardenbergs* II, 732, siehe G. Schulz, *Novalis,* Kap. VII: „An die Geschichte verweise ich euch". Ich verdanke diesen Hinweis Peter Eschweiler, dem ich für Möglichkeit der Einsichtnahme in das Manuskript seines Buches *Hegel in Ägypten* danke.

teten die Idee des christlichen Abendlands auf die Fahnen geschrieben haben.

Die neuen Religionen des romantischen Deutschlands, Kunstreligion, Nationalismus und Pantheismus, mobilisieren das Gefühl gegen die alles hinterfragende Vernunft. Gefühl ist alles, lässt Goethe seinen Faust auf Gretchens Frage nach seinem Glauben antworten, in kollektiver Efferveszenz manifestiert sich nach Durkheim und Renan das Nationalbewusstsein, und die Musik gilt als die Sprache der Emotionen. Kunstreligion, völkischer Nationalismus und naturvergötternder Pantheismus sind die neuen Religionen der deutschen Romantik. Mit dem romantischen Pantheismus schließt sich der Kreis. In gewisser, wie immer verwandelter Weise, sind Elemente des altägyptischen Kosmotheismus mit der Verschränkung von Kosmos und Gerechtigkeit in unser (post?) modernes Weltbild zurückgekehrt, sodass dieses Exerzitium kultureller Erinnerung, wie ich es hier versucht habe, nicht vollkommen abwegig erscheint.

Das Individuum: Menschenrechte und Menschenpflichten

Die letzte Station in den Verlagerungen des Heiligen, auf die ich abschließend eingehen möchte, ist die Sakralisierung des Individuums.[292] Sie steht im Zusammenhang einer Wende von noch kaum absehbarer Größenordnung. 1945 stand Europa vor einer ähnlichen Situation wie die Juden im 6. Jh. v. Chr. Zwei Weltkriege, menschenverachtende Totalitarismen und der Holocaust haben Europa in einen moralischen und materiellen Trümmerhaufen verwandelt. So wie die Juden damals Gefahr liefen, ihr Vertrauen in einen Gott zu verlieren, der sie scheinbar verlassen hatte, liefen die Europäer

292 H. Joas, *Die Sakralisierung der Person.*

1945 Gefahr, ihren Glauben an den Menschen zu verlieren, der sich als fähig zu Verbrechen und Schandtaten von nie dagewesener und bislang unvorstellbarer Größenordnung erwiesen hatte. Der neue Glaube der Aufklärung, die das Zeitalter des Glaubens beenden und beerben wollte, der Glaube an das Ideal der „Humanität" im doppelten Sinne von Menschheit und Menschlichkeit und die Ideen des Fortschritts und der Modernisierung – alles drohte in Nichts zu zerfallen. Ebenso wenig aber wie die Juden, die, anstatt in Nihilismus zu verfallen, etwas epochemachend und weltverwandelnd Neues schufen, die Religion des Glaubens, stürzte auch Europa nicht in den Nihilismus ab. Auch hier kam es zu einer Wende, die geeignet ist, ein neues Zeitalter heraufzuführen.

Der Schlüsselbegriff des neuen Zeitalters, dessen erste Anfänge wir erleben, ist Humanität, das Ideal, gegen das Carl Schmitt gekämpft hatte: „Wer Menschheit sagt, will betrügen."[293] Für ihn gibt es die Menschheit nicht, weil sie den Begriff des Feindes ausschließt. „Hört die Unterscheidung von Freund und Feind auch der bloßen Eventualität nach auf, so gibt es nur noch politikreine Weltanschauung, Kultur, Zivilisation, Wirtschaft, Moral, Recht, Kunst, Unterhaltung usw., aber weder Politik noch Staat … Die Menschheit als solche kann keinen Krieg führen, denn sie hat keinen Feind, wenigstens nicht auf diesem Planeten. Der Begriff der Menschheit schließt den Begriff des Feindes aus."[294] Nach

---

293 C. Schmitt, *Der Begriff des Politischen*, 55.

294 C. Schmitt, a. a. O., 54f. Der neue, nach dem Zweiten Weltkrieg entwickelte Begriff der Menschenrechte und der „Verbrechen gegen die Menschlichkeit", auf Englisch: *crimes against humanity*, gibt Schmitt unrecht. Die Menschheit im Sinne von *humanity* hat Feinde genug.

Aleida Assmanns überzeugender Analyse bezieht sich dieser Satz auf die Juden.[295] Was Schmitt 1932 verabscheute, ist genau das, was uns heute als die einzige Möglichkeit vor Augen steht, den „Krieg der Kulturen“ zu vermeiden und den Planeten zu retten.

Schmitts Theorie ist mit dem Untergang des Dritten Reichs gescheitert, und es ist ebenso logisch wie symbolisch, dass es drei Juden waren, die den Begriff der Menschheit (*humanity*) ins Zentrum einer neuen Politik, Geschichtsauffassung und Moral stellten. Die Juden waren es, die im 6. Jh. v. Chr. Recht, Moral und Gerechtigkeit menschlicher Verfügbarkeit entzogen und zur Sache Gottes machten. Jetzt, nach dem Zweiten Weltkrieg, waren es vor allem drei jüdische Rechtsgelehrte, die wiederum Recht, Moral und Gerechtigkeit nationaler Verfügbarkeit entziehen und als ein neues europäisches Projekt zur Sache der Menschheit machen wollten.

Hersch Lauterpacht (1897–1960), der bei Hans Kelsen, Schmitts Hauptgegner, in Wien studiert hatte, entwickelte den Begriff „crimes against humanity –Verbrechen gegen die Menschlichkeit“, den der Chefankläger bei den Nürnberger Prozessen, Robert H. Jackson, aufnahm und in Kraft setzte. Raphael Lemkin (1900–1959) hatte schon 1933 auf der Tagung des Völkerbunds erstmals für eine internationale Konvention plädiert, um Gräueltaten wie die Ermordung der Armenier durch das osmanische Reich zu verfolgen, für die er später den Begriff „Genozid“ entwickelte. Noch nicht bei den Nürnberger Prozessen, aber 1948 bei der Erklärung der Menschenrechte durch die UNO wurde dieser Begriff als Straftatbestand anerkannt.[296]

---

295 A. Assmann, *Die Wiedererfindung der Nation*, 204.

296 Einige Jahrzehnte später hat der amerikanische Politologe Raphael Joseph Rummel (1932–2014) den Begriff „Demozid“ ent-

Aleida Assmann hat die Namen Lauterpacht und Lemkin um den Namen René Cassin zu dem Dreigestirn führender Juristen ergänzt, die mit den Begriffen „Verbrechen gegen die Menschlichkeit“ (Lauterpacht) und „Genozid“ (Lemkin) sowie mit der Erklärung der Menschenrechte (1948) und ihrer völkerrechtlichen Inkraftsetzung durch die Gründung des *EuGH* (René Cassin) die Grundlage für eine radikal veränderte Sicht auf die Vergangenheit und die Zukunft der Menschheit legten:

> Als dieser Europäische Gerichtshof für Menschenrechte 1959 seine Arbeit aufnahm, war Cassin dessen erster Richter, der sofort zum Vizepräsidenten des Gerichtes wurde. René Cassin ging es um nichts mehr und nichts weniger als um die verbindliche Grundlage eines „humanen Regierens“.[297]

Was hier ins Werk gesetzt wurde, könnte man eine Politik der Verantwortung nennen im Sinne der Verantwortlichkeit gegenüber einer höheren, universalen Instanz, die nun nicht mehr „Gott“, sondern „Menschheit“ heißt, aber demselben jüdischen Impuls nach Universalisierung von Recht, Gerechtigkeit und Moral entspringt. Die Menschheit stellt eine neue moralische Öffentlichkeit dar, die sich in Form zahlreicher NGOs wie *Human Rights Watch*, *Avaaz* oder *Amnesty International* usw. und transnationaler Organisationen wie *UNO*,

---

wickelt, der sich auf Verbrechen am eigenen Volk bezieht. Damit reagierte Rummel auf die stalinistischen Verbrechen, die der 1973 in Paris erschienene Roman *Der Archipel Gulag* von Alexander Issajewitsch Solschenizyn erstmals in der westlichen Welt bekannt machte.

297 In einem am 4.10.2020 zur Eröffnung der Ausstellung „Die letzten Europäer“ am Jüdischen Museum Hohenems gehaltenen Vortrag (https://www.youtube.com/watch?v=jK1_A_molRo).

ICC (*International Criminal Court*), *EuGH* (*Europäischer Gerichtshof*) usw. institutionalisiert hat. Nach dem „Weltrechtsprinzip" können jetzt auch Verbrechen gegen die Menschlichkeit vor Gericht gebracht werden, die in und von anderen Ländern begangen werden. Auch wenn diese moralische Öffentlichkeit nicht alle Untaten gerichtlich verfolgen kann, die die entsprechenden Länder gern, sich jede „äußere Einmischung" verbittend, als „innere Angelegenheiten" deklarieren, kann sie sie doch mit nicht geringem Imageschaden an den Pranger stellen. Internet, Smartphone und soziale Medien haben diese neue kritische Öffentlichkeit verstärkt. Der auf einem Smartphone festgehaltene Tod der iranischen Studentin Neda auf einer der Demonstrationen gegen die Wahlfälschungen im Jahre 2009 hat weltweite Demonstrationen ausgelöst[298] und der mit dem Smartphone festgehaltene Mord an George Floyd wird die Rechtsprechung gegen rassistische Gewalt nicht nur in den USA grundlegend verändern.

Der neue Glaube an den Menschen hat zu einer Sicht auf die Geschichte geführt, für die der Weg Europas nicht mehr im Licht des Fortschritts erscheint. Erst jetzt zeigen sich in der veränderten Sicht drei europäische Projekte als das, was sie sind: schwerste Verbrechen gegen Menschheit und Menschlichkeit, deren sich Europa schuldig gemacht hat: Sklavenhandel, Kolonialismus und die Vernichtung des europäischen Judentums. Das letzte Verbrechen von beispielloser, nie dagewesener Grausamkeit und Sinnlosigkeit war kein europäisches, sondern ein deutsches Projekt, aber viele der betroffenen europäischen Länder haben sich – wie sich erst im Laufe der letzten drei Jahrzehnte zeigte – an seiner Umsetzung beteiligt. Der Holocaust war gewiss kein „euro-

---

298 A. Assmann/C. Assmann, „Neda".

päisches Projekt", aber er ist ein europäisches Projekt geworden. „Der Holocaust ist der Gründungsmythos Europas", hat der israelische Historiker Gabriel Motzkin einmal gesagt. „Der 27. Januar, der Tag der Befreiung des Vernichtungslagers Auschwitz, wird mittlerweile in ganz Europa als Holocaust Memorial Day begangen", schrieb Claus Leggewie in der ZEIT und fuhr fort: „Der Mord an den europäischen Juden wurde eine Art negativer Gründungsmythos Europas."[299] Am 10. Mai 2005 wurde das Berliner „Denkmal für die ermordeten Juden Europas" eingeweiht.

Das Verbrechen des Sklavenhandels hatte das Abendland von der Antike geerbt. Aristoteles hatte dem Sklaven die Menschlichkeit abgesprochen und ihn als „beseeltes Werkzeug" seines Herrn bestimmt (*Politik*, V, 1253b). Damit hat er den Weg frei gemacht für das Menschheitsverbrechen der Sklaverei, deren Abschaffung erst im 19. Jh. allmählich gelang.

Kein Erdteil hat so viele Küsten wie Europa. Das hat es dazu prädestiniert, in die Welt auszugreifen. Der Geschichtsphilosoph Ernst von Lasaulx, der 1856 das Verhältnis von Küsten zur Landfläche ausgerechnet hat, konnte darin einen großen Vorteil erblicken: „Europa ist der zugänglichste aller Continente, der eben darum das reichste Leben, die grösste Mannigfaltigkeit auf dem kleinsten Raume entfaltet hat."[300] Für die übrige Welt war das ein Fluch. Das Netz der seit der Frühen Neuzeit erschlossenen und durch die Entdeckung Amerikas entscheidend ausgedehnten Handelsrouten hatte die Infrastruktur geschaffen für eine beispiellose Vergewaltigung und Ausbeutung der Welt. Ab dem 19. Jh., als die Staaten die von den Handelsgesellschafften geschaffenen Strukturen übernahmen, nahm der europäische Kolonialismus unter dem

299 *DIE ZEIT* Nr. 18. 24.04.2008, 56.
300 Vgl. J. Assmann, *Achsenzeit*, 103.

Deckmantel der Zivilisierung und Christianisierung die politischen Formen von Gewalt und Ausplünderung an, die die Welt nicht nur verwandelten (Jürgen Osterhammel[301]), sondern auch traumatisierten und Europa in den Augen der Welt nicht – wie es sich einredete – als Licht, sondern als Geißel der Völker erscheinen ließ. Auch hier trat nach dem Zweiten Weltkrieg allmählich ein Wandel ein, die Kolonien gewannen ihre Unabhängigkeit zurück und traten mit ihren einstigen Unterdrückern in ein partnerschaftliches Verhältnis. Neuerdings wird nun endlich auch die lange unterdrückte Frage der Rückgabe geraubten Kulturguts in Angriff genommen, mit dem unsere Museen gefüllt sind. Sklavenhandel, Kolonialismus und die Vernichtung des europäischen Judentums sind erst im Zuge ihrer erinnernden Aufarbeitung zu europäischen Projekten im Zeichen von Einheit und Einigung geworden.

Denen, die den europäischen Einsatz für Demokratie, Rechtsstaatlichkeit und die universalen Prinzipien der Menschenrechte, der Ahndung von Verbrechen gegen die Menschlichkeit und Völkermord nur als eine neue Form von Kolonialismus brandmarken, mit der Europa seine Werte und seine Interessen dem Rest der Welt aufzwingen will, seien die Millionen politischer Gefangener und unterdrückter Minderheiten in Lagern und Gefängnissen entgegengehalten, die ihre Hoffnung in nichts anderes setzen, als dass diese Werte endlich auch ihnen zugutekommen mögen.

Ein echtes und vorerst letztes europäisches Projekt ist die Europäische Union. Dieses Projekt ist noch keineswegs abgeschlossen. Die „Vereinigten Staaten von Europa“ wird es wohl nie geben; zu groß sind die nationalen und kulturellen Unter-

---

301 J. Osterhammel, *Die Verwandlung der Welt*. Zur Idee einer „Zivilisierungsmission“ Europas gegenüber dem Rest der Welt siehe 1172–1188.

schiede, zu wertvoll aber auch die differente Vielheit der hier verbundenen Staaten und Regionen, um nach US-amerikanischen Vorbild in einem föderalen Staat zu verschmelzen. Worauf es ankommt, ist eine Form transnationaler Solidarität, ein starkes Bewusstsein von Zusammengehörigkeit bei Anerkennung von Verschiedenheit und Vielfalt.

In ihrem Buch *Der europäische Traum* hat Aleida Assmann vier Lehren zusammengestellt, die Europa aus der Katastrophe der beiden Weltkriege gezogen hat und die die bedeutendsten Errungenschaften dieses derzeit letzten europäischen Projekts darstellen. Die erste Lehre heißt *Frieden*. Dass Europa, dieser friedloseste Kontinent, seit den Konfessions- und Erbfolgekriegen Schauplatz grausamster Verwüstungen, zu einer Zone dauerhaften Friedens geworden ist, das ist vielleicht die unglaublichste der europäischen Errungenschaften und hat der EU 2012 den Friedensnobelpreis eingetragen. Nach dem Ersten Weltkrieg schien es schon einmal so weit. England und Frankreich waren kriegsmüde und wünschten sich ein geeintes Europa und einen globalen Völkerbund. Nur Deutschland verweigerte sich diesen Plänen. Hier war der Erste Weltkrieg nicht zu Ende gegangen und gerade die Erinnerung war es, die den Frieden verhinderte, indem sie, mit Churchill zu reden, „in die kommenden Jahre den Hass und die Rache hineinzog, die aus den Wunden der Vergangenheit entstanden waren".[302]

Die zweite Lehre heißt *Demokratie*. So wie die erste Errungenschaft *Schwerter zu Pflugscharen*, hat die zweite *Diktaturen in Demokratien* verwandelt und der Herrschaft des Rechts zum Durchbruch verholfen. Genau dies freilich wird derzeit in bestimmten osteuropäischen Ländern zurück-

302 W. Churchill, Rede vor Studenten der Universität Zürich 1946, zitiert nach A. Assmann, *Der europäische Traum*, 39.

gefahren. Polen und Tschechien drehen an der Unabhängigkeit der Justiz, Ungarn an der Unabhängigkeit der Medien, alle liebäugeln mit dem Modell einer autoritären Demokratie, die diesen Namen nicht mehr verdient, mit gleichgeschalteter Justiz, Wissenschaft, Kunst, Medien, in der Kritiker als Volksfeinde, wenn nicht gar als Terroristen gelten – und rechtspopulistische Bewegungen in anderen Ländern spenden ihnen Beifall.

Die dritte Lehre heißt *selbstkritische und dialogische Erinnerungskultur*, wie sie sich in Deutschland in den 80er-Jahren entwickelte, nachdem das Beschweigen und Verdrängen endlich gebrochen und mit der Öffnung der Archive und der Arbeit der Historiker auch in den anderen europäischen Ländern die von Karl Jaspers in seiner Friedenspreisrede 1958 beklagte „Unwahrhaftigkeit des öffentlichen Zustandes" allmählich beendet wurde.

Die vierte Lehre bilden die *Menschenrechte*, die erst seit den frühen 90er-Jahren rechtskräftig umgesetzt werden, auch wenn sie schon 1948 von der *UNO* und 1789 von der Französischen Revolution erklärt wurden. Europa ist gebaut worden auf einem vierfachen „Nie wieder": nie wieder Krieg, nie wieder Diktatur, und dazu gehört die Gleichschaltung des Rechts und der Medien, nie wieder Missachtung der Menschenrechte, und dazu gehört auch: nie wieder wegschauen, wenn sie mit Füßen getreten werden, Asylantenheime brennen, Menschen ertrinken, Rettungsschiffe nicht landen dürfen, Flüchtlinge unter unmenschlichen Bedingungen in Lagern festsitzen. Aus diesen Lehren ergeben sich die Werte, die Europa heilig sein müssen: Frieden, Rechtsstaatlichkeit und Verantwortung.

Schluss

Werfen wir abschließend noch einmal einen Blick zurück auf den Weg, den wir im Hinblick auf das Verhältnis von Religion, Staat und Kultur im Alten Ägypten begonnen haben. Der Weg Europas von Ägypten in die Gegenwart führt über drei Stufen der Auflösung einer ursprünglichen Einheit von Religion, Kultur und Staat: die *Emanzipation der Religion* im Frühen Judentum, *die Emanzipation der Kultur* in der Aufklärung und die *Emanzipation des Staats* in der Moderne.

Der erste Schritt war die Emanzipation der Religion aus der ägyptischen Ungeschiedenheit mit der Wiedererfindung Israels als Judentum des Zweiten Tempels, wie sie der Mythos vom Auszug aus Ägypten narrativ entfaltet. Der zweite Schritt war 2000 Jahre später die Emanzipation der Kultur in Humanismus und Aufklärung aus der Umklammerung durch Religion und Staat. Der dritte Schritt war schließlich die Emanzipation des Staates aus der Allianz mit der Religion bzw. Kirche im Zuge der Säkularisierung. Man kann diesen Weg im Sinne Hegels als eine Geschichte der Freiheit verstehen, man kann sie aber auch als eine Verlustgeschichte betrachten. Auch längst nach diesen Emanzipationsschritten ist der Magnetismus, den Religion und Staat aufeinander ausüben, noch greifbar. Thomas Hobbes hob die Unterscheidung von weltlicher und geistlicher Gewalt auf, indem er beide, Bischofsstab und Schwert, in die Hände seines Staates legte, dessen Bezeichnung als „Leviathan“ seinen totalitären, „pharaonischen“

Gewaltcharakter anzeigt.[303] Noch heute gibt es Gruppen und Gesellschaften, die sich nach der ursprünglichen Einheit zurücksehnen, für die Ägypten steht. Islamisten wollen das Kalifat wiedereinführen oder einen Gottesstaat errichten, religiöse Bewegungen wie die Evangelikalen in den USA oder die Charedim in Israel streben nach immer mehr politischem Einfluss, der Iran wird von religiösen Führern regiert, autoritäre Staaten wie Putins Russland, Erdoğans Türkei, Modis Indien, Orbans Ungarn, Kaczińskys Polen werden in engem Schulterschluss mit der jeweiligen Religion regiert. Der Staat kann sich nicht von der Religion, die Religion nicht vom Staat trennen, und überall leidet die Kultur unter Zensur und Verfolgung.

Europa hat sich das Ideal des säkularen, freiheitlichen Staates auf die Fahnen geschrieben, dessen Problem allerdings darin liegt, dass er, nach dem berühmten Diktum von Ernst-Wolfgang Böckenförde, „die Grundlagen, von denen er lebt, nicht garantieren kann“:

> Der freiheitliche, säkularisierte Staat lebt von Voraussetzungen, die er selbst nicht garantieren kann. Das ist das große Wagnis, das er, um der Freiheit willen, eingegangen ist. Als freiheitlicher Staat kann er einerseits nur bestehen, wenn sich die Freiheit, die er seinen Bürgern gewährt, von innen her, aus der moralischen Substanz des einzelnen und der Homogenität der Gesellschaft, reguliert. Anderseits kann er diese inneren Regulierungskräfte nicht von sich aus, das heißt mit den Mitteln des Rechtszwanges und autoritativen Gebots zu garantieren suchen, ohne seine Freiheitlichkeit aufzugeben und – auf säkularisierter Ebene – in jenen Totalitätsanspruch zu-

---

303 Siehe R. Yelle, „Hobbes the Egyptian“.

> rückzufallen, aus dem er in den konfessionellen Bürgerkriegen herausgeführt hat.[304]

Eines ist zunächst wichtig festzuhalten: Es ist nicht grundsätzlich jeder Staat, sondern nur der „freiheitliche, säkularisierte Staat", der seine Voraussetzungen nicht garantieren kann. Weil er freiheitlich ist, kann er sie nicht autoritär erzwingen (wer opponiert, wird eingesperrt), und weil er säkular ist, kann er die Garantie seiner Voraussetzungen nicht von Gott und Kirche erwarten. Er muss also von seinen Bürgerinnen und Bürgern erwarten, dass sie diese Voraussetzungen aus freien Stücken sicherstellen.

Er gäbe seine *Freiheitlichkeit* auf, wenn er diese Voraussetzungen vorschreiben würde, „mit den Mitteln des Rechtszwanges und autoritativen Gebots", wie man das von autoritären Staaten kennt; und er gäbe seine *Säkularität* auf, wenn er auf den Totalitätsanspruch der Kirche zurückgreifen würde, die für diese Voraussetzungen gesorgt hatte. Was ihm bleibt, ist nur, nach Böckenförde, auf die „moralische Substanz" *des Einzelnen*, und die „Homogenität" *der Gesellschaft* zu setzen. Mit dem fragwürdigen Begriff „Homogenität" ist natürlich keine ethnische Homogenität gemeint, sondern die Gleichheit aller Bürger sowohl vor dem Gesetz als auch in ihrer Partizipation am Gemeinwesen. Ethnische, kulturelle oder religiöse Homogenität wäre eindeutig der falsche Begriff angesichts einer Gesellschaft, die sich längst dazu durchgerungen hat, sich als Einwanderungsgesellschaft, multireligiös und multikulturell zu begreifen.

Die Schwäche des freiheitlich-säkularen Staats, seine Voraussetzungen nicht selbst garantieren zu können, ist die

304 E. W. Böckenförde, „Die Entstehung des Staates als Vorgang der Säkularisation", 112.

große Chance seiner Bürger, sich vom Untertanen zum Citoyen zu wandeln, weil er ihnen ein großes Stück Verantwortung für sein Gelingen einräumt. Gemeinsinn und zivilgesellschaftliches Engagement müssen die Stelle füllen, die vordem Gottesfurcht oder Tyrannenfurcht eingenommen haben. Gemeinsinn muss die Voraussetzungen liefern, von denen der liberale Staat lebt und die er selbst nicht garantieren kann, wenn anders er nicht autoritär oder bigott auftreten will. Er muss den Schritt schaffen von einer religiös fundierten Moral zu einer mitmenschlich fundierten Moral.

Auf den Einzelnen, das Individuum, kommt es an. Im säkularen, freiheitlichen Staat verlagert sich, wie Hans Joas postuliert, die Heiligkeit auf die Person.[305] Die Menschenrechte garantieren ihre Würde und Unantastbarkeit, die Menschenpflichten dagegen, an die Aleida Assmann erinnert[306], verweisen auf ihre Verantwortung gegenüber den Anderen und dem Gemeinwesen.

Damit schlägt die Stunde der Kultur, die wir eingangs als „Stil und Form organisierten Zusammenlebens" bestimmt haben. Für den „freiheitlichen säkularen Staat" ist es dringend geboten, sich von Nietzsches noch immer dominierend nachwirkender Verunglimpfung der Moral zu verabschieden. Mit Nietzsches Übermenschen ist im wahrsten Sinne des Wortes kein Staat zu machen. Auch die Rede von der „postkonventionellen Moral" gilt es zu hinterfragen. Die Moral ist nun einmal „konventionell", sie ist die Gesellschaft in uns, deren Werte wir im Zuge unserer Sozialisierung und Erziehung verinnerlichen, ebenso wie die Sprache und das Gedächtnis. „Der Einzelne für sich allein", so könnte man ein Wort von Hannah Arendt abwandeln, „kann nicht moralisch sein". Mo-

---

305 H. Joas, *Die Sakralität der Person*

306 A. Assmann, *Menschenrechte und Menschenpflichten.*

ral ist die Einbeziehung des Anderen, die Goldene Regel, die urälteste Weisheit. Mit dieser Einsicht sind wir zum Alten Ägypten zurückgekehrt, von dem wir ausgegangen waren.

Bibliographie

al-Azmeh, Aziz/Bak, Janos M. (Hrsg.), *Monotheistic Kingship. The Medieval Variants*, Budapest 2004.

Albertz, Rainer, „‚Ihr werdet sein wie Gott'. Gen 3, 1–7 auf dem Hintergrund des alttestamentlichen und des sumerisch-babylonischen Menschenbildes", in: *Welt des Orients* 24 (1993), 89–111.

Albertz, Rainer, „Die Theologisierung des Rechts im alten Israel", in: ders. (Hrsg.), *Religion und Gesellschaft. Studien zu ihrer Wechselbeziehung in den Kulturen des Antiken Vorderen Orients*, Münster 1997, 115–132; außerdem in: ders., *Geschichte und Theologie*, Berlin 2003, 187–207; sowie in: J. Bellers/G. Hufnagel (Hrsg.), *Grenzen der Macht*, (Festschrift für Wolfgang Perschel; Politikwissenschaft 52), Münster 1998, 123–144.

Arendt, Hannah, „Laudatio auf Karl Jaspers zum Friedenspreis des Deutschen Buchhandels 1958", https://www.friedenspreis-des-deutschen-buchhandels.de/alle-preistraeger-seit-1950/1950-1959/karl-jaspers (Zugriff: 3.7.2021).

Aristoteles, *Politik*, hrsg. von F. Susemihl, Reinbek bei Hamburg ^{2}1994.

Árnason, Johann Páll, *Weltliche Autonomie und Religion in der Konstitution der Moderne. Soziologische und sozialphilosophische Zugänge* (Blumenberg Vorlesungen 3), Freiburg 2019.

Assmann, Aleida, „Die Weisheit Adams", in: dies. (Hrsg.), *Weisheit*, München 1991, 305–324.

Assmann, Aleida, „Exkarnation. Über die Grenze zwischen Körper und Schrift", in: A. M. Müller/J. Huber (Hrsg.), *Interventionen*, Basel 1993, 159–181.

Assmann, Aleida, „Funktionsgedächtnis und Speichergedächtnis. Zwei Modi der Erinnerung", in: K. Platt/M. Dabag (Hrsg.), *Generation und Gedächtnis. Erinnerungen und kollektive Identitäten*, Opladen 1995, 169–185.

Assmann, Aleida, „Herder zwischen Nationalkulturen und Menschheitsgedächtnis“, in: *Saeculum* 52 (2001), 41–54.

Assmann, Aleida, „Speichergedächtnis und Funktionsgedächtnis in Geschichte und Gegenwart“, in: P. Rusterholz/R. Moser (Hrsg.), *Wir sind Erinnerung* (Berner Universitätsschriften, 47), Bern 2003, 181–196.

Assmann, Aleida, „Speichern oder Erinnern? Das kulturelle Gedächtnis zwischen Archiv und Kanon“, in: M. Csáky/P. Stachel (Hrsg.), *Speicher des Gedächtnisses. Bibliotheken, Museen, Archive. Teil 2: Die Erfindung des Ursprungs. Die Systematisierung der Zeit*, Wien 2001, 15–29.

Assmann, Aleida. „Ex Oriente Nox. Ägypten als das kulturelle Unbewußte der abendländischen Tradition“, in: E. Staehelin/ B. Jaeger (Hrsg.), *Ägypten-Bilder* (OBO 150), Fribourg/Göttingen 1997, 173–186.

Assmann, Aleida, *Der europäische Traum. Vier Lehren aus der Geschichte*, München 2018.

Assmann, Aleida, *Die Legitimität der Fiktion*, München 1980.

Assmann, Aleida, *Die Wiedererfindung der Nation. Warum wir sie fürchten und warum wir sie brauchen*, München 2020.

Assmann, Aleida, *Erinnerungsräume. Formen und Wandlungen des kulturellen Gedächtnisses*, München 1999.

Assmann, Aleida, *Ist die Zeit aus den Fugen? Aufstieg und Fall des Zeitregimes der Moderne*, München 2013.

Assmann, Aleida, *Menschenrechte und Menschenpflichten. Schlüsselbegriffe für eine humane Gesellschaft*, Wien 2018.

Assmann, Aleida, *Zeit und Tradition. Kulturelle Strategien der Dauer.* Köln/Weimar/Wien 1999.

Assmann, Aleida/Assmann, Corinna, „Neda – The Career of a Global Icon“, in: A. Assmann/S. Conrad (Hrsg.), *Memory in a Global Age. Discourses, Practices and Trajectories.* Basingstoke, 225–242.

Assmann, Aleida/Assmann, Jan (Hrsg.), *Hieroglyphen. Stationen einer anderen abendländischen Grammatologie*, München 2003.

Assmann, Jan, „‚For ye know the heart of the stranger‘: Empathy, Memory, and the Biblical Idea of a ‚Decent Society‘“, in: A. Assmann/I. Detmers (Hrsg.), *Empathy and its Limits*, Houndsmills ^{6}2016, 187–201.

Assmann, Jan, „Der Platz der ramessidischen Theologie in der religiösen Evolution“, in: S. Kubisch/U. Rummel (Hrsg.), *The Ramesside Period in Egypt. Studies into Cultural and Historical Processes of the 19th and 20th Dynasties* (SDAIK 41), Berlin/Boston 2018, 3–13.

Assmann, Jan, „Die Verschriftlichung rechtlicher und sozialer Normen im Alten Ägypten“, in: H. J. Gehrke (Hrsg.), *Rechtskodifizierung und soziale Normen im interkulturellen Vergleich* (Scriptoralia 66), Tübingen 1994, 61–85.

Assmann, Jan, „Die Zeugung des Sohnes“, in: ders., *Ägyptische Geheimnisse*, München 2004, 59–98.

Assmann, Jan, „Etymographie. Zeichen im Jenseits der Sprache“, in: A. Assmann/J. Assmann (Hrsg.), *Hieroglyphen. Stationen einer anderen abendländischen Grammatologie*, München 2003, 37–63.

Assmann, Jan, „Frühe Formen politischer Mythomotorik. Fundierende, kontrapräsentische und revolutionäre Mythen“, in: D. Harth/J. Assmann (Hrsg.), *Revolution und Mythos*, Frankfurt 1992, 39–61.

Assmann, Jan, „Gotteszorn und Apokalypse. Über den Ernstfall totaler Religionen“, in: *Zeitschrift für Ideengeschichte* 6 (2012), 67–82.

Assmann, Jan, „Magische Weisheit. Wissensformen im ägyptischen Kosmotheismus“, in: A. Assmann (Hrsg.), *Weisheit* (Archäologie der literarischen Kommunikation 3), München 1991, 241–257.

Assmann, Jan, „Myth as ‚historia divina‘ and ‚historia sacra‘“, in: D. A. Green/L. S. Lieber (Hrsg.), *Scriptural Exegesis. The Shapes of Culture and the Religious Imagination. Essays in Honor of Michael Fishbane*, Oxford 2009, 13–24.

Assmann, Jan, „Politik und Religion. Altägyptische und Biblische Ausprägungen eines aktuellen Problems“, in: ders./H. Strohm (Hrsg.), *Herrscherkult und Heilserwartung*, München 2010, 83–105.

Assmann, Jan, „Politik zwischen Ritual und Dogma“, in: ders., *Stein und Zeit. Mensch und Gesellschaft im alten Ägypten*, München 1991, 241–245.

Assmann, Jan, „Rezeption und Auslegung in Ägypten. Das ‚Denkmal memphitischer Theologie' als Auslegung der heliopolitanischen Kosmogonie", in: R. G. Kratz/T. Krüger (Hrsg.), *Rezeption und Auslegung im Alten Testament und in seinem Umfeld*, Fribourg 1997, 125–139.

Assmann, Jan, „Schöpfung und Herrschaft. Die altägyptische Sakralmonarchie", in: S. Rebenich (Hrsg.), *Monarchische Herrschaft im Altertum*, Berlin/Boston 2017, 43–60.

Assmann, Jan, „Schriftbildlichkeit. Etymographie und Ikonographie", in: S. Krämer/E. Cancik-Kirschbaum/R. Totzke (Hrsg.), *Schriftbildlichkeit. Wahrnehmbarkeit, Materialität und Operativität von Notationen*, Berlin 2012, 139–145.

Assmann, Jan, „Theologie in Ägypten", in: M. Oeming/K. Schmid/A. Schüle (Hrsg.), *Theologie in Israel und in den Nachbarkulturen*, Münster 2004, 51–62.

Assmann, Jan, *Achsenzeit. Eine Archäologie der Moderne*, München 2018.

Assmann, Jan, *Ägyptische Hymnen und Gebete*, Fribourg/Göttingen ^{2}1999.

Assmann, Jan, *Das kulturelle Gedächtnis. Schrift, Erinnerung und politische Identität in frühen Hochkulturen*, München 1992.

Assmann, Jan, *Das verschleierte Bild zu Sais. Schillers Ballade und ihre griechischen und ägyptischen Hintergründe* (Lectio Teubneriana VIII), Stuttgart/Leipzig 1999.

Assmann, Jan, *Der König als Sonnenpriester. Ein kosmographischer Begleittext zur kultischen Sonnenhymnik in thebanischen Tempeln und Gräbern* (Abhandlungen des Deutschen Archäologischen Instituts Kairo, 7), Glückstadt 1970.

Assmann, Jan, *Der Tod als Thema der Kulturtheorie*, Frankfurt 2001.

Assmann, Jan, *Die Mosaische Unterscheidung oder der Preis des Monotheismus*, München/Wien 2003.

Assmann, Jan, *Die Zauberflöte. Oper und Mysterium*, München 2005.

Assmann, Jan, *Exodus. Die Revolution der Alten Welt*, München 2015.

Assmann, Jan, *Fünf Stufen zum Kanon. Tradition und Schriftkultur im frühen Judentum und in seiner Umwelt* (Münstersche Theologische Vorträge 1), Münster 1999.

Assmann, Jan, *Kult und Kunst. Beethovens Missa Solemnis als Gottesdienst*, München 2020.

Assmann, Jan, *Ma'at. Gerechtigkeit und Unsterblichkeit im Alten Ägypten*, München ^{2}2006.

Assmann, Jan, *Moses der Ägypter. Entzifferung einer Gedächtnisspur*, München 1998.

Assmann, Jan, *Politische Theologie zwischen Ägypten und Israel*, hrsg. von H. Meier, München ^{4}2017 [1992].

Assmann, Jan, *Re und Amun. Die Krise des polytheistischen Weltbilds im Ägypten der 18.–20. Dynastie*, Fribourg/Göttingen 1983.

Assmann, Jan, *Religio duplex. Ägyptische Mysterien und europäische Aufklärung*, Berlin 2010.

Assmann, Jan, *Sonnenhymnen in Thebanischen Gräbern*, Mainz 1983.

Assmann, Jan, *Steinzeit und Sternzeit. Altägyptische Zeitvorstellungen*, München 2012.

Assmann, Jan, *Tod und Jenseits im Alten Ägypten*, München ^{2}2003.

Assmann, Jan, *Totale Religion. Ursprünge und Formen puritanischer Verschärfung*, Wien 2017.

Assmann, Jan/Kucharek, Andrea (Hrsg.), *Ägyptische Götterliteratur*, Berlin 2018.

Assmann, Jan/Trauzettel, Rolf (Hrsg.), *Tod, Jenseits und Identität. Perspektiven einer kulturwissenschaftlichen Thanatologie* (Veröffentlichungen des Instituts für Historische Anthropologie 7), Freiburg/München 2002.

Augustinus, *Enarrationes in Psalmos*, http://www.augustinus.it/latino/esposizioni_salmi/index2.htm (Zugriff: 3.6.2021).

Baltzer, Klaus, *Das Bundesformular*, Neukirchen ^{2}1964.

Barta, Winfried, *Untersuchungen zum Götterkreis der Neunheit* (Münchner ägyptologische Studien 28), Berlin 1973.

Bauer, Joachim, *Das Gedächtnis des Körpers. Wie Beziehungen und Lebensstile unsere Gene steuern*, Frankfurt am Main 2002; erweiterte Taschenbuchausgabe, München 2004.

Becker, Anette, *Maurice Halbwachs. Intellectuel en Guerres Mondiales* 1914–1945, Paris 2003.

Becker, Uwe. „Von der Staatsreligion zum Monotheismus. Ein Kapitel israelitisch-jüdischer Religionsgeschichte", in: *Zeitschrift Für Theologie und Kirche* 102 (2005), 1–16.

Bergman, Jan, *Ich bin Isis*, Uppsala 1968.

Bernal, Martin, *Black Athena. The Fabrication of Ancient Greece 1785–1985* (The Afroasiatic Roots of Classical Civilization, 1), London 2007.

Bernstein, Richard J., *Freud and the Legacy of Moses*, Cambridge 1998.

Betrò, Maria C., *I testi solari del portale di Pascerientaisu* (BN 2), Pisa 1989.

Bickel, Suzanne, *La cosmogonie égyptienne avant le Nouvel Empire* (OBO 134), Freiburg/Göttingen 1994.

Blackman Aylward M., *The Story of King Kheops and the Magicians*, London 1988.

Blumenberg, Hans, *Arbeit am Mythos*, Frankfurt am Main, 1986 [1979].

Böckenförde, Ernst Wolfgang, „Die Entstehung des Staates als Vorgang der Säkularisation", in: ders., *Recht, Staat, Freiheit. Studien zur Rechtsphilosophie, Staatstheorie und Verfassungsgeschichte*, Frankfurt 1991; erweiterte Ausgabe, Frankfurt am Main 2006.

Bohrer, Karl Heinz, *Der Abschied. Theorie der Trauer: Baudelaire, Goethe, Nietzsche, Benjamin*, Berlin 2014.

Bourdieu, Pierre, „Der Habitus als Vermittlung zwischen Struktur und Praxis", in: ders., *Zur Soziologie der symbolischen Formen*, Frankfurt am Main 1970.

Brandt, Reinhard, „Das Titelblatt des Leviathan", in: W. Kersting (Hrsg.), *Thomas Hobbes. Leviathan oder Stoff, Form und Gewalt eines kirchlichen und bürgerlichen Staates* (Klassiker Auslegen 5), Berlin 2008, 25–45.

Bredekamp, Horst, *Thomas Hobbes. Der Leviathan. Das Urbild des modernen Staates und seine Gegenbilder. 1651–2001*, Berlin ^{2}2003.

Breuer, Stefan, *Der charismatische Staat. Ursprünge und Frühformen staatlicher Herrschaft*, Darmstadt 2014.

Browne, Thomas, *Pseudodoxia Epidemica*, 2 Bde., hrsg. von R. Robbins, Oxford 1986 [1646].

Brunner, Hellmut, *Altägyptische Erziehung*, Wiesbaden 1957.

Brunner, Hellmut, *Altägyptische Weisheit*, Zürich 1988.

Brunner, Hellmut, *Die Geburt des Gottkönigs*, Wiesbaden 1960.

Brunner-Traut, Emma, „Pharao und Jesus als Söhne Gottes", in: *Antaios* 2 (1961), 266–284.

Brunner-Traut, Emma, *Altägyptische Märchen*, München ^{8}1989.

Brunner-Traut, Emma, *Die Kopten – Leben und Lehre der frühen Christen in Ägypten*, Freiburg 2000.

Brunon, Claude Françoise, *Horapollon, Hiéroglyphes*, Saint-Laurent-le-Minier 2019.

Buck, Adriaan de, *The Egyptian Coffin Texts* II, Chicago 1938.

Burkert, Walter, *Die Griechen und der Orient*, München 2003.

Butler, Eliza Marian, *The Tyranny of Greece over Germany. A Study of the Influence Exercised by Greek Art and Poetry Over the Great German Writers of the Eighteenth, Nineteenth and Twentieth Centuries*, Cambridge 1935; Boston (Massachusetts) ^{2}1958.

Cancik, Hubert/Mohr, Hubert, „Erinnerung/Gedächtnis", in: H. Cancik/B. Gladigow/M. Laubscher, *Handbuch religionswissenschaftlicher Grundbegriffe. Band 2: Apokalyptik – Geschichte*, Stuttgart/Berlin/Köln 1990, 299–323.

Casaubon, Isaac, *De rebus sacris et ecclesiasticis exercitationes* XVI, London 1614.

Crüsemann, Frank, „Das ‚portative Vaterland'. Struktur und Genese des alttestamentlichen Kanons", in: A. Assmann/J. Assmann (Hrsg.), *Kanon und Zensur*, München 1987, 63–79.

Cudworth, Ralph, *The True Intellectual System of the Universe. Wherein All the Reason and Philosophy of Atheism is Confuted and its Impossibility Demonstrated*, London ^{2}1743 [1678].

Cusanus, Nicolaus, *De docta ignorantia*, hrsg. von E. Hoffmann und R. Klibansky, Leipzig 1932.

David, Madeleine V., *Le débat sur les écritures et l'hiéroglyphic aux XVIIe et XVIIIe siècle*, Paris 1965.

de Buck, Adriaan, *De godsdienstige opvatting van den slaap, inzonderheit in het oude Egypte*, Leiden 1939.

Delgado, Mariano/Leppin, Volker (Hrsg.), *Religionsgespräche in der Christentumsgeschichte mit einem Seitenblick auf die Religionsgeschichte: Irenik, Apologie, Polemik, Dialog*, Fribourg (im Druck).

Delling, Gerhard, *Die Bewältigung der Diasporasituation durch das hellenistische Judentum*, Berlin 1987.

Derrida, Jacques, „Violence et métaphysique. Essai sur la pensée d'Emmanuel Levinas", in: ders., *L'Écriture et la différence*, Paris 1967.

Derrida, Jacques, *Mal d'Archive*, Paris 1995; dt. *Dem Archiv verschrieben*, Berlin 1997.

Detering, Heinrich, „Was ist Kunstreligion? Systematische und historische Bemerkungen", in: A. Meier/A. Costazza/G. Laudin (Hrsg.), *Kunstreligion. Ein ästhetisches Konzept der Moderne in seiner historischen Entfaltung. Band 1: Der Ursprung des Konzepts um 1800*, Berlin/New York 2011.

Dieckmann, Liselotte, *Hieroglyphics. The History of a Literary Symbol*, St. Louis 1970.

Donald, Merlin, *A Mind So Rare. The Evolution of Human Consciousness*, New York 2001.

Donald, Merlin, *Origins of the Modern Mind. Three stages in the Evolution of Culture and Cognition*, Harvard 1991.

Dragon, Gilbert, *Empereur et prêtre. Étude sur le „césaropapisme" byzantin*, Paris 1996.

Drioton, Étienne, *Recueil Champollion*, Paris 1922.

Dundes, Alan, *The Morphology of North American Indian Tales*, Helsinki 1964.

Ebbinghaus, Hermann, *Über das Gedächtnis. Untersuchungen zur experimentellen Psychologie*, Leipzig 1885.

Ebeling, Florian, *Das Geheimnis des Hermes Trismegistos. Geschichte des Hermetismus von der Antike bis zur Neuzeit*, München 2005.

Eco, Umberto, *La Ricerca della lingua perfetta*, Roma-Bari 1993; dt. *Die Suche nach der vollkommenen Sprache*, München 1993.

Ehlich, Konrad, „Text und sprachliches Handeln. Die Entstehung von Texten aus dem Bedürfnis nach Überlieferung", in: A. Assmann/J. Assmann/C. Hardmeier (Hrsg.), *Schrift und Gedächtnis*, München 1983, 24–43.

Ehrhardt, Arnold A. T., *Politische Metaphysik von Solon bis Augustin* I, Tübingen 1959.

El Hawary, Amr, *Wortschöpfung. Die Memphitische Theologie und die Siegesstele des Pije – zwei Zeugen kultureller Repräsentation in der 25. Dynastie* (OBO, 243), Freiburg (Schweiz)/Göttingen, 2010.

Erll, Astrid, *Kollektives Gedächtnis und Erinnerungskulturen. Eine Einführung*, Stuttgart [3]2017.

Faber, Richard, „Der kaiserlich-päpstliche Dualismus im Mittelalter. Zur Entstehung des neuzeitlichen Staates", in: B. Gladigow (Hrsg.), *Staat und Religion*, Düsseldorf 1981, 75–97.

Feil, Ernst, *Religio* I. *Die Geschichte eines neuzeitlichen Grundbegriffs vom Frühchristentum bis zur Reformation* (Forschungen zur Kirchen- und Dogmengeschichte 36), Göttingen 1986.

Feil, Ernst, *Religio* IV. *Die Geschichte eines neuzeitlichen Grundbegriffs im 18. und frühen 19. Jahrhundert* (Forschungen zur Kirchen- und Dogmengeschichte 91), Göttingen [2]2007.

Festugière, André-Jean, *La Révélation d'Hermès Trismégiste* II. *Le Dieu cosmique*, Paris 1951.

Finsterbusch, Karin, *Deuteronomium. Eine Einführung*, Göttingen 2012.

Fishbane, Michael, *Biblical Myth and Rabbinic Mythmaking*, Oxford 2003.

Frankfort, Henri, *Kingship and The Gods. A Study of Ancient Near Eastern Religion as the Integration of Society and Nature*. Chicago 1948.

Franklin, Michael J. (Hrsg.), *Sir William Jones. Selected Poetical and Prose Works*, Cardiff 1995, 355–370.

Freud, Sigmund, „Der Mann Moses und die monotheistische Religion", in: ders., *Gesammelte Werke XVI*, Amsterdam 1939, 101–246; außerdem als Monographie: ders., *Der Mann Moses und die monotheistische Religion* (Bibliothek Suhrkamp 131), Frankfurt am Main 1964; Neuausgabe hrsg. von J. Assmann, Stuttgart 2010.

Funkenstein, A., *Theology and the Scientific Imagination from the Middle Ages to the Seventeenth Century*, Princeton 1986.

Gerhardt, Volker, *Glaube und Wissen. Ein notwendiger Zusammenhang*, Stuttgart 2016.

Ginzburg, C., *Storia notturna. Una decifrazione del sabba*, Turin 1989; dt. *Hexensabbat. Entzifferung einer nächtlichen Geschichte*, Frankfurt 1993.

Ginzburg, Carlo: „Kunst und soziales Gedächtnis. Die Warburg-Tradition“, in: ders., *Spurensicherung. Die Wissenschaft auf der Suche nach sich selbst*, Berlin 1995, 63–127.

Goethe, Johann Wolfgang von, „Bei der Betrachtung von Schillers Schädel“, in: ders., *Goethes ausgewählte Gedichte*, Stuttgart 1870, 165.

Goethe, Johann Wolfgang von, *West-östlicher Divan*, hrsg. v. Henrik Birus, Berlin 2010.

Goodenough, Erwin R., „Die politische Philosophie des hellenistischen Königtums“, in: H. Kloft (Hrsg.), *Ideologie und Herrschaft in der Antike* (WdF 528), Darmstadt 1979, 27–89.

Grafton, Anthony, *Defenders of the Text. The Tradition of Scholarship in an Age of Science, 1450–1800*, Cambridge (Massachusetts) 1991.

Grigat, Friederike, *Beethovens Glaubensbekenntnis. Drei Denksprüche aus Friedrich Schillers Aufsatz Die Sendung Moses*, Bonn 2014.

Gross, Raphael, *Carl Schmitt und die Juden. Eine deutsche Rechtslehre*, Frankfurt 2000.

Habermas, Jürgen, *Auch eine Geschichte der Philosophie* I. *Die okzidentale Konstellation von Glauben und Wissen*, Berlin 2019.

Habermas, Jürgen, *Glauben und Wissen. Rede zum Friedenspreis des Deutschen Buchhandels 2001*, Stuttgart [9]2016.

Habermas, Jürgen, *Nachmetaphysisches Denken* II. *Aufsätze und Repliken*, Berlin 2012.

Habermas, Jürgen, *Zeit der Übergänge* (Kleine politische Schriften IX), Stuttgart [4]2001.

Hahn, Alois, „Tod und Sterben in soziologischer Sicht“, in: Assmann, Trauzettel (Hrsg.), *Tod, Jenseits und Identität*, 55–89.

Halbwachs, Maurice, *La mémoire collective*, Paris 1950 [1939]; dt. *Das kollektive Gedächtnis*, Stuttgart 1967; Neuauflage Frankfurt am Main, 1985/1991.

Halbwachs, Maurice, *La topographie légendaire des évangiles en Terre Sainte. Étude de mémoire collective*, Paris 1941; Neuausgabe hrsg. von M. Jaisson i. Z. m. D. Hervieu-Léger, J. P. Cléro, S. Gensburger und É. Brian, Paris 2008; dt. *Stätten der Verkündigung im Heiligen Land. Eine Studie zum kollektiven Gedächtnis*, Konstanz 2003.

Halbwachs, Maurice, *Les cadres sociaux de la mémoire*, Paris 1952 [1925]; dt. *Das Gedächtnis und seine sozialen Bedingungen*, Berlin 1966; Neuauflage Frankfurt am Main 1986/2006.

Hallensleben, Barbara, „Unionsgespräche zwischen West- und Ostkirchen in der frühen Neuzeit", in: M. Delgado/V. Leppin (Hrsg.), *Religionsgespräche* (Studien zur christlichen Religions- und Kulturgeschichte 29), Basel/Stuttgart (im Druck).

Harder, Richard, *Plotins Schriften* III, Hamburg 1964.

Hartmann, Rudolf, „Die Entstehung des Monotheismus-Aufsatzes", in: A. Schindler (Hrsg.), *Monotheismuss als politisches Problem? Erik Peterson und die Kritik der politischen Theologie*, Gütersloh 1978, 14–22.

Hegel, Georg Wilhelm Friedrich, *Glauben und Wissen* (Jenaer kritische Schriften III), Hamburg 1986.

Heimowski, Uwe, „Die drei Hügel des Abendlandes, oder: Wie christlich ist die Demokratie?", in: *PRO. Das christliche Medienmagazin* (7.9.2019), https://www.pro-medienmagazin.de/die-drei-huegel-des-abendlandes-oder-wie-christlich-ist-die-demokratie/ (Zugriff: 6.7.2021).

Heine, Heinrich, „Ludwig Börne. Eine Denkschrift", in: ders., *Werke* IV, Frankfurt 1994.

Heine, Heinrich: „Geständnisse", in: ders., *Sämtliche Werke* V, Leipzig 1868.

Herder, Johann Gottfried, „Historische Zweifel über F. Nicolai's Buch von den Beschuldigungen, welche den Tempelherren gemacht worden, von ihren Geheimnissen und dem Entstehen der Freimaurergesellschaft. 1782", in: *J. G. v. Herders Sämmtliche Werke. Zur Philosophie und Geschichte. Dreyzehnter Theil*, Karlsruhe 1820, 266–360; sowie Stuttgart 1829, 258–345.

Herder, Johann Gottfried, *Briefe zur Beförderung der Humanität* (Werke 7), hrsg. von M. Bollacher, Frankfurt am Main 1991.

Herodot, *Historien*, übers. von A. Horneffer, hrsg. von H. W. Haussig, Stuttgart 1955.

Heynoldt, Anke, „Die Bedeutung des Sarmatismus für das Nationalbewusstsein und die Kultur des polnischen Adels zwischen dem 16. und dem 18. Jahrhundert", in *Kultursoziologie* 7 (1998), 6–57.

Hobbes, Thomas, *Leviathan or the Matter, Forme and Power of a Commonwealth Ecclesiasticall and Civil*, London 1651.

Holzhausen, Jens/Colpe, Carsten (Hrsg.), *Das Corpus Hermeticum Deutsch. Übersetzung, Darstellung und Kommentierung*, 3 Bde. (2 erschienen), Stuttgart-Bad Cannstatt 1997.

Hopfner, Theodor, *Fontes historiae religionis Aegyptiacae*, 5 Bde., Bonn 1922–1925.

Hornung, Erik, *Das Totenbuch der Ägypter*, Zürich 1979.

Hornung, Erik, *Der ägyptische Mythos von der Himmelskuh. Eine Ätiologie des Unvollkommenen* (OBO 46), Fribourg/Göttingen 1982.

Hornung, Erik, *Echnaton. Die Religion des Lichts*, Zürich 1995; Neuausgabe Düsseldorf 2005.

Hornung, Erik, *Geschichte als Fest. Zwei Vorträge zum Geschichtsbild der frühen Menschheit*, Darmstadt 1966.

Hornung, Erik, „Verfall und Regeneration der Schöpfung", in: *Eranos* 46, 1977, 411–444.

Hugo von St. Viktor, *Didascalicon de studio legendi*, hrsg. von C. H. Buttimer, Washington D. C. 1939.

Illich, Ivan, *In the Vineyard of the Text. A Commentary to Hugh's Didascalicon*, Chicago 1993; dt. *Im Weinberg des Textes. Als das Schriftbild der Moderne entstand. Ein Kommentar zu Hugos „Didascalicon"*, Frankfurt 1991.

Jacobsohn, Helmut, „Der altägyptische, der christliche und der moderne Mythos", in *Eranos-Jahrbuch* 37 (1968), 411–448.

Janowski, Bernd, „Die Einwohnung Gottes. Eine religions- und theologiegeschichtliche Studie zur biblischen Schekina-Theologie", in: ders./E. E. Popes (Hrsg.), *Das Geheimnis der Gegenwart Gottes. Zur Schechina-Vorstellung in Judentum und Christentum*, Tübingen 2014, 3–40.

Janowski, Bernd, „Keruben und Zion. Thesen zur Entstehung der Zionstradition", in: D. R. Daniels/U. Glessmer/M. Rösel (Hrsg.), *Ernten, was man sät* (Festschrift für Klaus Koch), Neukirchen-Vluyn 1991, 231–264.

Janowski, Bernd, „Tempel und Schöpfung. Schöpfungstheologische Aspekte der priesterschriftlichen Heiligtumskonzeption", in: ders., *Gottes Gegenwart in Israel. Beiträge zur Theologie des Alten Testaments*, Neukirchen-Vluyn 1993, 214–246; Neuauflage Neukirchen-Vluyn ^{2}2004.

Jaspers, Karl, *Vom Ursprung und Ziel der Geschichte*, München 1949.

Joas, Hans, „The Axial Age Debate as Religious Discourse“, in: ders./R. Bellah (Hrsg.), *The Axial Age and its Consequences*, Cambridge (Massachusetts)/London 2012, 9–29.

Joas, Hans, *Die Sakralität der Person. Eine neue Genealogie der Menschenrechte*, Berlin 2015.

Joas, Hans, *Was ist die Achsenzeit. Eine wissenschaftliche Debatte als Diskurs über Transzendenz* (Jacob Burckhardt-Gespräche auf Castelen 29), Basel 2014.

Junge, Friedrich, „Zur Fehldatierung des sog. Denkmals memphitischer Theologie oder Der Beitrag der ägyptischen Theologie zur Geistesgeschichte der Spätzeit“, in: Deutsches Archäologisches Institut (Hrsg.), *Mitteilungen des Deutschen Archäologischen Instituts. Abteilung Kairo* 29, Mainz 1973, 195–204.

Junker, Hermann, *Die Götterlehre von Memphis*, Berlin 1940.

Junker, Hermann, *Die politische Lehre von Memphis*, Berlin 1941.

Keel, Othmar, *Die Geschichte Jerusalems und die Entstehung des Monotheismus*, 2 Bde., Göttingen 2008.

Kermani, Navid, „Europa als offener kultureller Raum“, in: Asfa-Wossen Asserate/A. Friese (Hrsg.), *Toleranz. Schaffen wir das? Die wichtigsten Stimmen Deutschlands zur Frage des Jahrhunderts*, Asslar 2020, 105–127.

Kippenberg, Hans G., „Die jüdischen Überlieferungen als patrioi nomoi“, in: R. Faber/R. Schlesier (Hrsg.), *Die Restauration der Götter. Antike Religion und Neo-Paganismus*, Würzburg 1986, 45–60.

Koch, Christoph, *Vertrag, Treueid und Bund. Studien zur Rezeption des altorientalischen Vertragsrechts im Deuteronomium und zur Ausbildung der Bundestheologie im Alten Testament* (BZAW 383), Berlin/New York 2008.

Koch, Klaus, *Europa, Rom und der Kaiser vor dem Hintergrund von zwei Jahrtausenden. Rezeption des Buches Daniel*, Hamburg 1997.

Korosec, Viktor, *Hethitische Staatsverträge. Ein Beitrag zu ihrer juristischen Wertung* (Leipziger rechtswissenschaftliche Studien 60), Leipzig 1931.

Koselleck, Reinhart, *Vergangene Zukunft. Zur Semantik geschichtlicher Zeiten*, Frankfurt am Main ^{10}2017.

Kristeller, Paul O., *Supplementum Ficinianum. Marsilii Ficini Florentini philosophi Platonici Opuscula inedita et dispersa*, 2 Bde., Florenz 1937–1945.

Kristeva, Julia, „Zehn Prinzipien für den Humanismus des 21. Jahrhunderts“, in: R. A. Siebenstock/J. H. Tück (Hrsg.), *Selig, die Frieden stiften. Assisi – Zeichen gegen Gewalt*, Freiburg u. a. 2012, 241–247.

Krochmalnik, Daniel, „Das Zeremoniell als Zeichensprache. Moses Mendelssohns Apologie des Judentums im Rahmen der aufklärerischen Semiotik“, in: J. Simon/W. Stegmaier (Hrsg.), *Zeichen und Interpretation* IV, Frankfurt am Main 1998, 238–285.

Kubler, George, *The Shape of Time. Remarks on the History of Things*, New Haven 1962; dt. *Die Form der Zeit*, Frankfurt 1982.

Kügler, Joachim, *Pharao und Christus? Religionsgeschichtliche Untersuchung zur Frage einer Verbindung zwischen altägyptischer Königstheologie und neutestamentlicher Christologie im Lukasevangelium* (Bonner Biblische Beiträge 113) Bodenheim 1997.

Lactantius, *Divinarum institutionum libri septem*, hrsg. von E. Heck/A. Wlosok, München/Leipzig 2005.

Lang, Bernhard, „Der Mann Mose und die mosaische Religion. Eine kleine Bibelkunde“, in: Rolf Schieder (Hrsg.), *Die Gewalt des Einen Gottes*, Berlin ^{2}2014, 56–78.

Lang, Bernhard, „Klugheit als Ethos und Weisheit als Beruf. Zur Lebenslehre im Alten Testament“, in: A. Assmann (Hrsg.), *Weisheit*, München 1991, 177–192.

Lapinkivi, Pirjo, „The Sumerian Sacred Marriage and its Aftermath“, in: M. Nissinen/R. Uro (Hrsg.), *Sacred Marriages. The Divine-Human Sexual Metaphor from Sumer to Early Christianity*, Winona Lake 2008, 7–42.

Lau, Theodor Ludwig, *Meditationes, Theses, Dubia philosophico-theologica*, Freistadt 1719; ders., *Theodor Ludwig Lau (1670–1740). Texte und Dokumente* (Philosophische Clandestina der deutschen Aufklärung 1), mit einer Einleitung hrsg. von M. Pott, Stuttgart-Bad Cannstatt 1992.

Leibowitz, Nehama, *Studies in Shemot* II, Jerusalem 1981.

Lepper, Verena, *Untersuchungen zu Papyrus Westcar. Eine philologische und literaturwissenschaftliche (Neu-)Analyse* (Ägyptologische Abhandlungen 70), Wiesbaden 2008.

Lessing, Gotthold Ephraim, *Ernst und Falk*, Wolfenbüttel 1778; mit den Fortsetzungen J. G. Herders und F. Schlegels hrsg. von I. Contiades, Frankfurt am Main 1968.

Leuenberger, Martin, *Konzeptionen des Königtums Gottes im Psalter. Untersuchungen zu Komposition und Redaktion der theokratischen Bücher IV–V innerhalb des Psalters* (AThANT 83), Zürich 2004.

Lévi-Strauss, Claude, *Das wilde Denken*, Frankfurt 1973.

Lévi-Strauss, Claude, *Strukturale Anthropologie*, Frankfurt 1960.

Lewis, C. S., *The Allegory of Love*, Oxford 1958.

Lichtheim, Miriam, *Maat in Egyptian Autobiographies and Related Studies* (OBO 120), Fribourg/Göttingen 1992.

Lieven, Alexandra von/Lippert, Sandra, „Egyptian (3000 BCE to ca. 400 CE)“, in: D. Bunčić/S. Lippert/A. Rabus (Hrsg.), *Biscriptality. A sociolinguistic typology*, Heidelberg 2016, 256–276.

Lotman, Jurij M./Uspenskij, Boris A., *The Semiotics of Russian Culture*, Ann Arbor 1984.

Löw, Andreas, *Hermes Trismegistos als Zeuge der Wahrheit. Die christliche Hermetikrezeption von Athenagoras bis Laktanz*, Berlin/Wien 2002.

Löwith, Karl, *Meaning in History. The Theological Implications of the Philosophy of History*, Chicago/London 1949; dt. *Weltgeschichte und Heilsgeschehen. Die theologischen Voraussetzungen der Geschichtsphilosophie*, Stuttgart 1953; sowie ders., *Sämtliche Schriften. Band 2: Weltgeschichte und Heilsgeschehen. Zur Kritik der Geschichtsphilosophie*, Stuttgart 1983.

Lubac, Henri Kardinal de, *Credo. Gestalt und Lebendigkeit unseres Glaubensbekenntnisses*, übertr. von A. Schorn und H. U. von Balthasar, Einsiedeln 1975.

Luckmann, Thomas, „Remarks on Personal Identity: Inner, Social and Historical Time“, in: A. Jacobson-Widding (Hrsg.), *Identity. Personal and Socio-Cultural*, Stockholm 1983, 67–91.

Luiselli, Maria Michela, *Die Suche nach Gottesnähe. Untersuchungen zur persönlichen Frömmigkeit in Ägypten von der Ersten Zwischenzeit bis zum Ende des Neuen Reiches*, Wiesbaden 2011.

Lukian, *Wie man Geschichte schreiben soll*, hrsg., übers. und erl. von H. Homeyer, München 1967.

Mähl, Hans-Joachim/Samuel, Richard (Hrsg.), *Novalis. Werke, Tagebücher und Briefe Friedrich von Hardenbergs*, 3 Bde., Darmstadt 1999.

Marchand, Suzanne L., *Down from Olympus. Archaeology and Philhellenism in Germany, 1750–1970*, Princeton 2003.

Markowitsch, Hans J./Welzer, Harald, *Das autobiographische Gedächtnis. Hirnorganische Grundlagen und biosoziale Entwicklung*, Stuttgart 2002.

Mauthner, Fritz, *Jacobis Spinoza-Büchlein nebst Replik und Duplik*, München1912.

McEwan, Dorothea (Hrsg.), *„Wanderstrassen der Kultur". Die Aby Warburg – Fritz Saxl-Korrespondenz 1920 bis 1929*, München 2004.

Meier, Christian, *Kultur, um der Freiheit willen. Griechische Anfänge – Anfang Europas*, Berlin 2009.

Merkelbach, Reinhold, *Isis Regina – Zeus Sarapis*, Stuttgart/Leipzig 1995.

Merkelbach, Reinhold/Totti, Maria, *Abrasax. Ausgewählte Papyri religiösen und magischen Inhalts. Band 2: Gebete*, Opladen 1991.

Metzler, Dieter, „A. H. Anquetil-Duperron (1731–1805) und das Konzept der „Achsenzeit", in: H. Sancisi-Weerdenburg (Hrsg.), *Achaemenid History VII. Through Travellers' Eyes. European Travellers in the Iranian Monuments*, Leiden 1991, 123–133.

Metzler, Dieter, „Achsenzeit als Ereignis und Geschichte", in: M. Fitzenreiter (Hrsg.), Das *Ereignis Geschichtsschreibung zwischen Vorfall und Befund* (IBAES 9), Berlin 2009, 169–173.

Metzler, Dieter, *Kleine Schriften zur Geschichte und Religion des Altertums und deren Nachleben*, Münster 2004.

Miller, Maria Magdalena, *Die Traktate des Corpus Hermeticum*, Schaffhausen 2004.

Morenz, Ludwig D., *Ägypten und die Geburt der Alphabetschrift*, (AIDA 3), Rahden (Westfalen) 2016.

Morenz, Ludwig D./Sabel, D., *Sinai und Alphabetschrift. Die frühesten alphabetischen Inschriften und ihr kanaanäisch-ägyptischer Entstehungshorizont im Zweiten Jahrtausend v. Chr.* (Studia Sinaitica 3.), Berlin 2019.

Müller, Klaus, *Streit um Gott. Politik, Poetik und Philosophie im Ringen um das wahre Gottesbild*, Regensburg 2006.

Mulsow, M. *Moderne aus dem Untergrund*, Hamburg 2002.

Mulsow, Martin, „Morhof und die Politische Theologie. Kontexte historisch-philologischen Denkens im Deutschland des 17. Jahrhunderts.“, in: F. Waquet (Hrsg.), *Mapping the World of Learning. The „Polyhistor“ of Daniel Georg Morhof*, Wiesbaden 2000, 221–254.

Needham, Rodney, „Dual Sovereignty“, in: ders., *Reconaissances*, Toronto 1980, 63–105.

Nietzsche, Friedrich, „Unzeitgemässe Betrachtungen. Zweites Stück: Vom Nutzen und Nachtheil der Historie für das Leben“, in: K. Schlechta (Hrsg.), *Friedrich Nietzsche, Werke in drei Bänden, Erster Band*, München 1962, 209–285.

Nietzsche, Friedrich, „Zur Genealogie der Moral. Eine Streitschrift“, in: K. Schlechta (Hrsg.), *Friedrich Nietzsche, Werke in drei Bänden. Zweiter Band*, München 1955, 761–900.

Nock, Arthur Darby (Hrsg.), *Corpus Hermeticum*, 4 Bde., übers. von A. J. Festugière, Paris ^{2}1960.

Norden, Eduard, *Die Geburt des Kindes. Geschichte einer religiösen Idee*, Leipzig 1924.

Olender, Maurice, *Les Langues du Paradis. Aryens et Sémites: un couple providentiel*, Paris 1994.

Ong, Walter, *Orality and Literacy. The Technologizing of the Word*, New York 2002.

Osterhammel, Jürgen, *Die Verwandlung der Welt. Eine Geschichte des 19. Jahrhunderts*, München 2009.

Otto, Eckart, „Mose und das Gesetz. Die Mose-Figur als Gegenentwurf Politischer Theologie zur neuassyrischen Königsideologie im 7. Jh. v. Chr.“, in: ders., *Mose. Ägypten und das Alte Testament* (SBS 189), Stuttgart 2000, 43–83.

Otto, Eckart, „Sakralisierung des Rechts im Alten Testament? Zu einem Buch von Volker Wagner“, in: *Zeitschrift für Altorientalische und Biblische Rechtsgeschichte* 11 (2005), 351–360.

Otto, Eckart, „Woher weiß der Mensch um Gut und Böse? Philosophische Annäherungen der ägyptischen und biblischen Weisheit an ein Grundproblem der Ethik“, in: S. Beyerle/G. Mayer/

H. Strauss (Hrsg.), *Recht und Ethos im Alten Testament. Gestalt und Wirkung*, Neukirchen-Vluyn 1999, 207–231.

Otto, Eckart, *Altorientalische und biblische Rechtsgeschichte* (Beihefte zur Zeitschrift für Altorientalische und Biblische Rechtsgeschichte 8), Wiesbaden 2008.

Otto, Eckart, *Wandel der Rechtsbegründungen in der Gesellschaftsgeschichte des antiken Israel. Eine Rechtsgeschichte des „Bundesbuches" Ex XX 22–XXIII 13*, Leiden 1988.

Peek, Werner, *Der Isishymnus von Andros und verwandte Texte*, Berlin 1930.

Peterson, Erik, *Theologische Traktate*, München 1951.

Piehl, Karl, *Inscriptions hieroglyphiques recueillies en Europe et en Egypte*, Stockholm/Leipzig 1888.

Pierre-Adam d'Origny, *L'Egypte ancienne* II. *Ou Mémoires historiques et critiques sur les objets les plus importants de l'Histoire du grand Empire des Égyptiens*, Paris 1762.

Plinius, *Naturalis historia* I–VI, 3 Bde., hrsg. von D. Detlefsen, Berlin 1866–1882.

Plotin, „Von der geistigen Schönheit" (Enneades V 8,6) in: ders., *Plotins Schriften* III, übers. von R. Harder, Hamburg 1964.

Pongratz-Leisten, Beate, „Sacred Marriage and the Transfer of Divine Knowledge. Alliances between the Gods and the King in Ancient Mesopotamia", in: M. Nissinen/R. Uro (Hrsg.), *Sacred Marriages*, Winona Lake 2008, 43–73.

Posener, Georges, *De la divinité du Pharaon*, Paris 1960.

Preisendanz, Karl (Hrsg.), *Papyri Graecae Magicae* I, Stuttgart ^{2}1973.

Propp, Vladimir, *Morphology of the Folktale*, übers. von L. Scott mit einer Einleitung von S. Pirkova-Jakobson, 1958; überarbeitete Neuausgabe mit einem Vorwort von L. A. Wagner und einer neuen Einleitung von A. Dundes, Austin ^{2}1968.

Quack, Joachim, „‚Ich bin Isis, Herrin der beiden Länder.' Versuch zum demotischen Hintergrund der memphitischen Isisaretalogie", in: S. Meyer (Hrsg.), *Egypt – Temple of the Whole World. Studies in Honour of Jan Assmann* (Numen Book Series 97), Leiden 2003, 319–365.

Rad, Gerhard von, *Das Alte Testament Deutsch. Das erste Buch Mose*, übers. und erkl. von G. von Rad, Berlin 1955.

Rad, Gerhard von, *Weisheit in Israel*, Neukirchen 1970.

Redfield, Robert, *Peasant Society and Culture. An Anthropological Approach to Civilization*, Chicago 1956.

Reinhart Koselleck, „Einleitung“, in: ders./O. Brunner/W. Conze, (Hrsg.), *Geschichtliche Grundbegriffe* I, Stuttgart 1979, XV.

Reinhold, Carl Leonhard, *Die Hebräischen Mysterien oder die älteste religiöse Freymaurerey*, Leipzig 1787; hrsg. und komm. von J. Assmann, Neckargemünd [2]2006.

Renan, Ernest, *Qu'est-ce qu'une nation*, Paris 1882.

Riecker, Siegbert, „Altes Testament und allgemeingültige Ethik. Plädoyer für ein Second Quest nach den Noachidischen Geboten“, in: ders./J. Steinberg (Hrsg.), *Das heilige Herz der Tora* (Festschrift für Hendrik Koorevaar), Aachen 2011, 325–367.

Rießler, Paul, *Altjüdisches Schrifttum außerhalb der Bibel*, Augsburg 1928.

Römheld, Diethard, *Wege der Weisheit. Die Lehren Amenemopes und Proverbien 22,17–24,22* (Beihefte zur Zeitschrift für die alttestamentliche Wissenschaft 184), Berlin/New York 1989.

Rothöhler, Benedikt, *Neue Gedanken zum Denkmal memphitischer Theologie*, Heidelberg 2004.

Rousseau, Jean-Jacques, *Sozialphilosophische und Politische Schriften*, München 1981.

Rüegg, Walter (Hrsg.), *Geschichte der Universität in Europa. Band 1: Mittelalter*, München 1993.

Samsonow, Elisabeth von, *Giordano Bruno*, Köln 1995.

Schacter, Daniel L., *Searching for Memory. The Brain, the Mind, and the Past*, New York 1996.

Schacter, Daniel L., *The Seven Sins of Memory. How the Mind Forgets and Remembers*, Boston (Massachusetts) 2001.

Schaper, Joachim, *Media and Monotheism. Presence, Representation and Abstraction in Ancient Judah*, Tübingen 2019.

Schenker, Adrian, „Die Rolle der Religion bei Maimonides und Thomas von Aquin“, in: P. de Oliveira (Hrsg.), *Ordo Sapientiae et Amoris* (Festschrift für Jean-Pierre Torrell), Fribourg 1993, 169–193.

Schindler, Alfred (Hrsg.), *Monotheismus als politisches Problem? Erik Peterson und die Kritik der politischen Theologie* (Studien zur evangelischen Ethik 14), Gütersloh 1978.

Schlögl, Hermann Alexander, *Der Sonnengott auf der Blüte. Eine ägyptische Kosmogonie des Neuen Reiches* (Ægyptiaca Helvetica 5), Genève 1977.

Schmitt, Carl, *Der Begriff des Politischen*, Berlin ^{3}1963 [1932].

Schmitt, Carl, *Der Nomos der Erde im Völkerrecht des Jus Publicum Europaeum*, Berlin 1950.

Scholten, Daniel, *Deutsch für Dichter und Denker. Unsere Muttersprache in neuem Licht*, https://www.belleslettres.eu/content/wortkunde/religion-religare-relegere.php (Zugriff: 3.6.2021).

Scholtz, Günter, *Schleiermachers Musikphilosophie*, Göttingen 1981.

Schulz, Gerhard, *Novalis. Leben und Werk Friedrich von Hardenbergs*, München 2011.

Semon, Richard, *Die Mneme als erhaltendes Prinzip im Wechsel des organischen Geschehens*, Leipzig 1904.

Sethe, Kurt, *Dramatische Texte zu altägyptischen Mysterienspielen* I, Berlin 1928.

Sethe, Kurt, *Urkunden der 18. Dynastie. Text der Hefte 1–4. Urkunden des ägyptischen Altertums. IV. Abteilung*, Leipzig 1906.

Seznik, J., *La survivance des dieux antiques*, Paris 1980; dt. *Das Fortleben der antiken Götter. Die mythologische Tradition im Humanismus und in der Kunst der Renaissance*, München 1990.

Sloterdijk, Peter, *Im Schatten des Sinai – Fußnote über Ursprünge und Wandlungen totaler Mitgliedschaft*, Berlin 2013.

Smith, Anthony D., *Chosen Peoples*, Oxford 2003.

Smith, Anthony D., *The Ethnic Origins of Nations*, Oxford 1983.

Smith, Morton, *Palestinian Parties and Politics That Shaped the Old Testament*, Valley Forge (Pennsylvania) 1988.

Southwood, Catherine E., *Ethnicity and the Mixed Marriage Crisis in Ezra 9–10. An Anthropological Approach*, Oxford 2012.

Spiegel, Joachim, *Die Idee vom Totengericht in der ägyptischen Religion* (Leipziger Ägyptologische Studien 2), Glückstadt 1935.

Staubli, Thomas, „Antikanaanismus. Ein biblisches Reinheitskonzept mit globalen Folgen“, in: P. Burschel/C. Marx (Hrsg.), *Reinheit*, Wien 2011, 349–388.

Stausberg, Michael, *Faszination Zarathustra. Zoroaster und die Europäische Religionsgeschichte der Frühen Neuzeit* (Religionsgeschichtliche Versuche und Vorarbeiten 42), Boston 1998.

Steck, Odil Hannes, *Die Paradieserzählung. Eine Auslegung von Genesis 2,4b–3,24* (Biblische Studien 60), Neukirchen 1970.

Stern, Menachem, *Greek and Latin Authors on Jews and Judaism* I, Jerusalem 1976.

Stoebe, Hans Joachim, „Gut und Böse in der Jahwistischen Quelle des Pentateuch", in: *ZAW* 65 (1953), 188–204.

Stolzenberg, Daniel, „Lectio Idealis. Theory and Practice in Athanasius Kircher's Translation of the Hieroglyphs", in: L. Morra/ C. Bazzanella (Hrsg.), *Philosophers and Hieroglyphs*, Turin 2003, 74–97.

Strecker, Stefan, *Der Gott Arnold Schönbergs, Blicke durch die Oper Moses und Aron*, Münster 1999.

Stroumsa, Guy G., *The Idea of Semitic Monotheism. The Rise and Fall of a Scholarly Myth*, Oxford 2021.

Subrahmanyam, Sanjay, *Europe's India. Words, People, Empires, 1500–1800*, Cambridge (Massachusetts)/London 2017.

Syndram, Dirk, *Ägypten-Faszinationen. Untersuchungen zum Ägyptenbild im europäischen Klassizismus bis 1800*, Frankfurt am Main/Bern/New York/Paris 1990.

Taubes, Jacob (Hrsg.), *Theokratie*, München 1987.

Tertullian, *Apologeticum* XXXIX, https://bkv.unifr.ch/works/72/compare/689/150775/85 (Zugriff: 3.6.2021).

Thissen, Heinz Josef, *Des Niloten Horapollon Hieroglyphenbuch*, München 2001.

Thomas v. Aquin, *De legibus / Das Gesetz*, hrsg. von O. H. Pesch (Die Deutsche Thomas-Ausgabe 13), Heidelberg-Graz 1977.

Tomasello, Michael, *Die kulturelle Entwicklung des menschlichen Denkens. Zur Evolution der Kognition*, Frankfurt am Main 2002.

Totti, Maria, *Ausgewählte Texte der Isis- und Sarapisreligion*, Hildesheim 1985.

Tück, Jan-Heiner (Hrsg.), *„Auch der Unglaube ist nur ein Glaube". Arnold Stadler im Schnittfeld von Theologie und Literaturwissenschaft*, Freiburg 2017.

Vandier, Jacques, *Le Papyrus Jumilhac*, Paris 1961.

Varille, Alexandre, „La stèle du mystique Béky", in: *BIFAO* 54 (1954), 129–135.

Veyne, Paul, *Les Grecs, ont-ils cru à leurs mythes? Essai sur l'imagination constituante*, Paris 1983; dt. *Glaubten die Griechen an ihre Mythen? Ein Versuch über die konstitutive Einbildungskraft*, Frankfurt 1987.

Warburton, William, *The Divine Legation of Moses Demonstrated. On the Principles of a Religious Deist, From the Omission of the Doctrine of a Future State of Reward and Punishment in the Jewish Dispensation*, London 1738–1741; London ²1778.

Weber, Max, *Wirtschaft und Gesellschaft*, Tübingen ⁵1980.

Weidner, E. F., „Hof- und Haremserlasse assyrischer Könige aus dem 2. Jahrtausend v. Chr.", in: *Archiv für Orientforschung* 17 (1956), 257–293.

Weingärtner, Helge, *Horapollo. Zwei Bücher über die Hieroglyphen.* In der lateinischen Übersetzung von Jean Mercier nach der Ausgabe Paris 1548. Hrsg. v. Thomas Specht. Kleine Reihe für Kunst, Kunstwissenschaft und Kultur. Bd. 3. Specht, Erlangen 2005.

Wertheimer, Jürgen, *Europa. Eine Geschichte seiner Kulturen*, München 2020.

Widengren, Geo, *Religionsphänomenologie*, Berlin/New York 1969.

Winckelmann, Johann Joachim, *Geschichte der Kunst des Alterthums*, Dresden 1764.

Wind, Edgar, *Pagan Mysteries in the Renaissance*, London 1958; dt. *Heidnische Mysterien in der Renaissance*, Frankfurt 1981.

Yates, Frances, *Giordano Bruno and the Hermetic Tradition*, Chicago 1964.

Yelle, Robert A., „Hobbes the Egyptian. The Return to Pharaoh, or the Ancient Roots of Secular Politics", in: A. Strathern/A. Moin (Hrsg.), *Sacred Kingship in World History* (im Druck).

Yerushalmi, Yosef Hayim, *Freud's Moses. Judaism Terminable and Interminable*, New Haven 1991; dt. *Freuds Moses. Endliches und unendliches Judentum*, Berlin 1992.

Žabkar, Louis V., *Hymns to Isis in her Temple at Philae*, Hanover/London 1988.

Zandee, Jan, „Le Messie. Conceptions de la royauté dans les religions du Proche-Orient ancien“, in: *Revue de l'Histoire des Religions* 180 (1971), 3–28.

Zuntz, Georg, „Zum Kleanthes-Hymnus“, in: *Harvard Studies* 63 (1958), 289–308.

Abbildungsverzeichnis